UN ARCHIPRÊTRE

DE NOTRE-DAME DE CHARTRES

UN ARCHIPRÊTRE

DE

NOTRE-DAME DE CHARTRES

M. PIERRE - ALEXANDRE LECOMTE

Par M. LE CHANOINE GOUSSARD

Directeur de la *Voix de Notre-Dame de Chartres*

2e ÉDITION

CHARTRES

IMPRIMERIE GARNIER

15, RUE DU GRAND-CERF, 15

1894

LETTRE

DE

MONSEIGNEUR L'ÉVÊQUE DE CHARTRES

A

M. LE CHANOINE GOUSSARD

AU SUJET DE SA

BIOGRAPHIE DE M. LECOMTE

Mon cher ami :

Eh bien, voilà un de ces livres comme je les aime ; bien fait et bienfaisant ; intéressant et édifiant ; et je dirai modeste et sans prétention, et d'autant plus digne d'être goûté et apprécié.

Et combien je vous loue, mon cher ami, de ce culte pour la mémoire de ce bon et vrai prêtre ! Hélas ! nous passons si vite, et l'oubli si promptement nous dévore ! Le Père Lacordaire l'a dit avec sa grande éloquence, des individualités les plus hautes: « Le ciel et la terre font un pas, l'oubli descend, le silence nous couvre : c'est fini ! à jamais fini ! » Et pour ma part, j'ai souvent déploré, parce que rien ne m'a plus attristé, cette facilité, cette promptitude à oublier et à être oublié, et en général cette fragilité de nos affections, même les meilleures : assurément une de nos plus tristes misères. Grâce à vous, dans la mémoire re-

connaissante des Chartrains, ce prêtre ne mourra pas ; et ses œuvres, dont Dieu du moins, et c'est là notre consolation, à tous, ne perd pas le souvenir, vivront aussi.

D'œuvres, sa vie en a été pleine : Eh ! n'y en eût-il eu qu'une, ce qu'il a fait pour donner à l'Église Mgr Pie ! c'en serait assez pour mériter à ce prêtre une éternelle reconnaissance. Vous avez dit cela ; après vous l'historien de Mgr Pie l'a redit, et n'est-ce pas à vous tout d'abord qu'il devait de connaître le Curé de Notre-Dame ?

Et toute cette vie se déroule ainsi, dans votre simple, véridique et élégant récit, un peu toujours semblable à elle-même, quoique dans l'incessante variété des œuvres pastorales ; et il y a lieu d'admirer comment pour le prêtre fidèle à la grâce, Dieu ménage, sans qu'il lui soit nécessaire d'aller les chercher loin, elles naissent sous ses pas, les occasions de faire du bien, d'acquérir des mérites ; bref de se donner une vie féconde et finalement de présenter à Dieu cette riche gerbe qui est la grande ambition de tout bon prêtre, et la suffisante récompense, de ses labeurs ignorés, de ses larmes secrètes, de ses assidues prières, de tout ce que Dieu voit, sait, collige, et saura libéralement reconnaître un jour.

Prêtre vraiment modèle : d'une piété sincère, forte et tendre, d'une gravité souriante, d'un solide bon sens, d'une grande sûreté dans le conseil, d'une charité toujours prête à se donner ; d'une éloquence vraiment évangélique et pastorale. Il était poète aussi à ses heures : Pourquoi pas ? Pourquoi envierait-on au prêtre, illuminé sans doute dans les hauteurs de son âme de clartés supérieures, de retrouver, dans les régions plus humbles, plus humaines, ce rayon d'idéal qu'on appelle la poésie, et de se délecter un peu, au moment de relâche et de distraction, à ces sources qui peuvent être pures, quoique terrestres, et délicieuses quand elles sont pures.

Non seulement les prêtres chartrains, mon cher ami, mais aussi les fidèles, ceux mêmes qui ne l'ont pas connu, mais à qui vous le ferez connaître, devront vous remercier. Et, permettez-moi de vous le dire, vous étiez des mieux désignés pour être l'historien de cette vie, vous qui êtes, et c'est un hommage qu'il m'est aussi doux de vous rendre qu'il peut vous être glorieux de le mériter, un prêtre de cette école, de cette race. Vous aussi, vous aurez été dans notre Église un de ces flambeaux modestes et bénis qui jettent, paisiblement, un éclat si doux.

Chapelain de Notre-Dame de Chartres et directeur du Bulletin de ses pèlerins, toujours là, à notre chère Maîtrise, depuis sa fondation, vous aurez tracé infatigablement pendant tant d'années le même sillon fécond ; éducateur respecté et écouté d'une des plus intéressantes parties de notre jeunesse cléricale : combien de ces enfants, aujourd'hui prêtres et directeurs *zélés de nos paroisses, qui vous doivent leur vocation peut-être, et le meilleur de leur âme sacerdotale! Exemple vivant, du reste, d'une vie digne, édifiante, irréprochable.*

Je suis donc, mon cher ami, hautement de ceux qui vous félicitent et vous bénissent d'avoir réédité, en l'augmentant, votre Notice qui a conservé au milieu de nous et mis en lumière l'image de ce bon prêtre, qui s'appelait M. Lecomte. Je pensais à lui et à vous, en lisant ce soir, dans notre office de Saint Aignan, ces paroles qui s'appliquent si bien à votre héros : Dilectus Deo et hominibus ; moriens bonam suî memoriam reliquit. *Je voudrais voir votre livre dans tous nos presbytères.*

Tout à vous, bien affectueusement en N. S.

† *Fr. év. de Chartres.*

AVERTISSEMENT DE L'AUTEUR

C'est en 1879, que parut, dans la *Voix de Notre-Dame de Chartres*, la première édition de la présente Notice. Elle fut favorablement accueillie ; des témoignages précieux nous l'ont prouvé.

Son Éminence le cardinal Pie, ayant pris connaissance de nos récits, comme abonné à la *Voix*, daigna nous faire savoir qu'ils lui avaient été très agréables. Mgr Pie avait commencé autrefois un travail sur le même sujet, travail arrêté sans doute par des occupations plus pressantes, après la rédaction de quelques pages, mais non absolument abandonné. Si, en 1879, nous eussions été au courant de ce dessein, nous n'aurions pas osé écrire la moindre esquisse.

Avant d'entreprendre la biographie de M. l'abbé Lecomte, nous avions cherché, près de nous par interrogations, et loin de nous par correspondances, les documents qui pouvaient nous servir. Et ces communications, venant de sources très sûres, se joignaient à nos propres souvenirs ; car nous avons eu le bonheur de connaître M. le curé de Notre-Dame dans notre jeunesse.

Ce qui nous a été le plus utile, c'est une collection de ses lettres ; nous en avons extrait ce qui nous paraissait utile à nos lecteurs. Sur ces fleurs triées et mises en bon endroit, bien des âmes, espérons-le, trouveront un miel suave et fortifiant.

L'année qui suivit la publication de cette Notice, fut marquée par un événement bien douloureux pour tous les catholiques et particulièrement pour les dévots serviteurs de Notre-Dame de Chartres : Mgr l'Évêque de Poitiers vint à mourir.

La vie du Cardinal, gloire de l'Église, réclamait un

historien de premier ordre. Mᵍʳ Baunard, aujourd'hui recteur de l'Institut catholique de Lille, était désigné tout d'abord pour cette œuvre par le désir des principaux amis de l'illustre défunt. Le docte Prélat, grâce à Dieu, accepta cette mission qu'il devait si bien remplir. Il se rendit à Chartres comme à Poitiers, pour les informations utiles à son projet. Il nous demanda alors notre biographie de M. Lecomte, et, du fruit de nos recherches, comme de quelques écrits de Mᵍʳ Pie lui-même, il profita, avec son grand talent de mise en œuvre, pour enrichir son ouvrage de détails intéressants sur notre archiprêtre.

Malgré la place importante donnée dans la *Vie de Mᵍʳ Pie* à celui qui fut son bienfaiteur, son curé, son conseiller, son meilleur ami, tout n'y a pas été dit sur M. Lecomte; loin de là! L'auteur, n'ayant à le faire paraître qu'au second plan de son ouvrage, avait dû se contenter de quelques données sur certains côtés de cette belle existence sacerdotale.

Aussi a-t-on pensé, depuis comme avant, à un livre spécial qui présenterait sous tous ses aspects la grande physionomie de l'archiprêtre chartrain. On nous a encouragé fortement à réunir en un faisceau nos articles de 1879, avec des additions sur plusieurs points.

Voici ce que nous avait écrit à ce sujet Mᵍʳ Baunard, lui-même, le 4 décembre 1880 :

« Je vous félicite grandement de votre pensée de compléter votre excellente notice sur M. Lecomte. Tout ce que je lis de cet admirable curé me ravit de plus en plus.... Combien vous m'avez rendu service par vos numéros de la *Voix* sur le saint curé de Notre-Dame! J'aurais dû commencer par vous bien remercier. Du moins l'ai-je beaucoup répété hier encore à votre vénérable M. le chanoine Olivier, qui vous transmettra toutes mes amitiés... »

Baunard.

Le 6 novembre 1880, Mgr Rivet, évêque de Dijon, ancien condisciple de M. Lecomte au séminaire de Versailles, et ancien maître d'études au collège de Chartres, répondait à une demande que nous nous étions permis de lui adresser, au sujet du pieux ami d'autrefois.

« En 1843 ou 1844, j'ai passé deux jours chez lui. J'étais évêque et il était archiprêtre de Notre-Dame de Chartres. Tout ce dont il me souvient, c'est que je reconnus en lui toutes les belles qualités de l'esprit et du cœur dont, dès le séminaire, il avait donné l'espérance, et que je pus me convaincre que sa réputation de curé modèle était bien méritée. Le temps écoulé n'avait point diminué notre amitié réciproque.

Ils étaient vieux amis, quel plaisir de se voir !

Depuis cette bonne visite, nous avons échangé deux ou trois lettres, et puis chacun de nous s'étant donné tout entier aux affaires de son saint ministère, nous avons cessé de correspondre.

Recevez, Monsieur le chanoine, mes excuses et mes regrets de répondre si mal à votre pieuse attente ; et laissez-moi vous remercier de votre lettre qui m'a rappelé un bon ami et des temps dont le souvenir est encore cher à ma vieillesse.

Si je l'osais, je me permettrais de me joindre au clergé chartrain pour vous prier de publier votre notice sur M. l'abbé Lecomte.

Les anciens la liront avec plaisir et édification, et vos jeunes prêtres ne pourront que gagner à contempler cette vie si profondément et si complètement, j'ajouterai : et si *doucement* sacerdotale.

Agréez, Monsieur le chanoine, l'assurance de ma parfaite considération en N. S.

† François, évêque de Dijon. »

A ces lettres de vénérés Prélats, nous pourrions en joindre d'autres émanant d'ecclésiastiques distingués avec qui notre tâche de directeur de la *Revue du Pèlerinage* nous mettait en rapport. Citons, entre autres, M. l'abbé Bulteau, le savant archéologue que Chartres a bien connu.

Il nous a écrit, du diocèse de Cambrai où il passa la dernière partie de sa vie :

« Je me réjouis de savoir que vous publierez en brochure vos charmants et délicieux articles sur l'homme éminent qui fut mon premier curé. En les publiant à part, vous comblez l'un de mes vœux. »

Précieuses pour nous, de telles approbations confirmaient celle d'un prêtre qu'a regretté vivement notre diocèse et dont la mémoire nous est chère : M. le chanoine Bourlier, ancien supérieur du grand séminaire et de l'Œuvre des Clercs, décédé en novembre 1885. Pourtant bien des années ont passé, sans que nous nous décidions à l'impression de notre humble livre.

Enfin le voici. — Nous offrons nos respectueux et vifs remerciements à Monseigneur notre Evêque qui a daigné le recommander aux lecteurs, dans une lettre vraiment trop élogieuse pour nous.

Dans le ciel où, nous l'espérons, le Seigneur l'a depuis longtemps admis parmi ses élus, le héros de nos récits nous pardonnera lui, notre audace, en raison de nos intentions :

Il sait que nous voulions satisfaire l'amitié de ceux que liaient à lui de doux souvenirs.

Il sait que nous voulions surtout montrer, par un exemple de plus, quel don le Seigneur fait à un peuple dans la personne d'un prêtre selon son cœur.

> « On m'a beaucoup vanté la gloire,
> Guirlande de pâles fleurons,
> Fantôme à qui je n'ai pu croire,
> Feu follet aux mourants rayons.
> Pour atteindre cette chimère,
> Que d'autres courent haletants ;
> Ma gloire, à moi, sur cette terre,
> C'est la vertu de mes enfants. »

Ainsi parlait ce pieux pasteur qui a tant prêché en

prose et en vers sur l'*Ama nesciri*, et il parlait en toute sincérité. Nous avons essayé de montrer que sa gloire n'est pas seulement dans la vertu inculquée par ses soins à ses enfants spirituels, mais surtout dans sa propre vertu.

Nous accusera-t-on d'avoir voulu peindre ce prêtre si vertueux avec une auréole sans ombres ? C'est un reproche que l'on fait souvent aux biographes de saints personnages. Pour prévenir ce reproche, nous dirons : Quel historien oblige ses lecteurs à supposer dans une belle vie humaine, sincèrement racontée, un héroïsme perpétuel et indéfectible sur tout point ? L'homme admirable dont on va lire ici l'histoire, a-t-il payé, lui aussi, par quelques imperfections son tribut à la nature humaine ? Il ne nous coûte nullement de le penser. Qu'importe, dès lors que nous l'avons cru dans une disposition habituelle de combat contre tout défaut ? La perfection n'est pas de ce monde. *Quantumlibet in hoc corpore manens profeceris, erras si vitia putes emortua, et non magis suppressa.* (S. Bernard. In cant. s. 58). Chez les vrais serviteurs de Dieu, les imperfections (pour eux nous traduisons ainsi le mot *vitia*) ont encore l'avantage de provoquer, comme expiation, de nouveaux actes méritoires. Quant à celles de notre archiprêtre, elles sont sans doute depuis longtemps entrées dans le domaine de l'oubli.

Ce qui reste acquis à l'histoire, c'est d'abord que M. le Curé voulait être saint, et le devenir surtout par la bonté ; c'est ensuite que, la grâce d'En-Haut secondant ses efforts, la sainteté nous paraît avoir plané sur l'ensemble de sa vie.

Mais ces mots : *sainteté*, *saint*, ou autres analogues qui ont pu tomber de notre plume dans le cours de notre livre, nous ne prétendons point leur donner une valeur absolue. Nous soumettons d'avance nos paroles et nos jugements aux décisions de la Sainte

Église, nous conformant en tout à ses décrets et spécialement à ceux de S. S. le Pape Urbain VIII.

Que Notre-Dame de Chartres agrée notre modeste travail ! Nous lui dédions ces pages, en souvenir d'un prêtre qui, par ses vingt-six ans de ministère pastoral, réussit à la faire mieux connaître et aimer. Puissions-nous, à notre tour, contribuer quelque peu à la gloire de notre auguste Mère !
O Marie Immaculée, bénissez-nous !

A.-F. GOUSSARD,

chanoine de Chartres et de Montréal.

Chartres, en la fête de l'Immaculée Conception,
le 8 décembre 1894.

UN ARCHIPRÊTRE

DE

NOTRE-DAME DE CHARTRES

CHAPITRE Ier

NAISSANCE DE M. LECOMTE. — ÉDUCATION. —
PROMOTION AU SACERDOCE. — PROFESSORAT.

Parmi les tombes sacerdotales rangées à l'entrée
du cimetière de Notre-Dame, il en est une surtout
qui attire l'attention, à cause d'un portrait sculpté au
sommet du mausolée. On aime cette belle et douce
figure où le ciseau a reproduit avec assez de ressemblance les traits d'un prêtre vénéré. L'épitaphe présente, avec les noms du défunt, une série de titres
qui ont fait sa gloire ; d'autres inscriptions tirées des
Saints Livres résument l'histoire d'une admirable
existence. Ces indications sommaires nous ont fait
désirer, trop longtemps, une notice explicative.

M. l'abbé Lecomte n'est point de ces hommes à qui
convienne le texte : *Justus perit, et nemo est qui reco-
gitet in corde suo ;* le Juste périt et personne ne pense
à lui dans son cœur. Is. 57. 1. L'ancien archiprêtre
vit encore dans bien des cœurs qui ont reçu ses soins.

Sa biographie peut intéresser tous les dévots serviteurs de Notre-Dame de Chartres.

1

Nous avons essayé ce récit pour l'édification commune.

— Pierre-Alexandre Lecomte est né le 24 mars 1796 à Nogent-le-Rotrou, de Pierre Lecomte et de Marie-Jeanne Badon. Sa maison natale, située rue Saint-Hilaire, n° 1, est voisine de l'église Notre-Dame. Nous notons cette circonstance parce qu'il y attachait lui-même un grand prix; il la rappelait comme un des motifs de sa dévotion à la Sainte Vierge. Mais sa consécration première à Marie, il l'expliquait surtout par un fait, à ses yeux providentiel, qu'il a raconté dans la cathédrale de la manière suivante :

« Avant la Révolution, une pauvre femme des environs de Nogent-le-Rotrou avait eu dix-huit enfants et elle avait eu la douleur de n'en pouvoir élever aucun; il ne lui en restait plus. Désolée, remplie d'une foi vive, elle résolut de s'adresser à Notre-Dame de Chartres. Elle entreprit à pied le pèlerinage, long et pénible en ce temps-là; elle vint confier ses chagrins à la Mère de Dieu dans son temple illustre; elle fit ses prières, puis s'en retourna confiante et consolée. Elle eut un dix-neuvième enfant, une fille qui vécut, grandit et plus tard eut un fils. Le fils se consacra au Seigneur, devint prêtre, puis curé de cette paroisse de Notre-Dame de Chartres. Mes Frères, la dix-neuvième enfant conservée par la Sainte Vierge, c'était ma mère; le prêtre, c'est votre curé, c'est moi, envoyé pour payer la dette de reconnaissance de son aïeule. »

Disons tout de suite que la mère et le fils ont été dignes l'un de l'autre. Le jeune Lecomte montra de bonne heure l'affection expansive qui était le fond de son caractère, et ce fut tout d'abord pour celle qui lui avait donné le jour. Il l'associa, après 1827, à son existence au presbytère, où les inquiétudes maternelles n'eurent d'autre objet que celles mêmes du saint curé, et, quand eut sonné pour elle l'heure du départ de cette vie, le prêtre sensible exprimait de la sorte les craintes du passé et les angoisses du présent : « Je n'ai jamais goûté le plaisir de posséder ma mère, par la pensée que ce jour viendrait où il faudrait m'en séparer. »

Du côté paternel, les ancêtres d'Alexandre étaient originaires de Dreux, et l'un d'eux a été inhumé dans une chapelle de l'église Saint-Pierre de cette ville, où on lit encore son épitaphe. Son père, officier ministériel à Nogent, avait une excellente réputation d'honneur et de bonté ; Alexandre, qui répondait si bien à ses vues, lui fournit souvent, par son intelligence précoce et des actes étonnants pour son âge, l'occasion de remercier le ciel. Voici un trait :

L'enfant avait remarqué depuis quelque temps chez son père une tristesse profonde ; il voulut tout faire pour l'adoucir ; et même, un jour de dimanche, il obtint dispense de la messe paroissiale afin de rester auprès de l'affligé comme un ange consolateur. Il le fut en effet, et dans des circonstances où parut le doigt de Dieu, qui bénit les enfants. Il était dans sa dixième année seulement, et déjà, en modérant par ses baisers une douleur portée à l'excès, il recueillait sur les lèvres paternelles une confidence qu'il a su garder avec une discrétion constante ; il ne l'a révélée qu'au dernier mois de sa carrière sacerdotale et dans l'épanchement d'une conversation intime.

Peu de temps après la scène dont nous venons de parler, le père chrétien entendait avec foi le suprême appel de Dieu et quittait la terre ; à son épouse tendrement aimée revenait tout entière la responsabilité de l'éducation des enfants ; il y en avait trois et ils étaient bien jeunes : Pierre-Gabriel, Pierre-Arroche, et celui dont nous écrivons l'histoire, Pierre-Alexandre. Tous trois furent élèves du collège de Nogent ; cet établissement était en pleine prospérité sous la direction des abbés Mondésir et Beulé, prêtres d'un vrai mérite.

Les frères Lecomte se distinguèrent par leur travail et leur intelligence : les aptitudes d'Alexandre surpassaient encore celles de ses aînés. On voulut en tirer au plus vite tout le parti possible ; en même temps qu'il suivait les hautes classes comme élève, il était chargé de professer des cours élémentaires ; malgré le surcroît d'occupations, il termina ses humanités avant l'âge de dix-sept ans.

A cette date, croyons-nous, se rapporte un événement qui donna de nouveau la mesure de sa tendresse fraternelle et de son amour filial. Son frère Arroche, beau et spirituel jeune homme, avait été enrôlé, à dix-huit ans, parmi les soldats de Napoléon ; et l'on apprit bientôt à Nogent qu'il ne reverrait plus la patrie. Un compagnon d'armes, de retour au pays natal, fit savoir que son ami était tombé sous la mitraille aux champs de Leipsick. Telle fut la consternation d'Alexandre, que toujours son cœur fut poursuivi par cette image funèbre ; et aussi telle fut sa délicatesse vis-à-vis de sa mère qu'il se fit un devoir, pour ménager sa sensibilité, de lui cacher les navrants détails qu'on lui avait confiés.

Alexandre était prédestiné à la vie du sanctuaire. Il était sous-principal du collège de Nogent, lorsqu'il

fut envoyé à Versailles, comme les séminaristes chartrains d'alors, pour s'y préparer aux ordres. Il acquit
aisément dans les études théologiques un riche fonds
de doctrine auquel ses connaissances littéraires ser-
virent de gracieuse parure. Son intelligence, d'ailleurs, était comme certains sols exceptionnels toujours favorables à la germination des bonnes plantes.
Le suc généreux des sciences sacrées devint son aliment quotidien ; il continua à s'en nourrir lorsque,
nommé professeur là même où il venait de briller
comme étudiant, il dut occuper la chaire de philosophie. Il honora cette chaire comme il avait honoré
précédemment celle de rhétorique ; le séminaire de
Versailles ne s'étonna point trop de voir s'épanouir,
sur le champ assez aride de la logique et de la métaphysique, les fleurs de la poésie et de l'éloquence.

Le professeur avait hâte de faire connaître aux
pauvres âmes le Dieu qui réjouit sa jeunesse ; quand
il fit ses premiers essais de parole publique auprès
des pécheurs, il accompagnait un prédicateur célèbre.

Dans la copie d'une allocution qu'il prononça le
5 décembre 1845, nous trouvons la phrase suivante :
« L'année de mon ordination, je prêchais une retraite
à un régiment de Versailles de concert avec le père
Guillou ; ce savant missionnaire était alors plein de
grâce et de vigueur, et les feuilles publiques m'ont
appris hier son décès tout récent, survenu par
apoplexie et après les fatigues excessives de son ministère. » M. l'abbé Lecomte donnait cette nouvelle
à son auditoire, en parlant des séparations inattendues que multiplie la mort...

Le novice en apostolat exerçait avec joie la fonction de catéchiste ; avant même sa promotion à la prêtrise, il saisissait les occasions d'aborder l'enfance pour l'instruire et lui parler du bon Jésus. Une des personnes qu'il a catéchisées ainsi étant diacre, nous a dit à nous-même les saintes impressions laissées alors par le pieux lévite.

C'est à Versailles qu'il reçut les saints ordres. Il fut tonsuré le 25 septembre 1814 ; clerc minoré, le 14 février 1818 ; sous-diacre, le même jour ; diacre, le 19 septembre 1819 ; prêtre, le 27 mai 1820. Ses vertus allaient prochainement jeter un plus vif éclat sur un autre théâtre. Notre-Dame de Chartres le voulait près d'elle, et, à l'insu de son serviteur, elle lui préparait peu à peu l'accès à l'un des premiers emplois du diocèse spécialement voué à son culte.

Monseigneur de Latil, premier aumônier de Son Altesse royale Monsieur, frère du roi, ayant pris possession du siège épiscopal de Chartres, le 8 novembre 1821, organisa sans délai le Chapitre de sa cathédrale [1] et un grand séminaire ; il demanda au séminaire de Versailles plusieurs maîtres.

Parmi eux, on a cité surtout M. Toutay, professeur de dogme qui « donnait ses leçons avec un applaudissement universel, et rappelait par ses brillantes improvisations latines, les beaux jours de la Sorbonne » ; et M. Lecomte, aux sermons de qui tout Chartres courait « se passionnant pour les accents si neufs, si purs, si touchants de cet orateur à peine sorti de l'adolescence. »

---

[1] Ont été nommés le 9 novembre et installés le 10 : MM. Verguin, Breluque, de Simony, de Bonald, archidiacres, et MM. Texier, de Cognery, de Verchères, de Meaussé, de Rouville, Barentin, Chasles, de Brignac, chanoines titulaires.

Ces jeunes ecclésiastiques, avec M. Breluque, le premier grand vicaire, homme consommé dans le gouvernement, et en même temps, homme d'une vertu qui s'élevait jusqu'à la sainteté ; M. Pellier de Lacroix, secrétaire, qui prêchait avec éloquence ; M. Itasse, qui fut secrétaire-général de l'Évêché ; et qui se faisait remarquer par son esprit, la sûreté de son goût et la rectitude de son jugement ; MM. de Simony et de Bonald, vicaires-généraux et futurs évêques ; M. Verguin, le tant respecté supérieur du Grand Séminaire, sont cités par un écrivain de cette époque dans une même nomenclature, comme formant le glorieux cortège de Msr de Latil, à son arrivée à Chartres. Aux noms qu'on vient de lire nous pourrions ajouter ceux de deux autres professeurs de 1821 : M. Bonnet et M. Chouet, le jeune professeur de rhétorique, qui devait, en 1825, commencer comme supérieur, le Petit-Séminaire de Saint-Cheron.

M. Lecomte fut chargé du cours de philosophie et, le 6 avril 1822, il fut installé, en même temps que ses collègues, chanoine honoraire.

Plusieurs de ses élèves de Chartres nous ont dit les charmes de son enseignement. C'était le temps où les thèses et les discussions se multipliaient autour des œuvres et du système de M. de Lamennais ; au milieu de ce mouvement intellectuel, un esprit vif et éclairé comme celui de M. Lecomte ne pouvait garder le repos ; sa science et sa littérature se dépensaient largement au service de la vérité. S'il mesurait d'un regard avide les horizons nouveaux, il voulait tout d'abord, en montrant à ses élèves le soleil de la doctrine chrétienne, ne point permettre à l'erreur d'en ternir quelques rayons. Plus tard, auprès de Mgr Clausel de Montals, l'athlète des bons combats, on remarquera encore mieux en lui l'adversaire des idées néo-catholiques.

Pendant quelque temps, Mgr de Latil eut son domicile au séminaire ; ses relations avec les directeurs étaient nécessairement fréquentes et il leur témoignait une grande bienveillance ; leur respectueuse affection répondait à de telles avances ; pourquoi ne citerions-nous pas un quatrain de M. Lecomte, traduisant ses sentiments et ceux de ses collègues un jour de Saint Jean-Baptiste, fête patronale de Monseigneur ! Les vers font allusion au feu d'artifice préparé à l'occasion de la fête.

> Notre tendresse, ô bon Pasteur,
> Est par ces feux bien et mal figurée ;
> Ils sont emblème par l'ardeur,
> Et contre-sens par la durée.

L'évêque entra enfin dans son palais que cessait d'occuper le préfet du département.

M. l'abbé Lecomte dut aussi bientôt faire ses adieux au séminaire. Des circonstances qu'il est inutile d'expliquer nécessitaient la présence d'un vicaire administrateur dans la paroisse de Notre-Dame de Chartres ; la situation réclamait un homme de patience et de tact, un homme déjà connu pour sa piété et ses talents. Le choix se porta sur le prêtre dont nous racontons la vie.

CHAPITRE II

M. LECOMTE, ADMINISTRATEUR DE LA PAROISSE
N.-D. DE CHARTRES. — CURÉ-ARCHIPRÊTRE

M. Lecomte était nommé Administrateur provisoire de la paroisse Notre-Dame le 4 décembre 1823, et entrait en fonctions avec ce titre le 8, en la fête de l'Immaculée-Conception.

M. l'abbé Pellerin, curé de Saint-Pierre de Chartres, écrivait à un ami, peu de jours après :

« La paroisse de Notre-Dame, vous le savez sans doute, vient d'éprouver une révolution. Le prêtre que Monseigneur a mis à la place de M. Ch. fait des prodiges. C'est un jeune homme, mais qui est vieux, il a une maturité extraordinaire, il a de l'instruction beaucoup, un talent tout à fait rare pour la parole et un extérieur très modeste et agréable, le tout joint à une très grande piété. Il est suivi par beaucoup de monde, presque par tout le monde. Néanmoins il y a toujours de l'agitation, vous savez qu'il ne faut pas beaucoup de gens pour la produire et qu'il en est qui aiment cela beaucoup, surtout dans les ennemis du clergé qui sont encore assez nombreux dans une certaine classe que vous connaissez mieux que moi. Dieu veuille dans sa miséricorde mettre fin à l'impiété et à l'esprit d'insubordination !

Prions, prions, *oremus, oremus...* »

PELLERIN.

Chartres, ce 13 janvier 1824.

1.

Le 8 janvier 1824, M. Lecomte était nommé chanoine titulaire et, le 13 août suivant, il était reconnu curé de Notre-Dame, sans pouvoir toutefois résider au presbytère que son prédécesseur continua d'habiter pendant quatre ans, c'est-à-dire jusqu'à la mort. Son installation solennelle comme curé eut lieu en la fête du Saint Nom de Marie, octave de la Nativité de la Sainte Vierge, 15 septembre.

En acceptant la charge imposée par l'obéissance, M. Lecomte résolut de tremper courageusement ses lèvres à un calice d'amertumes ; son espérance était en Marie dont il allait gouverner la famille privilégiée, et dont la basilique avait toujours eu pour lui tant d'attraits. Désormais, il s'attachera plus fortement encore à ce saint temple ; à aucun prix on ne pourra l'en séparer. On le proposera pour l'évêché du Puy, au départ de Monseigneur de Bonald, nommé à la métropole de Lyon ; on lui offrira plus tard l'évêché de Clermont, puis celui de Séez, après la mort de Monseigneur de Saussol ; et toujours l'humilité de notre archiprêtre sera heureuse de motiver un refus sur le même sentiment exprimé avec énergie : « J'appartiens à Notre-Dame de Chartres, étant son serviteur et son enfant ; je veux m'endormir à ses pieds. »

De 1824 à la fin de 1827, M. l'abbé Lecomte partagea la demeure d'une famille bien honorable, non loin de la cathédrale. La famille Vallou de Lancé a laissé dans notre ville d'assez nombreux témoignages de sa charité traditionnelle pour que nous la nommions ici. Les délicates attentions d'une religieuse hospitalité tempérèrent chez celui qui en était l'objet les soucis qu'on lui créait ailleurs par des procédés

étranges. Plus de soixante ans après l'accomplissement des faits, nous ne sommes pas tenu, dans notre
récit, à la même réserve que s'ils étaient contemporains ; toutefois une phrase nous suffira. Certaines
gens, désolés de la retraite de l'ancien curé, ne se
contentèrent pas de lui témoigner les regrets d'une
sympathie légitime, mais résolurent de faire acheter
au nouveau leur tardive estime par des épreuves
souvent cruelles.

Celui-ci eut donc à souffrir ; il ne perdit pas
une occasion de pardonner. Il s'était voué à
l'exercice de la miséricorde. Le lyrisme avec lequel
il n'a cessé de chanter cette belle vertu prouve
qu'il en était pénétré dès le début de son ministère.
Rapprochons de notre assertion quelques lignes d'un
discours qu'il prononça à la première messe de
M. l'abbé B., jeune prêtre, à la cathédrale.

« Il ne faut pas de mesure à la charité du prêtre.
Quelquefois on nous accuse d'aller trop loin en
miséricorde ; ceux-là connaissent bien peu l'amour
que le sacerdoce nous met au cœur. La charité du
prêtre doit être de proportions majestueuses, gigan-
tesques comme les belles pyramides qui couronnent
cette cathédrale. En apercevant de loin, dans nos
plaines fertiles, ces magnifiques clochers élancés
dans les airs, l'on se demande s'il est des maisons
qui avoisinent cet édifice ; car ces maisons ne sont
que des bruyères inaperçues auprès de ces majestueux chênes. Eh ! bien, que la charité des personnes
séculières soit de petites proportions, de proportions
ordinaires comme les maisons de notre cité, à la
bonne heure ; mais qu'on laisse celles de nos clochers
à la charité sacerdotale. Que dis-je ? la miséricorde

du prêtre ne doit avoir d'autres proportions que celles de l'infini, comme la miséricorde de Dieu. Oui, je puis dire : infini ; car il n'y a rien de fini dans l'Église du Seigneur, principalement dans le cœur du prêtre catholique. »

M. l'abbé Lecomte, au milieu des peines que rencontra d'abord l'exercice de sa charge pastorale, s'était fait une loi de la clémence et de la bénignité vis-à-vis de tous. Résolution conforme aux inclinations de sa nature, mais pourtant méritoire et difficile à garder sans le secours divin. C'est une telle préoccupation sans doute qui lui inspira cette petite prière, écrite sous sa dictée, en 1824 : « Cher Sauveur, tenez vous-même bien serré dans vos douces mains mon pauvre cœur si puissant et si faible. O Sauveur, ô colombe de douceur et de paix, qu'il ne découle de mes lèvres que des paroles de douceur et de paix ! O Jésus de Thérèse, votre enfant se jette en vous amoureusement, joyeusement... »

Il écrivait aussi à la même époque : « Cachez vos peines intérieures sous des dehors riants, de peur d'affliger un prochain que vous devez rendre heureux pour l'amour de Notre-Seigneur... Si vous êtes sur un Calvaire, faites que l'on vous croie sur un Thabor. C'est double profit et pour la charité qui alors pratique la sainte joie parmi des difficultés si grandes, et pour l'humilité qui souffre en silence et sous l'œil du seul Bien-Aimé. »

Copiait-il dans ces lignes un extrait de son plan de vie ? On le dirait ; sa vertu n'était que l'application d'une telle règle. Écoutons-le encore se fortifiant dans la peine par la prière :

« O Jésus ! Un petit regard de vos yeux divins sur

ma misère ! Vous savez tous mes ennuis, vous connaissez tous les orages de mon cœur. L'Océan n'est pas même ridé, effleuré, par un léger souffle, sans la permission de votre Providence. Combien moins les tempêtes sont indépendantes de votre autorité ! O mon très aimable Sauveur, souriez donc, souriez donc à mon âme très chétive. Il ne faut qu'un sourire de votre bouche sacrée pour imposer silence aux flots.....

« O mon bien-aimé Jésus, j'ai mis en vous toute ma confiance ; je me repose tout entier sur vous, je m'abandonne tendrement à vous, très aimé Jésus. Je me livre à vous, je me jette en vous, je me sacrifie à vous. La mer s'avance avec fureur ; il semble qu'elle va tout engloutir ; mais l'orgueil de ses vagues s'arrête au grain de sable que vous lui avez marqué, ô Seigneur. La foudre ne brûle pas une herbe au-delà de ce qui lui est désigné par votre volonté suprême. Bien-aimé Sauveur, je me remets à votre chère Providence. »

De pareilles dispositions devaient bientôt vaincre l'antipathie ou l'indifférence de ses derniers adversaires.

Avant même d'avoir subi l'influence de sa charité, la plupart des paroissiens s'étaient déjà attachés au jeune prêtre, par admiration pour son éloquence.

CHAPITRE III

M. LECOMTE PRÉDICATEUR. — ÉCRIVAIN.

Au commencement de notre siècle, la prédication eut un extraordinaire élan. Nos chaires avaient été muettes durant les années de la Révolution; les intelligences, affamées de vérité, sortaient comme d'une longue nuit et appelaient les flots de lumière que verse l'Évangile. Dieu y pourvut en multipliant les orateurs sacrés. C'est surtout à partir de 1815, date du rétablissement de l'Œuvre des Missions, que l'apostolat catholique retrouva son antique splendeur en France. Nombreuse devint la phalange des prédicateurs distingués. Il y en eut à Chartres, comme ailleurs, dans l'ancien et dans le jeune clergé. Aucun d'eux n'obtint plus de succès que M. Lecomte.

Les conférences quadragésimales qu'il donna en 1823, 1824 et 1825, dans l'église de Notre-Dame de Chartres, eurent beaucoup de retentissement. On parlait de sa puissante dialectique, de la nouveauté de ses aperçus, de la forme saisissante sous laquelle il exposait les grandes vérités de la foi. Dès lors on le regarda comme un homme supérieur, et jamais cette réputation ne se démentit. La réputation ! il en faisait peu de cas d'ailleurs. Il aimait à répéter cette exclamation d'un saint : « Oh ! que c'est grand d'être petit par humilité ! Cela est si grand qu'il a fallu qu'un Dieu vînt nous l'apprendre. » M. l'abbé Lecomte, que l'on a vu si oublieux de son mérite, devait se faire comprendre lorsqu'il écrivait : « Laissez les âmes imparfaites brûler quelques grains d'encens sur les hauts lieux, je veux dire conserver pour elles-mêmes quelque estime. Celui qui voit clair se méprise souverainement. »

Ce n'est donc pas sa propre personnalité qu'il songeait à mettre en relief, mais uniquement et toujours la beauté de la sainte doctrine. Il demandait les prières des religieuses, comme saint Paul celles des Colossiens, afin que le Seigneur ainsi invoqué mît sur ses lèvres le langage qui convient à la manifestation du mystère du Christ. « *Orantes simul et pro nobis, ut Deus aperiat nobis ostium sermonis ad loquendum mysterium Christi, ut manifestem illud sicut oportet me loqui.* »

Il n'est pas étonnant qu'après cela le travail et les dispositions naturelles de l'esprit aient été si bien secondés par la grâce. L'effet produit par ses discours fut souvent immense.

A Dieu seul de voir tout le profit spirituel qu'en retirèrent les âmes, cette grande bénédiction désirée par un apôtre ; les hommes ne pouvaient que le conjecturer d'après des récits de conversion et l'accroissement général de l'esprit chrétien. Mais le résultat sensible pour tous et immédiatement constaté, c'était la satisfaction unanime des auditeurs. « Quel maître dans l'art de la parole ! » disait à la fin d'un sermon un haut fonctionnaire de l'Université qui avait voulu juger par lui-même les talents oratoires de l'archiprêtre. Une autre fois, un noble personnage, bon écrivain, qui avait été attiré par des vues plus surnaturelles, traduisait son enthousiasme par ce mot : « C'est de l'or, de l'or en barre. » Nous pourrions rapporter d'autres éloges. Pourquoi omettre deux petits traits qui auront leur importance aux yeux de certains lecteurs ?

Un dimanche soir, les fidèles réunis au pied de la chaire pour un exercice paroissial, peut-être extraordinaire, virent arriver au milieu d'eux bon nombre de prêtres. C'était l'époque de la retraite pastorale, et ces prêtres retraitants attendaient, avant l'entrée au Séminaire, un discours de M. Lecomte. « Je voulais m'adresser aux fidèles, dit celui-ci en les voyant, mais il me semble que les pasteurs demandent aussi la parole de Dieu. » Et il se laissa aller à des considérations plus spéciales pour eux, tout en restant dans le commentaire des premiers mots de son texte. Mais, hélas ! la cloche du Séminaire vient à sonner, elle appelle les retraitants. Grande hésitation au banc-d'œuvre et alentour. Comment s'arracher à une telle jouissance ? Les considérations du prédicateur continuaient leur cours, et la cloche lointaine, son appel. Dans cette lutte entre deux attraits, l'éloquence remporta une victoire générale. Un curé qui fut témoin de cette aventure et nous l'a racontée, nous a dit qu'en arrivant au Séminaire, les prêtres justifièrent aisément leur retard : ils parlèrent avec enthousiasme du sermon de la cathédrale.

Un autre jour, de jeunes étudiants, élèves de rhétorique ou de philosophie, sortaient du collège ; leur esprit ardent venait sans doute de terminer un voyage dans la vieille Rome ou à Athènes, et n'avait pas à

cette heure une tendance bien marquée aux pures et
utiles joies d'un entretien pieux. A leur arrivée dans
la cathédrale, lieu ordinaire de leur passage, ils eurent
l'idée d'écouter quelques moments l'instruction qui
venait de commencer ; l'église était en fête, fête de
dévotion non chômée au collège, et M. le Curé parlait
après l'évangile. Bientôt les jeunes gens se trouvèrent comme immobilisés par le charme du sermon;
ils restèrent jusqu'à la fin, et ils partirent en se communiquant leurs appréciations ; ils comparaient aux
leçons pâles et froides de l'enseignement profane le
chaleureux développement d'une page de saint
Augustin qu'il leur avait été donné d'entendre ;
l'impression avait été trop vive pour n'être pas
durable ; l'un d'eux nous en a fait part plus de quarante ans après ce fait.

Saint Augustin était en effet un des auteurs favoris
de M. l'abbé Lecomte. Une personne qui fréquenta
sa demeure nous dit avoir remarqué ordinairement
sur sa table de travail un ouvrage de l'évêque d'Hip-
pone, puis quelques autres de saint Grégoire de
Nazianze, de saint Jérôme, de saint François de
Sales, de Rohrbacher avec la Concordance de la
Bible.

Voilà certes de bonnes sources, des livres qui
donnent au prêtre les hautes conceptions et lui
apprennent à les exposer au peuple.

Comme une liqueur précieuse plaît davantage présentée dans un vase d'or, la grande doctrine de
l'Église emprunte un nouvel attrait au brillant langage d'un prédicateur. Aussi le digne archiprêtre
donnait-il tout le soin possible à l'élégance de la dic-
tion comme au choix des pensées. Les images variées

et riches affluaient grâce à son heureuse mémoire et à ses habitudes contemplatives ; l'onction découlait de son cœur aimant ; ces images et cette onction rehaussaient singulièrement son thème théologique, ou ses paraphrases de l'Écriture et des Pères.

Monseigneur Clausel de Montals disait en l'entendant : « Il y a là du Saint Augustin et du Fénelon. » Le jugement d'un tel connaisseur vaut une sentence en dernier appel.

Quant à nous, rarement, dans notre jeunesse, nous avons été à même d'entendre cette prédication, tour à tour simple et savante, forte et gracieuse, toujours limpide et colorée. Nous eussions surtout désiré jouir de la retraite ecclésiastique qu'il composa dès le commencement de son sacerdoce. Un curé de nos amis a examiné autrefois le manuscrit et se le rappelle comme une œuvre très remarquable, une de celles à laquelle l'auteur lui-même tenait le plus.

Les années, en se succédant, ne faisaient qu'ajouter à la confiance des paroissiens pour leur pasteur, et par suite ouvraient de plus en plus le champ à son activité dans l'exercice du ministère ; de là pour lui une diminution croissante du temps destiné à l'étude. Dans les moments trop courts que lui laissaient les fonctions de sa charge, les visites nécessaires et les correspondances, il aimait à se retrouver en face des chers livres que nous avons désignés ; mais impossible de se livrer à une suite de compositions sérieuses comme celles de sa jeunesse sacerdotale. L'état de sa santé altérée de bonne heure était aussi un obstacle à cette sorte de travail pénible, même pour les intelligences les mieux douées.

A la fin de sa carrière surtout, il n'écrivait que très

rarement ses instructions d'une manière complète ;
toutefois il ne montait en chaire qu'après avoir médité
et classé dans son esprit les principaux éléments de
son discours.

L'homélie était devenue son genre habituel. Ne la
considère-t-on pas comme une des formes de sermon les plus intéressantes et les plus fécondes ? Plus
d'une fois des paroissiens de Notre-Dame, assez
experts en ces choses, nous ont rappelé les prônes
de leur ancien pasteur. C'était pour eux un plaisir toujours nouveau quand le dimanche, assis en docteur
dans l'assemblée sainte et tenant sa grosse bible
ouverte, il débutait par les mots : En ce temps-là ! La
première ligne du texte sacré appelait d'abondantes
explications.

Puis quelle mise en scène des personnages !
Comme d'un tableau touchant des miséricordes du
Sauveur, il passait à des considérations dogmatiques
ou à des vues élevées sur la marche des événements
humains ! Bien qu'il préférât les épanchements affectueux qui encouragent à la confiance, il avait aussi,
pour accuser les abus ou flétrir le vice, des accents
d'une étonnante vigueur ; il semblait y dépenser toutes
ses forces.

Un jour qu'il avait déployé cette véhémence, il
rencontra, à la descente de chaire, une personne
compatissante qui le plaignait de son épuisement :
« Vous me croyez fatigué de ce que j'ai dit, répliqua-
t-il, je le suis bien plus de ce que j'ai dû taire. »

Comme Saint Philippe de Néri, Saint François de
Sales et tant d'autres, M. l'abbé Lecomte aimait à
semer la parole de Dieu ; inutile d'ajouter que, dans
une ville comme Chartres, il ne pouvait manquer

d'auditoires, et d'auditoires variés, pour la recueillir.
De rares manuscrits qui lui ont survécu nous le montrent, dès 1824 et 1825, prédicateur de communautés
religieuses ; déjà, à cette époque, il paraissait fréquemment au monastère de la Visitation [1]. Nous dirons
plus loin quand il en devint le supérieur et comment
il s'acquitta de cette charge.

Lui qui étudiait l'évêque de Genève dans ses
ouvrages et dans son histoire, pour se pénétrer de
ses principes et calquer dans sa vie un si beau modèle,
il devait savoir parler du bon Dieu aux pieuses Visitandines. Sa phrase correcte et gracieuse venait
aisément revêtir une suite de conseils sûrs et conformes
à ceux des auteurs mystiques ; puis, sur cette nourriture forte et souvent assaisonnée d'un rayon de
miel, passait toujours le suave parfum de la divine
charité.

Il connaissait si bien l'esprit particulier à cette
admirable famille de religieuses ! Il leur disait :
« Accoutumez votre front à la sérénité, votre bouche
à un saint sourire, vos manières à une modeste cordialité. Le ciel le veut ainsi... L'aigle, pour éprouver
ses petits, provoque leur essor et les entraîne à sa
suite dans les hautes régions des airs. Il contemple
fixement l'astre éblouissant du jour et commande
au jeune aiglon d'imiter l'intrépidité de ses regards.
Si la paupière du nourrisson trop timide s'abaisse ou
se ferme devant le soleil, le père indigné méconnaît
et immole ce fils dégénéré. Ainsi votre Bienheureux

---

1 Les religieuses de la Visitation habitaient alors dans la rue
Avedam ; c'est en juin 1834, qu'elles ont été se fixer dans la rue
d'Aligre où elles sont maintenant ; elles laissaient leur ancienne
habitation à la communauté naissante du Saint Cœur de Marie.

fondateur rayerait de la liste de ses filles bien-aimées, ce qui n'arrivera sans doute jamais, une âme qui ne donnerait qu'une demi-application à la douceur. »

Il leur disait encore : « La douceur et la mansuétude sont tellement le cachet de votre ordre que, si une nouvelle tempête de révolution, confondant tout, rassemblait tous les débris des instituts religieux, on devrait reconnaître les filles de Saint François de Sales entre les autres à cette marque caractéristique de la douceur, comme, entre les feuilles de roses dispersées par un orage, on reconnaîtrait les feuilles de lys à leur blancheur. »

L'éloge de cette vertu revient sur ses lèvres sans cesse et d'autant mieux qu'elle est le but de ses propres efforts, et, à son insu, le plus bel ornement de son âme. Mais il a eu soin de la définir et de montrer comment elle s'harmonise avec l'énergie du chrétien militant. Il s'exprimait ainsi en 1830 : « J'entends cette douceur qui n'est ni fadeur, comme les cœurs seuls pourraient le croire, ni lenteur, comme les esprits impétueux pourraient la nommer ; ni faiblesse, comme l'appelleraient les caractères raides et durs. J'entends cette douceur qui procède d'une bonté profonde, délicate émanation d'un cœur que la charité possède ; pur écoulement d'une exquise tendresse pour le prochain. J'entends cette douceur gracieuse et saintement caressante qui nous fait sourire à notre Dieu dans chacun de nos frères ; cette douceur compatissante qui exclut toute dureté de cœur, partage les peines d'autrui, les ressent jusqu'au fond de ses entrailles et goûte un indicible bonheur à les soulager... »

Nous ne suivrons pas l'orateur dans le complet développement de ce sujet qui fournirait bien des pages. Ajoutons plutôt d'autres extraits de ses discours ou de ses lettres spirituelles. On y verra d'abord quel élan donnent à l'âme l'espérance et l'amour.

« Espérez en Dieu, et lui-même agira en vous. Il conduira votre justice comme la lumière, c'est-à-dire par des degrés aussi doux qu'effectifs. Laissez-le faire ; il portera votre vertu jusqu'à son midi. Voyez le soleil, il obéit à la main qui le guide. Observez comme chaque mouvement se présente plus radieux et plus magnifique. Rien de heurté dans son cours ; après les premiers jets de sa lumière viennent des rayons plus brillants. Il est arrivé à la plénitude de sa splendeur, et tout s'est fait sans bruit, tout s'est passé sans secousse. Espérez au Seigneur et lui-même agira en vous. »

Voici maintenant comment il encourage quiconque se met à l'école de la belle dilection : « Comme le saint amour aplanit les obstacles, simplifie les moyens, abrège la voie pour celui qui l'a choisi pour guide ! C'est le grand levier qui soulève notre nature jusqu'aux cieux malgré son poids qui l'entraîne vers les basses régions. Près de la capitale de ce royaume, une machine prodigieusement compliquée, surchargée et de bois et de fer, et de roues et de chaînes, portait laborieusement les ondes du fleuve à diverses reprises jusqu'au sommet d'une montagne ; maintenant que le feu y joue un rôle, ou plutôt y est le moteur unique, rien n'est plus simple que cette machine, et rien n'est plus fort. Une partie du fleuve, d'un seul essor, atteint la cime élevée des côteaux. Ainsi, sans le feu du saint amour, l'affaire de notre salut, l'accomplissement de nos devoirs se complique d'une manière effrayante sans beaucoup de succès ; avec le feu du saint amour, l'âme s'élève sans peine et sans détours jusqu'au sommet de la plus sublime perfection. »

Dans une autre circonstance il s'écrie : O mon bien-aimé Jésus ! j'ai mis en vous toute ma confiance ; je me livre à vous, je me sacrifie à vous. La mer s'avance avec fureur ; il semble qu'elle va tout engloutir ; mais l'orgueil de ses vagues s'arrête au grain de sable que vous lui avez marqué, ô mon souverain Seigneur. La foudre ne brûle pas une herbe au-delà de ce qui lui est désigné par votre volonté suprême. Bien-aimé Sauveur, je me remets à votre chère Providence. Vous veillez invisible à mes côtés. Vous liez le fort armé et le fort n'est que faiblesse devant vous, et ses armes sont légères comme la paille, frêles comme les roseaux. Mes ennemis m'environnent en me disant : Où est ton Dieu ! Vous, très-aimé Jésus, vous m'assistez en me disant : Je suis ton Sauveur... »

Souvent il y a de ces exclamations dans sa correspondance : Mon Dieu, qu'ai-je besoin de vivre si ce n'est pour vous aimer ?... C'est bien de mourir à soi-même, mais cela n'est qu'un moyen ; le but, c'est le saint amour ; le terme, c'est de vivre dans la divine dilection. »

Entendons-le aussi parlant sur la vocation, dans une cérémonie de vêture religieuse, le 4 novembre 1825 :

« Parmi les merveilles que J.-C. a opérées en votre faveur, je fixerai surtout vos pensées sur l'élection qu'il a faite de vous dès avant tous les siècles, et sur les moyens qu'a employés sa douce Providence pour vous introduire dans cette sainte retraite. Vous savez que les desseins que Dieu développe dans l'espace mobile des temps, il les a conçus et médités dans le centre immobile de son éternité. Ce bel univers avec ses magnifiques proportions et la richesse de ses ornements, vivait dans la pensée de son Créateur, avant que sa main l'eût produit. Il avait assigné d'avance à chaque pièce de cette merveilleuse machine la place qu'elle occuperait, et les fonctions qu'elle exécuterait pour l'utilité ou l'embellissement de son œuvre. — Mais, entre toutes les productions de sa puissance et de sa bonté, l'homme a surtout fixé ses attentions divines et occupé son adorable pensée. Dans ce plan universel par lequel il réglait d'avance le monde des esprits, et lui donnait des lois, vous lui avez apparu, ô ma chère sœur, il vous a connue et distinguée, il a décidé dès lors que vous lui seriez spécialement consacrée. Il a marqué le point que vous deviez remplir, il vous a élue, avant tous les siècles, d'un choix précis et déterminé. Cette âme sera à moi, dit le Seigneur. — Vous fûtes nommée dans les sublimes conseils que les trois Personnes divines tiennent au plus haut des cieux, et dans ces ineffables et mystérieuses délibérations, le Fils de Dieu vous demande pour épouse, le Père vous promit au Verbe éternel.

O sublimité de la vocation religieuse ! ô hauteur de cette glorieuse destinée ! Vous penseriez peut-être, ma chère sœur, que j'exagère les bienfaits du Seigneur, si lui-même ne s'était expliqué par ces profondes et touchantes paroles : O âme honorée de mes faveurs, dit-il lui-même, je vous ai aimée d'une affection éternelle : c'est le premier ressort de cet attrait par lequel ma miséricorde vous a appelée à moi. Entrez donc aujourd'hui, dans une tendre admiration des conseils de J.-C. sur nous, dans une haute estime de votre noble vocation. Mesurez, si vous le pouvez, la grandeur du saint état dont vous allez prendre aujourd'hui les pieux insignes. Atteignez, s'il se peut, par la vivacité de votre reconnaissance, l'excellence du bienfait. Tandis qu'il laisse tant d'âmes dans les ombres de la mort, il vous appelle à l'admirable lumière de la vie religieuse ; tandis qu'il les abandonne au sein de l'Egypte idolâtre, il vous destine à la terre promise. Qu'ai-je fait, ô Seigneur, pour être l'objet d'un choix si glorieux ? »

Une autre fois, le même prédicateur excitait à la joie en Dieu :

« La raison de cette joie, c'est la bonté permanente de Dieu. Nos péchés même ne doivent pas nous la ravir, puisqu'ils donnent lieu à la bonté divine d'acquérir un accroissement de gloire, ils nous donnent à nous-mêmes l'occasion de nous enrichir en nous abaissant : S'abaisser, non s'abattre : la vertu se perfectionne dans l'infirmité.

... Cette joie a pour région la *cime de l'esprit* occupée par la grâce qui est une inchoation de la gloire, c'est-à-dire la région de la Divinité, de l'Impassible. Le front de nos sublimes clochers peut être dans la lumière d'un soleil sans nuages, quand la foudre et ses noires vapeurs sont à leurs pieds. En haut donc nos cœurs !... Ceux qui sont sur les montagnes voient les tonnerres à leurs pieds. La foudre perce quelquefois le nuage par en haut ; mais venue de la terre, elle y gravite toujours, et ceux qui sont au-dessus, s'ils sont blessés de la peur, ne sont pas blessés de ses feux. »

Le 6 novembre 1826, il parlait ainsi de la chasteté :

« C'est un beau lys sans souillure d'où s'exhale vers le ciel le parfum le plus suave ; c'est un vêtement de l'âme, dont le précieux tissu charme les regards des hommes, des anges, de Dieu lui-même, par son exquise délicatesse et son éblouissante blancheur ; c'est un miroir sans tache où se réfléchit la pure lumière du Seigneur ; c'est la vie angélique et céleste dans un corps mortel ; c'est la première condition de notre commerce avec Dieu ; c'est la reine qui amène à sa suite le chœur gracieux des vertus, en entrant dans l'âme, et qui en sortant de l'âme les emmène toutes avec elle, comme cette reine ailée que suivent les laborieuses abeilles. C'est à la chasteté qu'est promise la vue de Dieu, et le regard dans les profondeurs de l'essence divine, et l'essor vers les hauteurs des cieux à la suite de l'Agneau, et le torrent de volupté, et le diadème éternel, et le triomphe sans fin.

Cette bienheureuse vertu est la bien-aimée de J.-C. qu'il a chérie dans sa Mère, caressée dans saint Jean, choisie pour lui-même et léguée à la plus chère portion de son Église : ses ministres et ses épouses.

C'est la bien-aimée de Marie, qui préféra la gloire de la pureté virginale à la gloire de la maternité divine, digne, pour cette préférence de l'une à l'autre, de recevoir l'une et l'autre en sa personne. Heureuse êtes-vous, ô mille fois heureuse, de vous lier à Dieu par cette chaîne aimable et brillante !... C'est l'anneau d'or de votre alliance, qu'il faut priser au-dessus de tout, conserver chèrement tous les jours et baiser de tendresse. Je ne vous dirai point qu'il ne faut pas même souffrir une ombre sur cette délicate blancheur de la chasteté virginale, et que vous devez religieusement, heureuse émule des anges, garder une incorruptible innocence de corps et de cœur. En insistant sur ce point, je craindrais d'affliger votre cœur et de contris-ter en vous le Saint-Esprit qui vous la fait aimer plus que mille vies, et qui saura bien garder en vous, ce trésor jusqu'au jour de J.-C..... »

Qu'on ne nous accuse point de prolixité à cause de nos citations. Pour mettre en pleine lumière la vie d'un juste, il faut faire connaître son langage parlé ou écrit aussi bien que ses œuvres.

CHAPITRE IV

M. LECOMTE POÈTE

Ce qui précède aura montré l'homme de Dieu, un de ceux que le Seigneur lance à la poursuite des âmes avec tous les attraits qui rapprochent de son Cœur divin : *Venator animarum.*

A la manière de dire, au choix des comparaisons l'on aura reconnu l'auteur des *Effusions poétiques.*

Il nous reste à parler de ce charmant ouvrage arraché à la modestie de M. l'abbé Lecomte, en 1850, avec la simple signature : A. L. L'apparition du livre provoqua un concert de louanges dans le monde littéraire, et l'auteur ne s'était proposé qu'un appel au monde charitable en faveur d'une institution que nous nommerons bientôt.

Les *Effusions,* selon l'avertissement donné dans la préface, sont l'emploi de quelques heures de loisir, le délassement après la fatigue du devoir. Poètes, lisez cette préface ; vous y apprendrez ce qu'un riche fonds de pensées a gagné en substance, ce que le style gagne en fraîcheur et en parfum, quand le génie s'est allumé au flambeau de la foi. Nulle part nous n'avons trouvé sur la poésie, une théorie aussi finement développée et aussi facilement victorieuse des paradoxes qu'on surprend parfois même sur les lèvres de gens instruits, détracteurs de ce qu'ils ignorent ou ne peuvent imiter. Il y a là, sur l'Imagination, des pages qui figureraient avec honneur dans les traités de psychologie comme dans ceux de littérature ; elles se terminent par un hommage à plusieurs Pères de l'Eglise qui ont été à la fois grands philosophes et grands poètes.

M. l'abbé Lecomte dit que la muse des poètes chrétiens est un ange. Aucun autre nom ne caractériserait mieux la sienne, lorsque nous la voyons chanter la gloire de Dieu « dans le silence des bois, sur les montagnes ou les bords de l'Océan, en présence des fleurs qui sourient ou de la foudre qui menace. »

Nous ne résisterons pas au plaisir de reproduire en entier une de ses « effusions » composée, en 1825, sur des montagnes arides et solitaires ; la lecture de cette œuvre magistrale suffirait, ce nous semble, à faire connaître le talent de l'auteur, et inspirera sans doute à plus d'un lecteur le désir de lire le recueil d'où nous l'avons tirée.

I

O Dieu, dans le désert de cette triste vie,
Sous cette épaisse nuit dont elle est obscurcie,
C'est vous seul qu'a cherché, que cherche encor mon cœur.
Tout le reste qu'est-il ? ou mensonge ou douleur.
Océan de bonheur, océan de lumière,
Puisse mon âme en vous se plonger tout entière !
Et que dans votre sein, centre de mon repos,
Savourant tous les biens, je brave tous les maux !
Oui, c'est vous seul, mon Dieu, que désire mon âme,
Votre seule beauté me captive et m'enflamme :

2.

Suprême majesté, qu'un faux milieu jamais
Ne dérobe à mes yeux vos célestes attraits ;
Ah ! je vous en conjure avec d'ardentes larmes,
Ne permettez jamais qu'insensible à vos charmes,
J'attache à de l'argile un cœur fait pour les cieux.
Brillez toujours sur moi serein et radieux.

II

Vainement le soleil de sa belle lumière,
Pour dilater mon cœur, délecte ma paupière ;
Vainement des couleurs épanchant le trésor,
Et l'émail, et la pourpre, et l'hyacinthe et l'or,
Ou répandant les flots d'une chaleur féconde,
Cet astre vivifie et décore le monde ;
Par un sublime instinct, mon cœur ambitieux
Réclame ce soleil qui brille au ciel des cieux :
Primitive clarté, lumière originelle,
Près de qui le soleil n'est rien qu'une étincelle,
Ou le reflet lointain d'une grande splendeur,
Pour un monde éphémère, éphémère lueur.
O flambeau des esprits ! ô soleil sans aurore !
O soleil sans déclin ! ô Dieu ! je vous implore.
Eclairez ma pensée et dissipez la nuit,
Où l'essaim des erreurs se joue et nous séduit.

III

Que sont-ils, ô mon Dieu, ces biens que l'on me vante ?
Gloire, plaisirs, honneurs, dont la soif nous tourmente,
Que sont-il, observés aux rayons du vrai jour ?
Chimères de la nuit, ils ont fui sans retour ;
Douces réalités pour l'homme qui sommeille,
Et songes voltigeants pour l'homme qui s'éveille.

Poursuivez, poursuivez cet essaim imposteur ;
S'il se peut, saisissez ces ombres de bonheur !
Fait pour la vérité, je dédaigne un fantôme,
Créé pour l'infini, que m'importe un atôme ?
A ce globe de boue attachez tous vos vœux ;
Moi, je regarde au ciel, c'est le ciel que je veux.
Insultez à mon choix, traitez-le de délire ;
C'est Dieu que je choisis, c'est à Dieu que j'aspire.
Si vous le connaissiez, si vous aviez goûté
Des charmes de son joug la sainte volupté ;
Si d'un orgueil secret abaissant l'insolence,
Vous l'aviez écouté dans un humble silence ;
Que l'accent de sa voix vous aurait semblé doux !
De ses yeux, quels regards seraient tombés sur vous !

IV

L'insensé qui vous fuit, l'ingrat qui vous blasphème,
Ignore vos douceurs, beauté, bonté suprême !
Ah ! si dans ses ennuis, au pied de vos autels,
Il courait se jeter en vos bras paternels,
D'une main empressée et pleine de tendresse,
Vous-même sécheriez les pleurs de sa tristesse,
Et lui montrant le ciel promis à la vertu,
Vous rendriez l'espoir à son cœur abattu.
Mais non, ils ont juré de regarder la terre !
Pour qu'ils lèvent les yeux, allumez le tonnerre ;
Écrivez sur la nue en sillons lumineux :
« Si tu ne veux aimer, tremble au moins, malheureux ! »
Rien, rien ne peut donner l'essor à leur pensée ;
La terre ! il faut la terre à leur âme abusée !
Tant le voile est épais qui couvre leurs esprits !
Que ferez-vous, Seigneur, pour venger leurs mépris ?

V

J'ai vu des insensés voguer la nef légère ;
Leurs cris retentissaient au loin sur l'onde amère,
Et la coupe à la main, ils chantaient le plaisir,
Le jour mourait ; la nuit commençait à brunir
Du terrible élément la vague mugissante.
Ils couvraient de leurs chants la voix de la tourmente.
Un vieux nocher, qui passe auprès de leur esquif,
Leur montre vainement les pointes d'un récif ;
Ils vident à longs traits la coupe enchanteresse ;
Le flot qui les balance assoupit leur mollesse.
Le front orné de fleurs, le passager s'endort,
Tranquille sur l'abîme autant que dans le port.
En songe, il boit encor le nectar de la fête,
Il savoure l'espoir d'un banquet qui s'apprête ;
De la voix, de la lyre il rêve les concerts.
Un roc brise leur nef... où sont-ils ?... sous les mers !...

VI

Souveraine bonté, peut-être est-ce l'emblême
Du sort que devant vous je mérite moi-même.
Sans doute hélas ! mon Dieu ! je l'ai trop mérité,
Si vous pesez ma vie au poids de l'équité.
Ne la jetez donc pas dans l'austère balance ;
Regardez-moi, mon Dieu, des yeux de la clémence.
A vos saintes rigueurs qu'oserais-je opposer ?
Entre vos traits et moi que pourrais-je placer ?
Je placerai le Christ et son ignominie,
Et de son sang versé la valeur infinie.
Derrière ce rampart, où tomberont vos coups,
Seigneur, je braverai votre juste courroux ! ! !

L'âme de M. Lecomte était comme une lyre toujours tendue et prête à rendre une mélodie. Elle eût souffert du silence devant les spectacles gracieux ou grandioses qui font penser à l'infinie bonté ou à la puissance infinie du Créateur.

> Je sens Dieu dans ces belles scènes ;
> Il est bien plus près de mon cœur ;
> Plus près pour consoler mes peines,
> Pour me révéler sa douceur.
> Seigneur, ces spectacles tranquilles
> Reposent l'esprit et les sens.
> Ah ! les hommes ont fait les villes,
> Mais c'est vous qui fîtes les champs.

Ces vers terminent de jolies stances sur la Nature. Il s'écrie dans une méditation sur la Nuit :

> C'est un hymne admirable à la grandeur suprême
> Que ces feux dans l'azur épars ;
> Un fleuron détaché du divin diadème,
> Descendu jusqu'à nos regards.

Ainsi s'élève toujours son idéal. Un élan d'amour vers Dieu, un soupir vers la Madone, un souvenir de famille, un sentiment de reconnaissance pour sa mère, ou d'inquiétude pour les enfants confiés à sa garde pastorale, tout l'inspire à merveille sur les plages de la mer aussi bien que dans les bocages de Voré.

Voré (ou Vauré), c'était la résidence de son frère aîné Pierre-Gabriel, chargé d'administrer la splendide propriété d'une noble famille. L'archiprêtre de Notre-Dame de Chartres allait prendre ses vacances dans ce château, dans cette vallée royale, *valle regis*, d'où le pays tire son nom. Florian au parc d'Anet, Racine sous les grands arbres de Maintenon, avaient-ils une promenade plus favorable à la composition de leurs chefs-d'œuvre ?

M. l'abbé Lecomte se faisait accompagner à Voré par un ou plusieurs ecclésiastiques chartrains. « Venez, écrivait-il de là à M. l'abbé Pie ; nous causerons ensemble et nous nous promènerons. C'étaient les parties de plaisir que Fénelon promettait à ses amis pour les attirer. Douces causeries sous de beaux ombrages : Dieu a fait l'un et l'autre par la grâce de sa charité et par la grâce de son imagination dans l'ordre de la nature ; car le bon Dieu a de l'imagination. »

M. l'abbé Pie répondait à cette gracieuse invitation et, vingt-cinq ans plus tard, il écrivait : « O ineffables souvenirs qu'il serait si doux de rappeler, s'ils ne se transformaient en de douloureux regrets ! Délicieux Vauré, jamais je n'oublierai cette vie modeste et vraiment patriarcale de toute une famille de vrais chrétiens rassemblés dans un souriant vallon, plus parfumé encore de leurs vertus que de tes fleurs et de tes exhalaisons balsamiques ! Aimable séjour dont le nom même porte avec lui une réminiscence biblique, — *in valle Sare quæ est* VALLIS REGIS, — c'est à l'ombre de tes épaisses forêts et sur l'émail gracieux de tes prairies que j'achevai de connaître un de ces prêtres du Très-Haut comme il est rarement donné d'en rencontrer sur le chemin de la vie. Non, jamais je ne rencontrerai un ami comme cet ami, dont toutes les pensées et les sentiments s'ajustaient avec mes sentiments et mes pensées : *Neminem enim habui tam unanimem ;* intelligence la plus libérale, la plus communicative, cœur le plus ouvert, le plus accueillant, le plus expansif qui se puisse imaginer. Doué des plus riches qualités de l'esprit, il rayonnait surtout par la beauté de sa parole qu'embellissait encore le charme de sa bonté. Ainsi ma pensée, qui se porte vers lui cent fois le jour, aime souvent à lui appliquer ces mots que mon saint prédécesseur Fortunat a dits de saint Ambroise : *Frater noster Ambrosius, cui verba cum virtutibus conjuncta florebant;* oui, vraiment, sur ces lèvres parfumées d'ambroisie, les paroles naissaient comme des fleurs mêlées aux fruits de toutes les vertus. »

Les entretiens à Voré, comme ceux du presbytère de Chartres, roulaient souvent sur des sujets d'étude ; souvent aussi c'était une contemplation de la Nature qui se terminait par un jet poétique ; il y eut même des vers confiés à l'écorce des arbres. Après plus de soixante ans on lit encore sur le tronc d'un vieux hêtre une prière tracée par M. l'abbé Féron, le fidèle Achate de notre saint curé :

> . . . . Dulcissime Jesu,
> Cor nostrum cordis flagret amore tui.

O très-doux Jésus, que l'amour de votre cœur enflamme notre cœur !

Nous avons tenu à réunir dans ces deux derniers chapitres des éléments d'appréciation sur le prêtre prédicateur, écrivain et poète. Présentons-le maintenant sous d'autres aspects ; voyons-le dans les différentes œuvres de son ministère.

CHAPITRE V

M. LECOMTE ET LE SOIN DES AMES

Convertir les âmes, les amener au tribunal de la pénitence et là réaliser en elles toutes les merveilles du sacrement, c'est une mission très laborieuse mais sublime ; c'est un devoir que le pasteur embrasse avec un zèle proportionné à son amour pour Dieu.

Le pieux abbé Lecomte se livrait ardemment à tout ce qui étend le règne de Jésus-Christ dans les cœurs ; il se dévouait donc au ministère du confessionnal. Les enfants avaient la première place dans ses soins comme dans les affections du divin Maître. Un chrétien dont il fut le premier confesseur nous a dit : « On ne saurait croire ce qu'il nous inspirait de respect et d'attrait pour le saint tribunal dès l'enfance. Mes confessions faites à l'âge de sept et huit ans dans son presbytère, ont été le vrai point de départ de mes bonnes habitudes ; à cause de ce souvenir, j'ai acheté et je conserve le fauteuil où M. le curé prenait place pour m'entendre et me bénir. »

Bien entendu c'étaient seulement certaines classes de pénitents qu'il confessait à la cure. Il exerçait habituellement ce ministère à la cathédrale dans la chapelle de la Transfiguration ; c'est là que s'élevait, avant la Révolution, l'autel des Vierges. M. le Curé ignora longtemps cette particularité ; en l'apprenant, il ne put contenir sa joie et l'exprima aussitôt dans

une lettre dont nous transcrivons quelques lignes.
« La chapelle des Vierges ! Quel beau nom !.. Moi
qui ne puis offrir les divins mystères que dans cette
intention d'ouvrir les sources sacrées de l'esprit
virginal, pour qu'il inonde la terre, mais pour qu'il
vous inonde surtout, pauvres chères enfants !... Que
je vais aimer cette chapelle, depuis que je sais que les
saintes Vierges y ont reçu les hommages de nos
pieux ancêtres ! »

Ce lieu béni a été en effet le rendez-vous de cœurs
purs dont le pasteur « vénérait religieusement la
sainteté » et qu'il traitait « comme la plus délicate
portion de l'humanité de Notre-Seigneur. » Là aussi,
comme « dans une chaste fontaine, » selon le mot de
M. Lecomte, se sont purifiées et transfigurées
bien d'autres âmes flétries par le vice.

M. le Curé vivait habituellement dans l'atmosphère
de la vertu et, par ses entretiens ou ses correspondances, il en communiquait les suaves émanations
aux serviteurs et servantes de Dieu, gens du peuple
ou personnages de haut rang, dévots laïques ou
religieuses cloîtrées ; mais plus d'une fois aussi sa
parole sut atteindre de malheureuses créatures habi-
tuées à un tout autre milieu. Il imita la charité du
Sauveur transformant Madeleine en austère pénitente ;
grâce aux industries de son zèle et à de prudents
intermédiaires, il y eut, où l'on peut le moins en
espérer, des renoncements connus au désordre public,
des résolutions de vie chrétienne qui se réalisèrent et
ne se démentirent jamais.

Il y eut aussi des infidélités. Une des repenties, à
qui de funestes entraînements firent reprendre ses
chaînes, fut rencontrée un jour loin de Chartres par

une pieuse personne qui l'avait connue en des temps plus heureux. Celle-ci crut devoir aborder la coupable et lui lancer comme un trait le nom de M. Lecomte, qui avait déjà quitté ce monde. Ce fut assez. Le coup avait porté. L'infortunée, qu'on eût pu croire dans un terrible endurcissement, versa d'abondantes larmes en s'écriant : « Ah ! ne désespérez plus ! Je sens qu'il me faut changer de vie et que notre bon père prie pour moi. »

Le zèle du vénéré pasteur en présence des brebis égarées a été chose notoire dans la paroisse de Notre-Dame. On comprend qu'il se soit plu à répéter à un de ses meilleurs confrères cette parole de saint François de Sales : « Dieu seul et moi aimons les pécheurs. » On comprendra aussi ce genre de peine dont nous avons trouvé l'expression dans un billet de sa main : « Oh ! que j'aurais donc enfin besoin de moissonner un peu ! J'ai depuis tant d'années arrosé de mes larmes la semence que je jette en votre cœur. Est-ce que mes larmes couleront encore sur un champ stérile en vertus et fécond en épines cruelles qui dévorent mon cœur trop sensible ! »

Mais si telle a été sa conduite vis-à-vis de ses paroissiens, vis-à-vis des étrangers elle n'était pas moins admirable.

Un beau matin, Mlle L. reçoit l'avis suivant envoyé par le bon père, qui avait à s'occuper de la conversion d'une protestante : « Je vous adresse une pauvre jeune dame qui s'arrache à tout ce qui lui appartient, et qui traverse mille cruelles persécutions pour se faire catholique... Vous lui ferez, vous, mon enfant, l'accueil le plus doux. Il faut que cette pauvre âme trouve les catholiques bien édifiants ; cela l'affermira beaucoup. Je paierai la dépense... »

Un jour un inconnu s'agenouille à son confessionnal ; ce devait être un homme d'un caractère fort bizarre, si nous en jugeons par l'acte qui lui servit d'entrée en matière. A peine la petite grille est-elle ouverte qu'il lance au visage du confesseur toute l'eau d'une fiole apportée pour la circonstance. Le pauvre curé, quoique très surpris d'une si violente aspersion, s'essuie en paix, et, au lieu de reproches certes légitimes, ce sont les paroles les plus affectueuses qui coulent de ses lèvres. « Décidément, réplique le singulier pénitent, vous êtes un homme de Dieu, j'ai une entière confiance en vous, pardonnez-moi ; et cela dit, il se décharge de ses fautes. Plusieurs heures s'étaient écoulées depuis son départ ; Monsieur le curé, rentré au presbytère, prenait son modeste repas, quand la servante lui présente un paquet très proprement arrangé ; c'était une douzaine de beaux mouchoirs que venait de lui remettre à la porte un étranger avec cette seule indication : De la part de l'inconnu que M. l'archiprêtre a entendu à telle heure dans la cathédrale. « Ah ! dit joyeusement l'archiprêtre à un ami présent : C'est pour m'essuyer. » Et il raconta l'aventure en toute simplicité.

Voici un autre fait :

M. l'abbé Lecomte était à Voré et se promenait dans les bois, en compagnie d'un respectable curé des environs, quand un militaire de passage près d'eux les aborde timidement et demande l'aumône. Muni d'un congé, il se rendait pour cause de maladie à la capitale, où l'attendait sa mère. Conduire le voyageur au château et l'entourer de soins, rien en cela que de conforme aux habitudes hospitalières de la famille Lecomte. Entre l'hôte et le jeune homme s'établit facilement un entretien amical qui se termina par la confession. La charité avait porté ses fruits. Quelque temps après, arrivait au presbytère de Notre-Dame de Chartres une lettre datée de Paris et écrite par la pauvre mère du soldat ; elle annonçait la mort très chrétienne de son fils, décédé à l'hôpital, et remerciait, au nom du cher défunt, l'ange gardien de son voyage et l'auteur, après Dieu, d'une conversion si inattendue et si consolante.

On a gardé à Voré d'autres souvenirs analogues. Si l'on y voyait des personnes de distinction s'honorer d'une entrevue avec M. le curé de Chartres, on remarquait encore mieux l'empressement des pauvres autour de sa personne. Son passage laissait d'autres traces que l'aumône du pain matériel ou des paroles consolatrices ; il aida plus d'une fois de sincères retours à Dieu.

Le saint curé se sentait partout ministre du Seigneur et partout il savait le faire aimer. Si les circonstances le conduisaient au milieu d'une population toute chrétienne, là encore il ne négligeait rien pour rendre son sacerdoce utile. C'est ainsi qu'en 1843, les instances du médecin lui ayant imposé les bains de mer, il sanctifia son séjour au joli pays d'Arromanches, sur les côtes de Normandie, par une suite de prédications et par d'autres actes bien capables d'attirer à Dieu. Les familles de pêcheurs étaient heureuses de ses bonnes visites ; il allait souriant à leur rencontre avec des médailles et des chapelets dont la distribution était accompagnée d'une causerie édifiante.

Nous laissons la parole au témoin oculaire qui nous a communiqué les détails relatifs à Arromanches :

« Le jour de la fête de Saint-Pierre, patron de la paroisse, je vis M. Lecomte fort inquiet. L'office commençait célébré par un autre prêtre chartrain, son compagnon de voyage ; et lui, il restait à la sacristie mettant en mouvement des commissionnaires dans un but que j'ignorais. Enfin, au *Gloria*, son visage s'épanouit ; on vient de l'informer que la voiture publique est arrivée, et on dépose devant lui une grande boîte apportée à son adresse. Elle contenait des vases magnifiques et de magnifiques fleurs artificielles. C'étaient les objets attendus. Avec un bonheur indicible, il a promptement tout arrangé sur les gradins de l'autel ; et, après l'évangile, il s'explique en chaire sur le don qu'il a fait ; c'est l'occasion d'une instruction charmante. La paroisse n'était pas à convertir puisque, parmi les personnes obligées au devoir pascal, trois seulement avaient omis de le remplir ; mais il cherchait à faire goûter davantage les délices de la Religion. »

Ce que nous avons déjà dit de la bonté de M. l'abbé Lecomte a dû suffire pour donner raison de son facile accès auprès des cœurs. « C'est là proprement la vertu convertissante, affirme-t-il dans un de ses écrits. Le zèle le plus actif dénué de bonté ressemble à cette température aigre et glacée qui laisse la nature stérile et assoupie. Le zèle doux est comme cette température de printemps, délicatement chaleureuse, qui éveille sans bruit toute la végétation, féconde et vivifie tout. Toute âme n'est pas violette pour éclore sous les frimas. Que de choses languissent, sont en souffrance et même se brisent en ce monde, par l'absence de cette vertu que Dieu avait destinée, comme une huile mystérieuse, pour adoucir et faciliter le jeu des rouages, assouplir et conserver les ressorts de cette merveilleuse machine !... »

Un jour de fête de la Sainte Vierge, en 1841, à la cathédrale, parlant de Notre-Dame qui tire le bien du trésor de son cœur, M. le Curé s'exprima ainsi :

« La bonté, M. F., on l'aime beaucoup pour soi ; vis-à-vis des autres, c'est différent. — La familiarité de notre entretien me permet de vous raconter une aventure qui m'est arrivée à moi-même... Un officier de cette église vint un jour me trouver, et me dit que vraiment je ferais bien de parler avec fermeté et plus d'autorité. « Oui, lui dis-je, je veux bien suivre votre avis, mais à une condition : je vais commencer par vous. » Alors il changea de langage et me supplia de continuer une surveillance douce et paternelle. »

Puis le prédicateur ajoutait : Bonté pour tous ! Soyez bénins, disait J.-C. à ses disciples ; je ne veux pas corriger le langage du Divin Maître. — La *bonté n'est point une faiblesse.* — Si des temps malheureux venaient de nouveau fondre sur nous, s'il fallait défendre l'Église et sa foi, on verrait qui porterait sa tête sur l'échafaud : Ce seraient ceux qui sont les plus doux. La bonté ne venant que de Dieu ne se tournerait point en faiblesse, mais en un amour ferme et constant. Quel disciple se trouva auprès de la Croix ? Était-ce Thomas ? Était-ce Pierre l'intrépide ?... Non, mais le plus tendre : saint Jean.

M. le Curé attirait donc à lui les cœurs parce qu'il était bon. N'est-ce pas lui-même qu'il a peint, sans y

penser, dans cette strophe d'une cantate tombée de
sa plume en 1819 :

> De ta bonté, Seigneur, il est la vive image ;
> Ta tendresse, je crois, s'écoula dans son sein ;
> Soutiens contre l'effort de ce funeste orage
> Ce palmier bienfaisant, abri de mon jeune âge :
> Ah ! ne me rends pas orphelin.

Ses succès pour la conquête des âmes tenaient à
une autre cause, et c'était la principale, nous n'en
doutons pas : son recours perpétuel à la Sainte
Vierge qu'il aimait tant à montrer comme la voie qui
conduit à Jésus et par où nous viennent les miséricordes de Jésus.

> Des mères le modèle, ô divine Marie,
> Ton saint nom fut l'objet de ses chères amours,
> Le baume consolant qui parfumait sa vie,
> Le thème inspirateur de ses plus beaux discours.

Ces vers sont extraits d'une belle ode composée à
la mémoire de M. Lecomte, après sa mort. Sa dévotion à N.-D. ne pouvait être oubliée par le poète.

Une circonstance, solennelle entre toutes, où
M. le Curé trouva dans cette dévotion l'aliment et la
récompense de son zèle, fut le grand Jubilé accordé
pour six mois à tout le monde catholique, moins de
trois ans après son entrée dans le ministère pastoral.

Ce Jubilé commença à Chartres, le 3 avril 1826, jour
où on célébrait, en cette année, la fête de l'Annonciation.

La veille, aux premières vêpres, eut lieu dans
les rues de la ville une procession générale dont les
témoins ont aimé longtemps à redire le récit ; c'était
une manifestation admirable de la piété chartraine
envers Marie ; magnifique début d'une série de
missions auxquelles l'Évêque prit une grande part

en allant lui-même porter la parole de Dieu en beaucoup de paroisses de son diocèse. L'archiprêtre de Notre-Dame prêchait et faisait prêcher dans la sienne, et il fondait l'espoir de nombreuses conversions sur l'invocation continue à Marie ; il composa à cette occasion, des cantiques en son honneur. L'entrain était merveilleux à Chartres, et beaucoup d'âmes revinrent aux pratiques religieuses.

M. le Curé était ainsi encouragé dans son ardeur pour le culte de la Mère de Dieu. Qui donc, plus que M. Lecomte, se préoccupa de la gloire de notre Vierge aux miracles durant la première moitié du dix-neuvième siècle ?

Nous savons qu'en des jours de grandes souffrances, il fit vœu de travailler à la restauration de l'église de Notre-Dame de Sous-Terre, si la Sainte Vierge mettait un terme à ses douleurs. Le billet sur lequel il écrivit ce vœu se trouve dans un des cœurs de vermeil qui ornent le sanctuaire de Marie. Il n'était pas dans les desseins de la Providence de le conserver pour cette œuvre ; la restauration de la Crypte, « grand événement pour l'Église de France », a dit un illustre évêque, devait être confiée plus tard à d'autres mains.

N'était-ce pas assez pour la gloire du vénérable pasteur d'avoir rétabli dans la cathédrale de Chartres la Confrérie tombée en oubli depuis le bouleversement révolutionnaire ? — Reconstituée sur des bases nouvelles, cette Confrérie fut, une des premières en France, dès le 8 février 1827, solennellement dédiée au très-saint Cœur de Marie-Immaculée, d'après un rescrit apostolique daté du 24 août 1826. Les saints Pontifes Léon XII et Grégoire XVI l'enrichirent d'indulgences. Il ne faut pas la confondre avec l'archiconfrérie de Notre-Dame de Sous-Terre, instituée beaucoup plus tard pour le soutien des vocations ecclésiastiques ; mais, comme celle-ci, la belle association de 1827 a pris, même en dehors de la ville et du diocèse de Chartres, de grands développements ; c'est elle que l'on a nommée souvent depuis l'Œuvre des Couronnes, à cause d'un mode d'organisation qui lui est particulier.

Si ce rétablissement de la Confrérie a été un fait mémorable dans l'histoire du Pèlerinage chartrain, il faut dire aussi que c'était un événement d'heureux augure au commencement de l'administration pastorale de M. Lecomte. Il sut en profiter pour donner un nouvel élan à la piété chartraine. Plus encore que par le passé, il allait montrer le *Pilier* de Notre-Dame comme un trône de la miséricorde, et la célèbre Madone comme la dispensatrice de toutes grâces.

Les exercices en l'honneur de la Sainte Vierge se multiplièrent.

Les réunions mensuelles avec procession telles que nous les avons aujourd'hui ; les saluts mensuels aussi avec l'acte de consécration, selon une formule que M. le Curé composa dans un épanchement d'amour à Notre-Dame ; la glose dominicale après la récitation du chapelet : voilà autant de moyens adoptés par lui pour l'entretien de la dévotion. Nous pourrions en signaler d'autres, comme le mois de Marie rendu si populaire, par une succession régulière de lectures et de délicieuses instructions qui coûtaient peu à son talent.

Pour son profit personnel, il voyait dans la tendre piété au Cœur Immaculé de la Mère comme dans celle du Cœur de Jésus, le plus puissant et le plus doux ressort des mouvements de l'âme : « Aspirez toute votre vie de là, disait-il, respirez en eux toute votre vie. » Il appuya une telle recommandation par son exemple. Dans cet abandon filial au Seigneur et à Notre-Dame, dans cette respectueuse intimité avec les Sacrés-Cœurs, il puisa des inspirations généreuses, l'idée de saintes entreprises qui ont compté pour beaucoup parmi les fructueux travaux de son ministère.

Au premier rang, mettons celles qui concernent le salut de la jeunesse.

CHAPITRE VI

MAISON BLEUE ET NAZARETH

Une image populaire que l'on rencontre souvent à Chartres dans les livres d'offices, représente M. l'abbé Lecomte bénissant une petite fille ; au bas de la gravure on lit : « Il pressait sur son cœur les petits enfants et, leur imposant les mains, il les bénissait. » Ce texte, tiré de l'Evangile, nous dit la tendresse du Sauveur pour le jeune âge. Appliquées à M. Lecomte, les mêmes paroles révèlent une de ses inclinations les plus connues, un des principaux éléments de sa vie.

Les pièges tendus à l'enfance par Satan et par le monde le préoccupaient sans cesse. Voyons ce qu'il fit d'extraordinaire pour la protéger.

A l'époque de son arrivée à la cure, la ville de Chartres ne possédait aucun ouvroir proprement dit. Il y en a maintenant plusieurs qui rivalisent d'efforts et de succès[1] ; ce sont comme des ruches placées de distance en distance où les jeunes abeilles préparent le miel de l'avenir. Le plus ancien de ces ouvroirs date de 1831. Il mérite un chapitre à part dans les annales de la charité chartraine ; nous lui devons au

---

[1] Le bel ouvroir de Saint-Michel, fondé et bien dirigé par les sœurs de Saint-Vincent-de-Paul, date du 29 septembre 1854. Celui de Sainte-Elisabeth, dirigé par les sœurs de Saint-Paul, date aussi de 1854 ; celui de la Sainte-Famille, de 1843. Signalons encore celui des sœurs de Saint-Pierre et celui des sœurs de la Providence.

moins quelques pages dans la biographie qui nous occupe.

La Maison du Saint Cœur de Marie, dite communément *Maison Bleue*, est aujourd'hui en pleine prospérité, quoique toujours à la merci des dons de la Providence. Sa nouvelle chapelle se dresse au milieu de la rue Avedam comme un gracieux ex-voto à Notre-Dame, fidèle pourvoyeuse des pauvres ouvrières. Longtemps, oratoire et maison restèrent cachés au milieu des habitations voisines comme un nid dans les bruyères touffues.

Cet établissement commença par deux groupes d'enfants et de jeunes filles sous une direction séparée, et n'aboutit qu'en 1852 à l'organisation actuelle. La grande et la petite maison, selon le langage employé jadis en ce lieu, ont eu leurs héroïnes; les noms de Mme Lagrange, de Suzanne Bey, de Cécile Lefebvre et d'autres encore, rappellent une longue suite de jours sanctifiés par le dévouement.

La dernière nommée avait été choisie tout d'abord par M. l'abbé Lecomte, pour la formation morale de l'établissement tel que nous l'admirons aujourd'hui. Dès l'origine, Mlle Cécile prenait place comme institutrice, à côté des pieuses maîtresses d'ouvrage; les enfants écoutèrent ses leçons avec amour; ses habitudes de vie religieuse devinrent celles d'un grand nombre qui ne voulurent point quitter sa compagnie à l'âge réglementaire où finit l'internat de l'apprentissage. Telle fut l'origine de la Congrégation du Saint Cœur de Marie, qui compte maintenant des succursales à Flers, à Mortagne et à Regmalard, et qui a été reconnue par Rome et par l'État. Sœur Cécile en fut la première supérieure;

elle est décédée saintement dans l'exercice de cette charge en 1878.

L'œuvre si chère à M. le Curé avait perdu, depuis trente ans déjà, sa première bienfaitrice : Mme la baronne de Coussay. Cette noble femme a eu une trop grande part dans la fondation et les premiers développements de la communauté du S.-Cœur de Marie, pour que nous n'insistions pas un peu sur l'histoire de sa belle vie.

Mme la baronne de Coussay était fille de l'infortuné M. Foullon de Doué, conseiller d'État, nommé par Louis XVI, contrôleur général des finances, le 12 juillet 1789, et qui, désigné à la fureur populaire par une abominable calomnie, périt le 22 du même mois, sur les marches de l'Hôtel-de-Ville de Paris, ouvrant la liste des innombrables victimes que la première Révolution se préparait à immoler. C'est en 1809, sept ans après son retour de l'exil, que Mlle Foullon de Doué épousa à Paris le baron de Coussay, ancien conseiller au Parlement, homme de bien par excellence, dont on a dit : « que toutes les paroles étaient de bonnes actions, et toutes les actions des bienfaits. »

Après la Révolution de 1830, M. et Mme de Coussay se retirèrent à Chartres, et leur charité attira promptement sur eux tous les regards.

Mgr Clausel de Montals aimait à les visiter. Un jour, Mgr Pie accompagnait le vieil évêque chez la noble dame dont le nom sera à jamais béni dans la ville de Chartres ; tout à coup le vieillard l'arrête sur le seuil : « Monsieur, dit-il, je n'aborde jamais Mme de Coussay qu'avec un serrement de cœur ; j'assiste et je crois toucher par elle à l'origine de la Révolution.

J'ai quitté Paris le jour où ils ont pendu son grand-père, M. Foullon, et commencé la ruine de la France. »

La généreuse baronne, au temps de son exil, avait promis à Dieu de consacrer une large aumône à l'éducation de douze enfants pauvres quand elle serait de nouveau fixée en France. C'est Chartres qui profita de sa promesse. Elle s'y trouva aussitôt en rapport avec l'archiprêtre qui méritait si bien d'être son *aumônier*, il lui facilita la réalisation de son dessein.

Elle recueillit douze enfants ; le choléra qui vint décimer les familles en 1832, joignit plusieurs orphelines aux premières petites filles dont elle s'était d'abord occupée. Le 26 août, ces pupilles de la charité étaient déjà nombreuses dans les rangs de la procession qui traversa la ville en demandant au ciel la cessation du fléau.

Une toute jeune enfant, Céline B., gravement atteinte de la maladie commune, et guérie subitement au passage de la procession, où sa mère l'avait portée près de la Sainte Châsse, devint, aussitôt après, l'une des petites pensionnaires du Saint Cœur de Marie ; elle y a grandi à l'école de M¹¹ᵉ Lefebvre, et en 1878, elle lui a succédé comme supérieure.

Ajoutons que, à partir de la procession de 1832, rappelée tout à l'heure, Chartres n'a pas cessé de voir aux fêtes de Notre-Dame les jeunes filles de l'établissement dont nous parlons, défilant près de la bannière de la Sainte Vierge, et se faisant remarquer par leur bonne tenue de congréganistes et leurs chants.

Mᵐᵉ de Coussay avait fondé de ses deniers la *Maison Bleue*, elle mettait son bonheur à lui venir en aide,

se proposant, par ses aumônes, de suppléer à l'insuf-
fisance des ressources que procurait le travail ; elle
faisait alors ce que ferait, après elle, toute une Société :
la Société des *Jeunes Économes* qui a compté la petite
fille de Mme de Coussay, Mlle de La Rochejaquelein,
parmi ses premières adhérentes.

La noble dame ne se contentait pas d'alléger autant
que possible, la détresse ordinaire aux institutions
naissantes. Pendant bien des années, on la vit se
rendre chaque jour à son cher établissement, se
mêler aux maîtresses et aux enfants qui la considé-
raient comme leur modèle dans la prière et le travail.
Elle était saluée du nom de « bonne mère », comme
on appelait M. Lecomte « notre bon père ». Tous les
deux étaient en effet auprès de cette heureuse famille
les délégués de la Providence, et ils se renvoyaient
humblement l'un à l'autre le mérite d'une charité
exercée en commun. C'est ce qu'expriment les
strophes finales d'un compliment adressé à Mme de
Coussay, le jour de sa fête, dans l'intérieur de la
petite communauté.

Après avoir loué les largesses de la bienfaitrice, le
poète continue ainsi :

> Mais quoi son regard est sévère,
> Et comptant pour rien ses bienfaits,
> Elle nous commande de taire
> Ses dons comme trop imparfaits,
> « Vous me chanterez, nous dit-elle,
> » Quand du charitable pasteur,
> » Que j'ai pris pour guide et modèle,
> » Vous verrez en moi le bon cœur.
>
> Nous chanterons alors ensemble
> Deux cœurs à l'envi généreux,
> Car l'un à l'autre en tout ressemble ;
> Ici des faits et là des vœux.

L'un désirerait la puissance
Comme il a toujours le vouloir,
Et l'autre dans son abondance
Toujours lui donne de pouvoir.

Il est bon que l'humble biographe de M. Lecomte imite le poète cité tout à l'heure et loue ensemble le fondateur du charitable asile et sa pieuse auxiliaire. Ce ne sera point un hors-d'œuvre qu'une page ajoutée à ce qui précède sur la baronne de Coussay, une page qui mette en relief ses sentiments habituels et qui a été écrite par elle-même. C'est une lettre qu'elle adressait, le 28 avril 1834, à la Maison-Bleue :

« Voilà un petit moment de repos, mes bonnes et chères filles, et je me dépêche de le mettre à profit pour remplir la promesse que je vous ai faite... Mes chères enfants, j'ai quitté Chartres avec regrets et le cœur bien triste de la perte de votre douce et bonne sœur Caroline... J'ai prié Dieu que cet événement si frappant, qui venait de se passer sous vos yeux, ne s'effaçât jamais de nos cœurs pour y entretenir une douce piété et un sentiment continuel du néant des choses de ce monde. Vous l'avez vue, cette compagne si jeune, si fraîche et bien portante, il y a quelques mois ! Vous l'avez vue disparaître ; vous avez pu vous trouver étonnées, chacune en particulier, que la mort ne vous ait pas atteintes comme elle... Que lui reste-t-il maintenant ? Les actes de vertus que, suivant sa position, elle a pratiqués... Elle a aimé l'asile d'innocence qui l'avait reçue ; elle s'est appliquée à croître à cette ombre dans la piété ; elle a souffert avec patience et sainte résignation les maux qu'il a plu à la divine Providence de lui envoyer, et par cette fidélité, elle a gagné le Ciel ! Il nous est permis de l'espérer d'après ce que nous avons vu d'elle, et surtout par le jugement de notre saint pasteur et du digne prêtre qui la conduisait et l'a assistée jusqu'à la fin... Grâces soient donc rendues à Dieu, mes enfants, d'avoir retiré cette bonne petite du monde si corrompu, de l'avoir si tôt mise à l'abri des dangers qu'elle y aurait courus... C'est la première fille du Cœur de Marie qui ait été enlevée !... Prions cette bonne Mère de vous garder toutes par protection dans la précieuse innocence ; mais pour cela, mes chères filles, il faut le mériter. Redoublez donc de ferveur, de piété, d'obéissance, d'humilité : remerciez chaque jour Dieu et sa sainte Mère de l'asile qu'ils vous ont donné, et songez que ce serait rejeter indignement leurs grâces et mériter leur abandon que de ne pas apprécier votre bonheur. Ayez toujours dans la pensée et méditez souvent cette parole de notre bon Curé : « *Lorsqu'une jeune personne a trouvé sur la terre un petit coin où elle peut servir Dieu,* se former à la vertu et mettre son innocence en sûreté, elle doit se trouver bien heureuse et craindre plus que tout au monde de perdre un tel *bonheur.* » J'aurais encore bien des choses à vous dire, mes chères enfants, si je vous expliquais toute ma pensée, mais je n'ai pas le temps ; dans quinze jours à peu près je vous reverrai, je désire être mieux portante pour vous être plus utile, car ma santé est un grand obstacle à ce que je veux faire ; souvent je ne puis même pas parler comme je le désirerais... »

Cette correspondance se termine par une salutation gracieuse à ses enfants qu'elle a soin de nommer toutes, et par un mot spécial à l'adresse des personnes qui les instruisent, et de Mlle Goube, une de leurs premières bienfaitrices.

Ainsi l'existence de la vertueuse baronne se liait-elle à celle des jeunes filles et des enfants soutenues par ses aumônes, au point qu'une absence de sa part était pour toutes un véritable événement. Monsieur le Curé entrait, lui aussi, dans ces sentiments. Il ne la laissait point partir sans lui envoyer toutes ses bénédictions : de plus, il lui suggérait quelque sainte pensée ou aspiration pour le temps du voyage. Le 30 juin 1840, au moment d'un départ de cette bonne dame, il lui adressait ces lignes :

« Voulez-vous que je vous dise ou vous prête ma petite pratique. Vous répéterez souvent : « O bon Jésus, ô mon vrai Dieu, nettoyez à fond la poussière de ce *moi*, substituez-vous à *moi*, complétez votre ouvrage ; substituez à *moi* le *nous* de la charité fraternelle, mais de la charité parfaite, héroïque même s'il le faut. » Prenez le fond, sans tenir aux mots... Soyez toute tendre à Notre-Seigneur. Ah ! que j'aime qu'on lui soit tendre. C'est aussi votre grande disposition même naturelle.

» Marchez, marchez, fruit chéri du ciel, devenez d'heure en heure plus délectable au Bien-Aimé. Marchez, mais restez-nous. Le Seigneur aura toujours le temps de vous cueillir. Je vous souhaite les rosées du ciel, les vivifiants rayons du soleil de justice, et dans cent ans une place d'honneur au cellier mystérieux de l'époux céleste, comme dit le saint Cantique. Bon voyage, douce joie ! »

On comprend que le pasteur eût voulu voir différé jusqu'à un très lointain avenir le plus grand et le dernier voyage de sa paroissienne, celui qui conduit toutes les âmes à l'éternité. Dieu en avait disposé autrement. Madame de Coussay quitta ce monde huit années seulement après le fait que nous venons de signaler; elle mourut en paix, le 16 octobre 1848.

La ville de Chartres mesura avec douleur l'étendue d'une telle perte. Le deuil devait régner surtout dans la famille naturelle et la famille adoptive, c'est-à-dire la communauté du Cœur de Marie. L'archiprêtre en larmes alla s'agenouiller auprès du lit funèbre, et là se sentit une ferveur extraordinaire pour recommander au Seigneur les âmes auxquelles s'était dévouée de son vivant la noble dame, tant de fois sa collaboratrice. Il traçait ensuite ces lignes à l'adresse de plusieurs protégées de la défunte. « Que j'ai donc prié ardemment pour vous ce matin en présence de votre bonne mère glacée par la mort!... Un de ces jours, je veux que vous vous trouviez au cimetière Notre-Dame. Je m'y rendrai moi-même, et là, sur la tombe de ma bonne et si vénérée mère, puis sur celle de votre bonne mère inhumée aujourd'hui, nous jurerons, moi, d'être plus que jamais votre saint et tendre gardien; vous, mes enfants, d'être des Gertrude, des Thérèse, des Agnès, des Thècle, des *Soline.* C'est aujourd'hui la fête de cette jeune vierge martyre immolée à Chartres dans la place où s'élève l'église Saint-Pierre. Je jurerai sur la tombe de ces deux mères d'être l'apôtre de la sacrée virginité... »

Un journal chartrain, *L'Abeille*, publia un édifiant article sur la défunte; nous y avons noté ce détail: « Les malheureux savent seuls jusqu'où allaient sa sollicitude pour eux et son infatigable charité. On serait plutôt au-dessous qu'au-dessus de la vérité, en évaluant à vingt mille francs le chiffre annuel de ses bonnes œuvres. »

Dans un sermon sur le sacerdoce, prononcé en 1847, à la cathédrale de Chartres, M. l'abbé Pie sut rattacher à son sujet un bel éloge de Mme de Coussay, qui avait eu pour lui une affection vraiment maternelle :

« Qu'on nous cite une vie sans tache, s'écrie l'orateur, une vertu éminente qui n'ait pas été l'œuvre de la grâce divine dispensée par le sacerdoce !

» Entendez-vous, autour de ce cercueil qui s'achemine vers la tombe, résonner un concert de louanges universelles ? Celle qui vient de s'endormir, vous dit-on, n'appartenait pas à la terre ; c'était un ange du ciel. La douceur avait établi sa demeure sur son front ; la bonté était empreinte sur tous ses traits ; la compassion et l'indulgence étaient nées et avaient grandi avec elle. Quelle misère s'est jamais présentée à ses yeux sans que ses entrailles se soient émues ! Ses mains s'ouvraient largement, comme son cœur, et ses pieds n'étaient jamais tardifs pour seconder son zèle ; donner faisait toute sa joie. La tranquille paix de son âme se répandait autour d'elle et produisait une impression ineffable. Dans des jours mauvais, sa détresse devint la providence de plusieurs familles reconnaissantes ; les trésors de son cœur, du moins, furent toujours inépuisables... Ses dernières inspirations ont été des inspirations de charité ; sa dernière parole, un vœu de soulagement pour une infortune. Elle a vu sans effroi sa fin approcher, et n'a pas refusé à la mort le même sourire qu'elle accordait toujours avec tant de grâce.

» Son trépas est pleuré comme une calamité publique. Toute la cité raconte ses bienfaits et ses aumônes ; les pauvres entourent sa tombe en montrant

les tuniques et les vêtements qu'elle leur faisait ;
l'assemblée des chrétiens est unanime à proclamer sa
sainteté ; nul ne peut douter que son âme n'ait été
reçue dans le sein du Dieu qu'elle a si souvent nourri,
vêtu, soulagé dans les pauvres ; et, sur la pierre qui
recouvre sa dépouille mortelle, l'Évangile demande
à écrire les paroles des célestes béatitudes : Bienheureux ceux qui sont doux, parce qu'ils possèderont
la terre ; bienheureux les pacifiques, bienheureux les
miséricordieux, bienheureux les cœurs purs, parce
qu'ils verront Dieu ! »

Puisque nous en sommes aux paroles de M. l'abbé
Pie sur Mme de Coussay, pourquoi ne reproduirions-
nous pas un passage d'un autre discours du même
prédicateur, louant ensemble la pieuse baronne et
son digne époux ! C'était le 4 juin 1843, dans la petite
chapelle de la Maison-Bleue. Le bien-aimé vicaire
de M. Lecomte allait donner le scapulaire à Mlle Adine
de La Rochejaquelein et à sa gouvernante. Il fit une
allocution dont voici la fin :

» Chère petite enfant, toute votre vie vous vous
souviendrez, n'est-ce pas ? d'être venue vous revêtir
ici du vêtement de Marie, dans une maison ouverte
par votre bonne et tendre grand'mère comme un
asile à la pureté, à l'innocence des jeunes vierges de
Chartres. Ces enfants reconnaissantes prieront longtemps, prieront toujours pour vous. Il n'est pas un
seul lieu au monde où vous ayez, vous et les vôtres,
plus de droit d'invoquer la grâce de Dieu et la bonté
de sa mère, que ce sanctuaire du Cœur de la Vierge
Marie. Oh ! si l'aïeul chéri et vénéré qui a représenté,
dans ce tableau, ces jeunes filles au vêtement bleu,
prosternées au pied de l'autel, était témoin de ce qui

va s'accomplir, comme son pinceau aimerait à rendre cette scène touchante : sa chère petite Adine, assistée de sa mère et de sa grand'mère, entourée des orphelines qui bénissent le rejeton de leur bienfaitrice, recevant la livrée du Carmel que sa piété a demandée comme un complément de la plus belle et de la plus heureuse semaine de sa vie !

» Courage, chère enfant ! S'il est écrit que Dieu récompense jusque dans la dixième génération, et au-delà, les vertus et les bonnes œuvres de leurs pères, mille bénédictions, en ce moment, vont descendre sur votre tête. De ce lieu partiront avec vous des grâces qui suivront vos traces, qui vous accompagneront dans toutes les positions de la vie, et que vous transmettrez encore à ceux qui viendront après vous. Oh ! comme Marie est disposée à vous adopter pour sa fille et pour sa sœur, au pied de cet autel, où des bras accoutumés à vous caresser si tendrement lui ont amené et lui présentent tous les jours tant d'autres enfants ! »

Madame de Coussay, en disant adieu à la terre, avait emporté de douces espérances sur l'avenir de l'Œuvre qu'elle avait patronnée. Elle laissait son vénéré pasteur à la culture des âmes qu'elle avait eues elle-même en vue dans l'exercice de son dévouement.

Depuis la fondation, l'établissement de la Maison-Bleue avait progressé sous tout rapport, mais les efforts de M. le Curé pour diriger chacune des jeunes filles selon la nuance de son caractère et les probabilités de sa vocation, avaient amené nécessairement quelques modifications des premiers usages. Ces évolutions dans le mode d'existence indiquaient une marche secrète de la Providence que la noble baronne suivait avec un continuel intérêt. Si la confiance finissait toujours par calmer ses plus vives inquiétudes, c'est qu'elle comprenait mieux le fondateur, consolidant de plus en plus leur œuvre commune sur les assises qu'il avait choisies : l'humilité et la charité.

Ainsi entra-t-elle dans les vues de M. le Curé, quand elle remarqua ses préoccupations spéciales au sujet de quelques-unes de ses protégées, plus désireuses de leur perfection. Cette tendance se manifestait surtout depuis la fin de l'année 1837, si nous en jugeons par quelques débris de correspondance écrite à cette époque. M**** M., R., F. et A., pour ne citer que celles-là, se préparaient à la vie religieuse proprement dite. La première, Madeleine S., devenue Sœur de l'Immaculée-Conception, à Nogent-le-Rotrou, a gouverné longtemps, comme Supérieure générale, ce bel Institut, et elle y a terminé saintement sa vie.

Pour inculquer aux futures religieuses dont nous venons de parler, les pensées et les habitudes indispensables à la formation première, M. Lecomte ne ménageait pas les exhortations orales où, entre autres conseils, il leur donnait celui de faire oraison avec le cœur plus qu'avec l'esprit. Le 24 janvier 1838, il leur disait : « Bientôt je vous donnerai un nom à chacune, et je désire que vous preniez bientôt toutes l'habit uniforme du Très Saint Cœur de Marie... Je vous envoie à chacune une abondante bénédiction ou plutôt (car ce mot n'est pas assez unissant) je vous envoie ma bénédiction à toutes les quatre réunies, une seule bénédiction, mais immense. Le 30 septembre 1838, après quelques paroles pressantes sur l'esprit humble, pacifique et désintéressé, il leur recommande en ces termes la surveillance des petites apprenties : « Aimez beaucoup ces chères petites enfants que le Seigneur, la mère du Seigneur et moi indigne, nous vous avons confiées. Si elles sont pures, passez-leur en beaucoup. Soyez angéliques dans vos conversations. »

Enfin, voici l'exhortation adressée, le 5 février 1839, aux trois pieuses chrétiennes qui avaient fêté la Purification de Marie par une consécration spéciale. Nous avons copié en entier cette lettre qui nous dispensera d'en reproduire plusieurs autres où les mêmes pensées se répètent sous une autre forme.

« Vivent Jésus et sa Très Sainte Mère,
nos bien-aimés !

Mes bonnes enfants M. R. et A.

Je vous supplie avant tout, en Notre-Seigneur, d'être bien unies toutes les trois ensemble ; ne faisant qu'un esprit, qu'un cœur et qu'une âme. Point de petite rivalité, susceptibilité, jalousies. Vous affectionnant tendrement en Dieu, et vous honorant l'une et l'autre ; aimant mieux votre sœur que vous-même ; ne disant que du bien l'une de l'autre ; vous plaisant à vous honorer, à aimer votre sœur plutôt que vous. Point de *moi* entre vous : mais que tout soit commun ! Réjouissez-vous des joies les unes des autres ; compatissez aux peines les unes des autres. Point de *moi*, point de *moi* ; mais que le *nous* de la parfaite charité règne souverainement sur votre petite société. Soyez trois agneaux, en paix inaltérable et douceur parfaite ; soyez trois lys en pureté angélique et modestie intérieure et extérieure ; soyez trois petites violettes en humilité et suave parfum d'édification.

» Soyez bien indulgentes et bien miséricordieuses avec vos chères petites compagnes, surtout envers les moins parfaites. Attachez-vous à les gagner toutes à Dieu, à son cher amour et à celui de sa sainte Mère, en grande bonté, douceur et charitable support, par de bons petits avis gracieux et placés à propos et surtout vos bons exemples.

» Tendre amour du doux Jésus ; tendre amour de sa très douce Mère ; parfumez vos journées et vos nuits de mille petites aspirations tendres et joyeuses à ces divins bien-aimés. »

5 février 1839.   L.

— En 1846, M. l'abbé Lecomte, sachant par une expérience déjà longue quel bien peut produire un ouvroir pieux, voulut ajouter une autre fondation à celle qui lui avait si bien réussi. Il créa un nouvel asile et le nomma : Nazareth, « maison d'innocence, de paix, de piété tendre, de saint travail, et par conséquent de grande consolation et de grande joie. » Le public l'appela : *Maison des Fleurs,* parce qu'on devait y confectionner des fleurs destinées aux églises. Inutile d'ajouter que le maître de la maison s'y proposait avant tout la culture des fleurs morales, des vertus qui ornent les âmes.

Pour la prospérité de ce modeste établissement, comme pour tout le reste, le bon curé comptait peu sur lui-même. « Je recommande Nazareth à la garde de Dieu, des saints anges, des saints du ciel ; je la recommande à la garde de ma chère mère que j'ai tant aimée et qui du haut des cieux veille sur ce que j'ai de plus cher au monde. »

Ces lignes de l'archiprêtre nous ont ému. N'est-ce pas touchant l'appel à la protection d'une mère entrée depuis neuf ans dans son éternité ? Voilà comment les âmes de foi savent relier leur vie présente à d'autres vies qui ont semblé fuir et n'ont fait que se modifier pour une ère nouvelle et plus heureuse. Une telle communication avec les trépassés fortifie singulièrement ceux qui, restant ici-bas, souffriraient de l'isolement dans le travail ; c'est une vision anticipée du lieu des récompenses où nous attend souriante une société d'amis.

M. Lecomte agissait sous l'influence du même souvenir, du même amour filial, lorsque, pour mieux sauvegarder une vertu naissante en faisant penser au ciel, il gratifiait une enfant d'un objet bien cher à son cœur, et lui disait :

» Je te prie, bonne chère fille, de recevoir le crucifix de ma pauvre mère, celui qu'elle tenait dans ses mains à l'heure de la mort, celui qui a reçu son dernier soupir, celui qu'elle a baisé, caressé avec des paroles enflammées, création extraordinaire de son cœur et cri de ses entrailles ; le crucifix qu'elle a inondé de ses froides sueurs jusqu'à l'instant où elle a été enlevée à mes yeux si mouillés de larmes. C'est une relique de famille. Ma chère mère te la lègue par mes mains, comme **un gage de sa protection et un souvenir de son cœur...** » (26 avril 1847).

Avec les protecteurs invoqués au ciel, il fallait pour Nazareth quelques appuis choisis en ce monde. L'archiprêtre en trouva un puissant dans la personne de Mme Vallou de Lancé, à qui s'adresse cette lettre du 19 janvier 1848 :

« Je suis si bien placé pour voir les vrais besoins
du corps, mais surtout des âmes ! Oh ! que ceux qui
m'aident à préserver l'innocence et à purifier les
mœurs, seront magnifiquement récompensés du Dieu
de bonté et de charité ! Encore une fois, bien chère
dame, qui avez eu pour moi pendant neuf ans les bon-
tés d'une vraie mère, mille et mille remerciements !
Veuillez aider encore le pauvre berger à sauver ses
petits agneaux de la dent cruelle des loups. Que c'est
là une belle œuvre ! qu'elle a de portée ! Après une
expérience de tant d'années de ministère, c'est à mes
yeux la première des œuvres possibles. »

Mais un aide utile entre tous à M. le Curé pour sa
seconde fondation, ce fut son propre frère, celui dont
on l'a entendu rendre un si beau témoignage : « En
50 ans je n'ai pas eu une poussière de démêlé avec
lui ; c'est l'éternelle paix. »

Monsieur Gabriel Lecomte s'intéressa tout d'abord
vivement à l'humble maison, et il le prouvait par un
fréquent envoi de provisions. M. le Curé avait à peine
besoin de les solliciter ; durant ses jours de vacances
à Voré, il s'occupait lui-même des dons en nature
qu'il fallait transporter à Chartres. Il les annonçait
avec un vif plaisir ; on aime à le voir ainsi, dans ses
missives de Normandie, descendant des hautes régions de la littérature ou de l'ascétisme et causant,
comme un simple mortel, sur sa quête de légumes et
de farine. Il n'est rien de petit pour un esprit supérieur qui se propose en tous ses actes la gloire de
Dieu.

Ces préoccupations matérielles de l'archiprêtre
n'étaient point superflues ; le pain gagné seulement à
la pointe de l'aiguille eût été bien insuffisant à ses

jeunes pensionnaires, dont le nombre tendait à s'accroître. Dès le début, il en avait réuni une douzaine, « petite couronne de douze étoiles dont il voulait orner la tête de Marie, c'est-à-dire sa sacrée Virginité. » Voyez avec quels sentiments il accueillait les nouvelles venues !

Un jour c'est une petite fille de cinq ans qu'il annonce en ces termes, à Mlle Anicette Y., la directrice: « Je veux vous traiter comme je me suis traité moi-même la première fois que je me mis en mer. Par dévotion à la sainte protection de l'innocence, je fis monter avec moi sur le bateau un petit enfant. Je me disais, en voyant près de moi cet ange : Il ne m'arrivera rien de funeste. »

Il parle ainsi de l'arrivée d'une autre enfant: « J'ai vu votre petite fleur de Rouen à la cathédrale, auprès de la colonne sacrée. J'ai profité de ce moment pour l'offrir à notre très Sainte Mère, me chargeant d'elle en l'honneur de Marie. »

Et il tâchait d'inculquer aux maîtresses ses propres dispositions : « Ensevelissez-vous joyeusement dans votre œuvre de purification, dans votre charmant petit ministère de maternité spirituelle à l'égard de ces jeunes enfants... — Conduisez votre douce petite bande avec la houlette de la bonté. A propos vous mêlerez un peu de vin à votre huile. Grand Dieu, grand Dieu ! que j'ai besoin de votre douce piété, de votre zèle suave pour sauver de petites âmes qui me sont si chères ! » — « Ne désespérez d'aucune. Je sais, par mon ministère, que les plus belles âmes ont eu souvent des commencements fâcheux, maussades, hélas ! plus que cela. » 30 Décembre 1847.

Lors d'une fête de saint François de Sales, les

premières ouvrières de Nazareth s'étaient rendues au couvent de la Visitation, dont les religieuses aimaient à les protéger et à leur procurer de l'ouvrage. Après la cérémonie dont elles avaient pu jouir à la chapelle monastique, elles remontèrent heureuses la rue Muret ; mais leur joie fut au comble, lorsqu'à leur rentrée à l'ouvroir, elles trouvèrent le billet suivant, qu'on avait apporté de la part du bon père :

« Vous venez de puiser à la fontaine de la mansuétude. J'aime à vous voir pencher l'urne de votre cœur, pour recevoir les écoulements de cette source sacrée. Au lieu de descendre de la montagne avec Moïse, de la montagne couronnée d'éclairs, avec Moïse irrité qui brise les tables de la Loi, vous êtes allées puiser la douceur à la fontaine de la vallée de Béthléem ; vous revenez du vallon souriantes même à ceux qui ne vous sourient pas, que dis-je ? même à ceux qui vous maudiraient.

» Qu'a donc dit mon père bien-aimé saint François de Sales, à qui je vous ai souvent données ? Ah ! je le sais bien, pieuses enfants. Il vous a dit : Apprenez de moi que je suis doux et humble de cœur.

« Remontez, remontez, innocentes colombes, sur la montagne que couronne le temple glorieux de la Reine du Ciel et des Vierges ! Là vous attendent de petites âmes, avides de vous revoir. Parfumez-les des émanations saintes de la vallée, de la vallée de la douceur. Rapportez à ces cœurs naïfs l'innocence, la piété, la suavité que vous êtes allées, abeilles mystiques, recueillir sur les fleurs du vallon. Parties souriantes, revenez souriantes d'une joie céleste ; il n'y a rien de si sanctifiant que cette joie du Seigneur. Que cette joie vous console, dans les inévitables épreuves de l'exil, et vous garde paisibles au milieu de la guerre, inébranlables au sein de la tempête, si guerre et tempête étaient possibles sous le toit de Nazareth !

» J'ai prié les saints anges de la montagne de vous saluer lorsque vous remonterez de la vallée, et je conjure mes chères enfants de me prêter un peu de la ferveur qu'elles ont rapportée du sanctuaire de la Visitation... J'ai chargé l'archange Gabriel de vous remettre de ma part ce petit message à votre retour. »

Bien que Nazareth ne dépendît point de la communauté du Saint Cœur de Marie, M. le Curé les rapprochait dans ses pensées habituelles et son affection ; à ses yeux, c'était « le petit rameau à côté de l'arbuste; » et il voulait pour tous deux la même sève. Aussi chaque jour allait-il de l'un à l'autre porter le tribut de ses soins et de son dévouement.

Le petit rameau n'avait pas eu le temps de se développer et de prendre une vigueur suffisante, quand disparut le jardinier qui le cultivait. A la mort de M. Lecomte, l'ouvroir de Nazareth cessa d'exister. Mais les personnes qui avaient eu le bonheur d'y couler une pieuse existence, emportèrent partout où les conduisit la divine Providence le souvenir précieux des saintes leçons que leur avait prodiguées le pasteur vénéré.

Nous allons résumer dans un chapitre à part quelques-unes de ces leçons. Leur analogie avec celles qu'il adressait à la Maison du Saint Cœur de Marie, nous permet de présenter au lecteur les unes et les autres dans un tableau commun.

CHAPITRE VII

SURSUM CORDA

C'est une bien grande chose que la tutelle des consciences. Là même où vous constatez un bel ordre extérieur résultant de la discipline et du respect de l'autorité, il y a pour le prêtre une continuité de sollicitudes, un travail souvent occulte et que le monde ne soupçonne point. N'est-ce pas autour du cœur sacerdotal comme une couronne d'épines destinée sans doute à devenir plus tard une couronne de roses, que cette succession de désirs et de craintes, d'avis et de supplications convergeant au même point : la grande affaire du salut de telle ou telle âme ? Les correspondances de M. Lecomte trahissent à chaque page ce genre d'anxiété.

Il écrivait un jour à ses jeunes protégées : « Je ferais le voyage d'Amérique pour préserver le blanc lys de votre pudicité d'une poussière d'indélicatesse ; mais en grâce, vertueuses enfants, gardez-vous vous-mêmes un peu ; ce sera un plus grand repos pour ma sollicitude paternelle ou plutôt maternelle. »

Le public auquel est destinée cette esquisse biographique n'est composé que de vrais chrétiens ; habitués aux délicatesses de la piété, ils ne trouveront dans une telle citation rien qui les étonne. En voici d'autres qui seront également comprises :

« Oh ! que j'ai donc demandé de grand cœur à la divine Bonté et Sainteté de vous conserver tout angéliques, ou bien de vous prendre sur place ! J'ai tant horreur du monde ; son affreuse laideur, grossièreté et ignominie, me navre si cruellement le cœur, que je ressemble à la pauvre mère poule qui se dessèche à garder, couvrir et protéger ses pauvres petits poussins innocents que cet exécrable vautour menace. »

… Je crois que je resterais le jour et la nuit à crier avec larmes vers Jésus et la chaste Mère de Jésus. Oh ! la sainteté de mes chères enfants ! Quand je quitte le temple de Marie, la Reine des Vierges, mon cœur y reste comme un cierge allumé devant le Seigneur et l'admirable Mère du Seigneur, poussant toujours avec un attendrissement inexprimable le même cri plein d'espérance. »

… Je vous veux timides, cachées sous le voile virginal de Marie. Tenez-vous là silencieuses, tendres à ce divin Agneau et intrépides comme des lions contre le monde, plus armées encore contre ses exécrables flatteries que contre ses violences... Oh ! chères enfants, encore un tour ou deux de soleil sur nos têtes, et nous serons dans l'éternité. Je veux vous y voir resplendissantes d'une auréole magnifique de pudicité virginale. »

Nous avons emprunté ces dernières lignes à une lettre datée du 14 août 1846. En limitant ainsi ce qui lui restait à vivre, le correspondant n'était pas loin de la vérité. Au lieu d'une simple figure de rhétorique, nous y voyons presque une prophétie. En effet, il ne fallait plus que quatre tours de soleil pour la terre où languissait son âme, et son âme s'envolerait vers le bon Dieu.

Voici sur le même sujet et à l'adresse des mêmes

personnes, élèves ou maîtresses, une page écrite en 1848. Tracées par une plume rapide et peu soucieuse de calligraphie, ces lignes dénotent chez le correspondant aisance de style et vivacité d'imagination; elles édifieront surtout en montrant que même dans ses lettres familières, il ne négligeait aucune des formes de langage pour faire pénétrer ses conseils bien avant dans les âmes.

« J'ai vu le ciel tout en feu le soir; la terre attendait avec effroi je ne sais quelle grande scène : on sentait que le juge suprême allait descendre. Une voix retentissait d'un pôle à l'autre; l'heure de la moisson est venue. Qui est blanc ? qui peut se présenter devant le saint ? Portez votre gerbe; car ceux dont les mains seront vides, seront rejetés.

Je vis une multitude immense qui se préparait en tremblant. Le ciel se rougissait toujours davantage; une terreur croissante glaçait tous les cœurs. On sentait de plus en plus l'approche de la moisson. Je voyais un nombre immense de pauvres jeunes filles chercher des vêtements blancs et ne trouver que des haillons souillés. Je tremblais pour elles. Elles auraient voulu présenter des gerbes; et elles n'avaient à offrir que des épis vides et même gâtés. Le signal de l'apparition suprême, inévitable, allait sonner.

Je vis d'un autre côté des jeunes vierges, parmi lesquelles je reconnus mes bénites enfants. Elles étaient depuis longtemps vêtues d'habits très blancs, plus blancs que la neige, parce qu'elles avaient évité la fange des chemins et toujours défendu leurs robes des moindres taches. Leurs gerbes d'épis dorés, rebondis, parfumés les accablaient sous leurs poids.

Le maître du champ précédé d'éclairs et de tonnerres apparut tout à coup. Je n'eus que le temps de regarder. Tout était fini pour l'éternité. Je vous vis avec les blanches vierges chargées d'épis, monter radieuses et chantantes vers les cieux. L'échelle qui vous portait fut enlevée par les anges, et quand les vierges folles aux mains vides et aux habits hideux se présentèrent, alors j'entendis des lamentations immenses, des hurlements de désespoir; et je vis qu'on les emmenait éplorées vers des abîmes où je les vis tomber, poursuivies par la foudre grondante et par les sinistres lueurs des éclairs. Leurs derniers cris arrivaient encore à mon oreille, diminuant par degrés, jusqu'à ce que je ne visse ni n'entendisse plus rien,

L'éternité avait commencé avec ses joies infinies pour les vierges prudentes, et ses infinies douleurs pour les vierges folles et immondes, toujours rebelles à Dieu et à moi. »

Quelle mise en scène ! Qu'elle est saisissante cette représentation du jugement ! C'est ainsi que le talent du zélé pasteur savait tirer parti des images de la Sainte Écriture.

Son inspiration ne fut pas moins heureuse dans la page suivante, effusion d'un cœur qui confie au bon Dieu la garde de sa vertu menacée par les tentations. Saint Paul n'a pas été exempt de tels assauts, et l'on connaît sa plainte sur les terribles combats qui se livraient en son âme.

La prière que nous transcrivons composée par M. Lecomte à l'usage d'une de ses pénitentes, semble un admirable commentaire du texte de l'apôtre.

« O Jésus ! Jésus ! mon amour, écoutez le cri de

mon cœur : laissez-moi vous dire mes peines et épancher en votre sein ma pauvre âme oppressée de mille douleurs. Inclinez l'oreille de votre miséricorde à la prière gémissante de votre petite créature. Je ne suis qu'un petit atôme, mais un atôme, ouvrage de vos mains créatrices; un tout petit grain de poussière, mais poussière teinte de votre sang; un pauvre petit roseau, mais roseau qui pense et qui aime.

Que mon pauvre cœur souffre donc ! oh ! qu'il souffre, cher Bien-aimé de mon cœur, qu'il souffre de cette guerre intestine qui lui est faite contre vous. Il est hors de doute que je vous aime, et des instincts que j'abhorre m'emportent loin de vous. Je vous adore comme mon Souverain Maître, je baise amoureusement le doux sceptre de votre royauté éternelle; et, dans le même moment, je subis le sentiment intérieur d'une révolte sacrilège et d'une opposition séditieuse. Un mouvement impétueux et doux me précipite vers vous, ô mon Jésus, vers vous, belle pureté, magnifique splendeur, suavité ineffable, enivrant délire, repos, seul repos possible à mon cœur; et à la même heure, ô douleur intolérable ! un mouvement contraire dont je vois la bassesse, sans pouvoir m'élever entièrement au-dessus de lui, un courant de flots immondes luttant contre mes résolutions pieuses, et l'élan pudique de mon âme. Ah ! mettez, cher Jésus, seul beau, seul grand, seul doux, seul aimable, seul digne de mon amour. Ah ! mettez un terme à ce flux et reflux impétueux.

C'est vous, ah ! c'est vous, bien-aimé Jésus, que je choisis. Quand grondera la tempête au-dessous de mon cœur, ô belle et magnifique sainteté, vous saurez que le sanctuaire de ma volonté vous reste tout entier, dans les régions supérieures de mon âme.

Épargnez, ô Tout-Puissant, le petit fil d'araignée ! Quand le moindre souffle peut le briser, ne déchaînez pas contre lui la trombe furieuse, qui renverse les chênes et les cèdres eux - mêmes. Oh ! Jésus, Jésus ! C'est vous que je choisis, pour toujours. Rendez-moi forte par l'obéissance à celui qui vous représente auprès de moi. Couvrez-moi du bouclier de la prudence; et puisqu'il faut à ma faiblesse enfantine des douceurs, versez en mon cœur les sacrées délices de votre suavité, qui me préservent de l'amorce perfide du péché, auquel je renonce pour jamais ! »

Voilà un appel au secours divin ardemment mais longuement exprimé. D'ordinaire, le pieux directeur suggérait des formules plus brèves. Souvent, c'étaient quelques paroles seulement, et bien choisies, pour aider l'élan de l'âme vers Dieu :

« Je les prends toujours dans les Saintes Écritures, dit-il ; elles sont courtes et pleines de l'onction divine. Elles nourrissent plus mille fois, avec un ou deux mots, que toutes les prières de fabrique humaine avec leur mille paroles. Je vous les envoie en latin avec la traduction à côté. La langue de la Sainte Église a une grâce toute particulière, et je suis sûr que le voile un peu mystérieux de cet idiôme antique et sanctifié par l'adoption qu'en a faite l'Église de Dieu, vous y fera trouver et goûter un charme plus grand que dans les prières en français. C'est comme le demi-jour de nos cathédrales qui inspire plus de dévotion que le jour trop clair et trop vif. »

L'âme récitant la grande invocation qu'on vient

de lire, appelle à son aide l'obéissance et la prudence, indispensables à la jeunesse qui veut rester pure. Elles sont, avec l'humilité et la patience, les gardiennes naturelles de la plus délicate des vertus ; elles la protègent, et de plus elles l'embellissent ; comme au firmament on voit des astres entourés de satellites qui en rehaussent l'éclat.

Le vénéré directeur multipliait les avis, relativement à ces vertus. Nous en avons déjà reproduit quelques-uns tirés de ses lettres ; en voici d'autres encore puisés aux mêmes sources.

Il leur prêche ainsi le calme et la patience :

« Si je vous recommande de fuir l'empressement, c'est afin de tenir votre cœur libre et dégagé, au milieu de toutes vos actions, pour l'unir à notre doux Sauveur ; ce qui ne saurait avoir lieu, quand l'empressement nous emporte, nous dessèche, nous absorbe et nous dissipe. Ne vous empressez pas trop pour l'acquisition des vertus. Les abeilles n'amassent leur miel que goutte à goutte. Qui veut arriver trop vite arrive souvent trop tard. On s'empêtre dans ses propres efforts. Qui voudrait dire une longue phrase d'une seule émission de voix, ne dirait rien du tout... Il faut dans l'acquisition des vertus pratiques une vertu générale qui doit entrer dans tout le reste ; la vertu de patience que saint Jacques met au plus haut degré de l'échelle des vertus et qu'il appelle une œuvre parfaite. Les plus empressés ne sont pas les plus soigneux. Lorsqu'il y a trop de haut il y a souvent du bas dans une proportion exacte.

Et puis les vertus ne s'acquièrent pas par notre propre force ; elles descendent de Celui de qui descend tout don parfait. Il faut bien fidèlement correspondre ; mais correspondre n'est pas perdre haleine à devancer la sainte grâce de notre Bien-Aimé, c'est appliquer son humble effort et sa paisible coopération à chaque mouvement de la grâce. La grâce n'est pas brouillonne ; elle fait toute chose avec autant de douceur que de puissance, autant de paix que de force. Habituez-vous à tenir votre âme en paix. Du plus loin que vous voyez arriver le trouble, recueillez-vous pour ne pas vous y laisser emporter. Celui qui se confie au Seigneur, dit le prophète, est semblable à la montagne de Sion ; c'est-à-dire qu'il ne sera jamais ébranlé. Il marchera sur l'aspic et le basilic ; il foulera aux pieds le lion et le dragon. — Il n'est rien à quoi l'ennemi en veuille plus qu'à notre paix. Pour cela il met mille ressorts en jeu. L'homme troublé n'est pas difficile à vaincre ; l'âme en paix n'offre pas de prise à ses adversaires. Ils peuvent tourner autour de la place, mais ils ne sauraient y entrer. »

Une jeune maîtresse était un peu trop hésitante dans l'exercice de sa charge :

« L'obéissance, lui dit alors le pasteur, change les rochers en fontaines, les ânesses en prophétesses, et les heureuses petites intelligences naturelles en canaux de surnaturelle lumière et d'enseignements célestes. »

Aux élèves il recommande instamment la fidélité au règlement de la maison : « De la règle naît l'ordre, la beauté ; de la beauté, la délectation et le contentement. » Il est surtout un point qui exerce l'obéissance des enfants et leur fournit chaque jour l'occasion de quelques mérites, c'est la ponctualité du lever à l'heure fixée. M. le Curé l'exigeait aussi bien que la consécration des premières pensées au Seigneur. Il écrivait :

« Les saintes prémices du jour doivent être à Dieu, à la sainteté éternelle. Comment sera brillante la journée qui se lève dans les noirs nuages de la tempête ?... Quand une fleur s'épanouit, l'insecte immonde dépose dans son sein, autant qu'il le peut, le germe qui doit dévorer sa beauté délicate et polluer de son venin infect sa fraîcheur et sa grâce naissante. Les esprits de ténèbres, selon l'enseignement des saints, n'ont pas de triomphe plus doux à leur perversité que de souiller la fleur de la journée, les prémices du jour qui vient d'éclore. Levez-vous, mon enfant, hâtez-vous d'adorer le Dieu de sainteté, et ouvrez votre calice innocent, fleur mystique, pour recueillir les purifiantes rosées du ciel !... »

Cette exactitude dans l'obéissance était aux yeux de M. Lecomte, un puissant moyen de former au bien les volontés en leur donnant plus de consistance et plus de ressort.

Avec quel soin le bon père cherchait à prémunir ses enfants contre les appâts du monde ! Dans ce but, il invoquait en leur présence la Très Sainte Vierge sous ce titre : *Virgo prudentissima*. Il voulait que Notre-Dame très prudente fût patronne de leur maison. Il entrait dans le détail des précautions minutieuses qui doivent cerner la jeune fille, toujours excessivement confiante de sa nature.

En leur parlant des louanges et des flatteries qui mille fois cachent un piège inattendu, il leur disait : « Imitez les petits oiseaux. Nous avons beau les appeler d'une voix caressante, nous extasier devant leur gentillesse, ils s'enfuient et volent encore. »

S'il permettait dans la journée quelques rares sorties, justifiées d'ailleurs par une vraie nécessité, c'était à condition qu'aucune jeune fille ne sortît seule ; il fallait être au moins deux. Usage qui s'est continué dans l'établissement, et auquel ont aimé à s'assujettir les maîtresses elles-mêmes. Quand nous voyons une sœur du Saint-Cœur de Marie traversant les rues d'un pas calme et modeste avec sa petite compagne, le conseil de leur fondateur nous revient à la mémoire, et en même temps nous pensons à Tobie qui souhaitait à son fils un heureux trajet, en demandant que Dieu fût sur son chemin comme l'ange de Dieu serait à ses côtés (Tob. 5. 21).

Le moins possible de contact avec les mondains et nul désir d'être au courant de ce qui se passe en la cité, c'était l'une des vives recommandations de M. le Curé, quand il prêchait la prudence ; voici une de ses paroles : « Je méprise beaucoup les gens trop bien informés de toutes les nouvelles. Le venin de l'aspic est sous leur langue et le foie des dragons est dans leur cœur. »

« C'est surtout au saint autel et après ma messe, quand j'ai le bonheur, quoique indigne, de posséder notre bien-aimé Jésus, c'est alors, mes bonnes petites enfants, que je demande pour vous au Seigneur que ces deux petites maisons [1] soient des sources de pureté... »

« N'aimez pas le monde et ce qui est dans le monde. Le monde est pour vous ce qu'est pour les agneaux la forêt pleine de bêtes féroces. Le luxe du monde, ses parures, ses fêtes, la liberté dont il paraît jouir,

---

[1] Les deux sections primitives de la Maison Bleue.

ces faux biens que vous entrevoyez de temps en temps dans les rues, dans les champs et même dans les temples, toutes ces choses sont des perfidies affreuses. Les caresses du monde sont plus dangereuses pour une jeune personne que la persécution.

» Voré, 30 septembre 1894. »

— Et quelques années après, traitant le même sujet, il disait : « Je ne souffrirai jamais que mes chères filles s'amusent à des joujoux d'étain et de plomb, lorsque je leur apporte des cieux et leur présente de la part du Roi de gloire les ornements d'or, les pierreries, les bracelets brillants, les diadèmes qu'il m'a chargé de leur remettre en signe de ses fiançailles avec elles. Laissez-moi faire de vous des reines encore une fois ; et accablez de vos mépris la boue de toutes les offres mondaines. Que votre conversation soit dans les cieux, chères enfants, afin que là où est votre trésor, là soit aussi votre cœur ! »

Bien entendu lorsqu'il prescrivait cette mise en défense contre les menaces du siècle corrupteur, il signalait en même temps le double excès à éviter ; s'il craignait la présomption qui s'enhardit au péril et se livre en aveugle, il condamnait également la pruderie janséniste, la timidité sauvage, la raideur malhonnête. Il aimait tant l'expansion gaie et la politesse gracieuse, mais procédant avec franchise et simplicité !

La simplicité, oh ! voilà une de ses vertus favorites. M. le Curé, nous l'avons dit, a eu sous sa direction des personnages de haute intelligence, de haut rang ; à tous indistinctement il désirait prêcher la simplicité : « Toutes les fois que je la rencontre, écrivait-il, je confesse qu'elle me délecte, d'autant plus que cette aimable vertu s'allie merveilleusement, sans que cela paraisse, avec la plus haute élévation de sentiments. »

A plus forte raison exigeait-il de ses pauvres enfants, comme garantie morale, cette qualité dont trop de petites gens semblent avoir peur pour eux-mêmes. Il la leur recommandait dans le costume, dans les relations sociales comme dans les pratiques religieuses. « Allez, écrit-il, allez tout bonnement à Dieu, tout à la bonne foi et à la façon des petits enfants. Point de finesses avec le prochain, point de détours de la politique humaine ; on ne traite pas ainsi avec ceux qu'on aime. N'aspirez pas tant à l'esprit. Ce n'est rien du tout que l'esprit... Le bon sens, gouverné par l'esprit de Dieu, vaut cent fois mieux que l'esprit du monde... Honorez les talents d'autrui avec une profonde humilité, mais estimez par dessus tout la vertu ; car c'est elle que le Seigneur couronnera. »

De tels sentiments expliquent cette réponse à l'adresse d'une jeune fille : « Comme je remercie la petite X. de sa gentille épître, que je préfère de beaucoup aux lettres de Cicéron et plus encore aux lettres de Madame de Sévigné qui, malgré leur célébrité, sont pour moi le sublime ennuyeux, à cause de leur frivolité mondaine et de la plus forte odeur de vanité qu'on puisse jamais sentir ! »

Certes nous ne soumettrons pas ce jugement à la sanction de l'Académie. Mais, pour n'avoir point considéré comme autant de diamants de la plus belle eau ce que nos théoriciens ont appelé les modèles du style épistolaire, M. Lecomte n'en gardera pas moins intacte sa réputation d'homme de goût. C'était, lui aussi, un artiste en paroles, nous l'avons prouvé précédemment ; mais l'absence de toute afféterie donnait un charme de plus à son langage. Quel naturel dans ses lettres et aussi dans les poésies qu'il composa pour ses filles spirituelles ! Les pièces intitulées : *Le Pasteur ; La Ruine ; Encore le Pasteur*, sont plus qu'un chef-d'œuvre littéraire ; on dirait les modulations d'un saint qui chante ses angoisses et sa prière. L'apôtre évangéliste courant après le disciple infidèle, François d'Assise allant crier aux échos de la forêt que Jésus n'est point assez aimé, devaient avoir quelque chose de ces accents.

Et voilà l'homme que ravissait une épître d'enfant ! Certainement, dans un écrit de telle provenance, le bon père attachait beaucoup plus d'importance au fond qu'à la forme. Il ne faudrait pas en conclure qu'il négligeât la culture intellectuelle de ses petites pensionnaires. Loin de là, il les mettait à même d'acquérir une somme de connaissances très suffisante. La personne si honorable que nous avons vue pendant tant d'années à la tête de la Maison du Saint Cœur de Marie, Mademoiselle Cécile Lefèvre, douée d'une vive intelligence et particulièrement apte aux travaux de littérature, n'aurait pu laisser grandir une de ses pupilles sans lui inculquer au moins les notions imposées aux écoles primaires.

Il faut ajouter pourtant que l'archiprêtre, tout en affirmant la nécessité de la science, n'était pas de ces hommes qui la présentent à toutes sortes d'esprits dans une mesure qui ne convient point à leur vocation respective. Lui, très compétent en pareille matière, on le sait, voyait avec peine se généraliser certaines tendances à élargir pour la femme le champ littéraire et scientifique. En un mot, il était de l'avis de Fénelon qui voulait l'instruction des jeunes personnes solide, « mais renfermée dans de justes bornes et bien éloignée des études de tous les savants. »

Pour les jeunes filles d'ouvroir en particulier, l'application de cette sage théorie est nécessaire et facile ; le moyen de les instruire, c'est de leur enseigner avant tout la Religion par les catéchismes et l'audition de la parole de Dieu. Ils sont vastes les horizons de la foi ouverts aux âmes pures. Les doctrines théologiques et philosophiques que développent le prédicateur et le catéchiste fournissent à la simple femme du peuple un ensemble de connaissances d'une tout autre valeur que le bagage scientifique d'un normalien qui étudierait tout, excepté son *Credo*. Il y a là un suc nourricier qui fortifie singulièrement les intelligences ; avec une sainte jouissance pour le cœur, il y a là pour l'esprit un exercice qui ne nuit point à l'humilité.

Aussi les catéchismes ont-ils toujours été en grand honneur parmi les filles spirituelles de M. Lecomte. En 1831, on l'a vu chaque dimanche, se délasser des labeurs du jour en allant donner des notions de foi et de piété aux petites apprenties de Madame Lagrange, à ce groupe d'enfants qui devaient bientôt former les premiers éléments de la Maison Bleue. Depuis lors, maîtresses et ouvrières de cette Institution n'ont cessé de donner l'exemple de l'assiduité au catéchisme paroissial; et, dans l'intérieur de l'Ouvroir, c'est encore le catéchisme qui est le plus cher objet de leurs études.

Est-il besoin de parler longuement ici de la vertu sans laquelle les autres ne sont rien : de la charité ? Celui qui n'aime pas demeure dans la mort, dit la

Sainte Ecriture ; or le plus vif désir du vénéré pasteur pour cette portion du troupeau dont l'histoire nous occupe en ce moment, ce qu'il se proposait en dépensant ses forces auprès d'elle, c'était de lui communiquer une surabondance de vie. A ses enfants en Jésus-Christ, il demandait l'habitude des bienveillantes paroles, l'attention délicate à faire plaisir, la douceur des relations ; tout cela doit procéder de la charité ; c'est l'écoulement extérieur d'une source toujours ouverte dans les cœurs franchement pieux.

Certaines natures donnent moins libre cours aux eaux de cette source bienfaisante, ou même la laissent complètement se dessécher. Par exemple les caractères égoïstes, absolus, qui exigent beaucoup des autres en donnant peu d'eux-mêmes, savent-ils conserver longtemps vivace le feu de la charité ? Que devient-elle surtout chez les personnes d'humeur jalouse, toujours prises en flagrant délit de soupçons et de critiques ? M. Lecomte savait flétrir ces différents défauts par des portraits propres à en inspirer le dégoût à ses plus jeunes disciples comme à ses religieuses.

» Il est des âmes, disait-il, dont les volontés sont comme rivées, pour employer l'ingénieuse et naïve expression d'un grand écrivain. N'espérez pas les déplacer. Chacune de leurs volontés, même dans les petites choses, tient à toutes les fibres de leur cœur. Jamais l'ombre de condescendance. Elles veulent une paille comme un conquérant veut un royaume ; murmurant toujours, parce que fort heureusement Dieu a placé partout des résistances, se débattant toujours sur l'autel des sacrifices, parce qu'elles sont trop entières, impétueuses pour avoir, opiniâtres pour retenir. Que votre volonté soit accommodante, élastique. Cédez tout, excepté Dieu. »

« Avant tout soyez pure de la jalousie. Une étincelle peut allumer un incendie épouvantable. Cette honteuse passion ravit à l'humilité toute la fleur de la virginité. C'est une vraie impudicité spirituelle qui non seulement flétrit mais souille de ses poisons toutes les vertus, ces lys parmi lesquels se plaît le Bien aimé ; turbulente convoitise qui va ravageant, abattant, foulant aux pieds tout ce qu'il y a de pur et de beau dans son jardin mystérieux. Ne laissez pas même subsister en votre cœur un léger et imperceptible filet de cette plante vénéneuse. »

Ici le pieux écrivain rappelle en termes indignés des exemples de l'histoire ecclésiastique, des traits où l'envie d'hommes qui avaient pourtant semblé vertueux, apparaît avec des conséquences lamentables pour des millions et des millions d'âmes, puis il achève ainsi sa véhémente tirade : « Donnez-moi une âme jalouse, s'est écrié Satan dans sa fureur, et je remuerai l'univers. » O jalousie ! qui dis toujours : moi, uniquement moi, éternellement moi ! que tu secondes bien l'enfer ! Quand donc diras-tu ? « Dieu ! Dieu avant moi ! Dieu avant tout ! Le Dieu vivant ne vaut-il pas bien une idole ?..... »

La pratique de la charité et la fuite de ce qui lui est contraire réclament un secours surnaturel indiqué par tous les maîtres de la vie chrétienne : la dévotion à la Sainte Eucharistie. Bien entendu, M. Lecomte, sur ce point essentiel, enseignait la doctrine et recommandait fortement la pratique ; et ces leçons substantielles, il profitait de toutes circonstances pour les donner, en y joignant, comme toujours, le charme des comparaisons et des images.

Le 29 janvier 1841, en la fête de Saint François de Sales, il parlait de la communion à sa communauté du Saint-Cœur de Marie : « Ce matin, leur dit-il entre autres choses, lorsque je vous distribuai le pain des anges, tout semblait sourire à cette fête du ciel. Le soleil créé, pénétrant par cette fenêtre, semblait vouloir caresser le soleil incréé, je veux dire Notre-Seigneur Jésus-Christ. Cette circonstance m'a beaucoup touché, mes chères enfants ; depuis vingt ans et plus que j'exerce le saint ministère, en célébrant la messe, il ne m'est jamais arrivé d'être surpris, comme aujourd'hui, par les rayons du soleil et de l'aurore naissante. Lorsque je vous donnais la sainte hostie, elle paraissait tout empourprée par les doux feux de cet astre lumineux. Ainsi soyez pures comme le soleil et douces comme l'aimable aurore. Le soleil réchauffe ; qu'ainsi votre charité échauffe ceux qui auront quelque communication avec vous. »

Nous terminerons ces pages sur la Maison Bleue et Nazareth par deux citations plus longues, qui méritaient une place de choix dans notre anthologie spirituelle.

C'est d'abord une explication avec allégorie sur la fidélité à la grâce, presque un sermon, à propos d'un grain de blé ; puis une gracieuse causerie à l'occasion de la fête de sainte Thècle :

1. *Le grain de blé.* — « Un petit mot, mes chères enfants. L'autre jour j'admirais sur un seul grain de froment trente-huit tiges ; mon frère mettant les

chiffres au plus bas, compte douze cents grains de blé. Je me disais à moi-même : Voilà comme la nature matérielle rend avec usure ce qu'on lui abandonne, ce qu'on lui sacrifie : *car toute moisson commence par un sacrifice*, celui de la semence ; ce qui signifie bien quelque chose. On se dessaisit d'un grain de blé, la nature vous en rend douze cents autres. Que sera-ce donc de la grâce, infiniment plus généreuse que la nature, autant que le surnaturel et divin est élevé au-dessus de l'humain et du naturel !

La nature rend douze cents pour un du premier coup seulement ; ensemencez ces douze cents, quelle multiplication au bout de deux ans, quel immense produit au bout de vingt, de trente, de cent ans, de mille ans ! c'est insaisissable à tout calcul ; voilà comme la nature récompense le sacrifice d'un grain de blé.

Encore un coup, que rendra donc la grâce ou le surnaturel et divin, si on lui sacrifie non pas seulement un grain de blé, mais son *corps* par le généreux et noble sacrifice de la chasteté virginale ! Que d'autres grâces en retour de cette immolation !

Que rendra donc la grâce, si on lui sacrifie encore, outre la pudicité, sa volonté propre, l'Isaac trop aimé, si l'on s'en dessaisit par le vœu d'obéissance !

Que sera-ce, si on ajoute à ces deux premiers sacrifices celui de tout *droit à posséder* quelque chose en ce monde, et cela par le vœu de pauvreté religieuse !

Encore une fois, que rendra donc la grâce en retour de ces sublimes immolations et de ces héroïques dépouillements ?

Mais allant plus loin, et montant plus haut, plus

haut non seulement que la nature, mais plus haut même que la grâce, je me disais : que rendra donc *la Gloire* pour les sacrifices qu'on lui aura faits ! *La Gloire* ou l'état divin à son suprême développement, la gloire qui est la consommation, dans les cieux, de l'œuvre surnaturelle de la grâce ici-bas ; la gloire dans les éblouissants et enivrants mystères de laquelle, l'œil de l'homme n'a point vu, son oreille n'a point entendu, son cœur n'est point monté ; que rendra-t-elle donc cette gloire qui est la participation pour nous à la nature divine, la déification de la créature fidèle et généreuse jusqu'à la fin ? Croyez-moi, c'est l'infini dans toute sa douceur et toute sa magnificence.

Ah ! semez, semez la sainte virginité, semez la très précieuse pauvreté ! Dieu seul sait ce que vous moissonnerez de grâce et de gloire. Que si, non contentes d'être pures comme les anges, comme leur Reine, comme Jésus, vous êtes purifiantes, qui dira vos mérites et vos récompenses ?

Quand je pense à ces choses je m'exhale tout entier en prières pour vous, si chères enfants. »

— Oui, il priait beaucoup, le pieux directeur. Le 8 septembre 1848, il fit un vœu pour 12 ans en faveur d'une âme : il s'engageait à douze *Ave Maria* par jour et, s'il était exaucé, à une offrande à N.-D. de Chartres. — Nous avons vu écrites et signées de sa main la formule de ce vœu, et une autre promesse du même genre.

2. *Exemple de sainte Thècle.* — « La pudique et douce Thècle était née au sein de l'idolâtrie ; elle fut la conquête du grand apôtre. — Sa mère l'avait promise à un époux mortel. Thècle entend le sublime Paul annoncer les gloires, les grandeurs, les éter-

nelles récompenses de la virginité. De ce jour, Jésus est tout son amour et ses chastes délices. Sa mère furieuse la dénonce elle-même aux magistrats idolâtres, et c'est sa mère qui demande qu'elle soit brûlée vive. Tant est véritable cette parole du doux Jésus : les ennemis de l'homme sont les gens de sa famille ! et cette autre parole du même divin docteur: Je ne suis pas venu apporter la paix mais le glaive : car je suis venu, (par la malice des hommes, occasion de ce déplorable renversement) pour séparer la fille de sa mère.

La sainte et sacrée virginité, mes enfants, ne va point sans magnanimité et sans courage intrépide. Les âmes molles et flasques ne savent pas garder la couronne virginale, que le moindre souffle de vanité dérobe à leur tête, comme la plus légère haleine des vents enlève les petites parcelles dont se composent vos charmants petits ouvrages de fleurs artificielles.

La blanche et pudique Thècle, douce comme les agneaux, timide comme les colombes, devient pour défendre son diadème céleste de virginité, intrépide comme les lions. On l'expose à la dent furieuse des bêtes de l'amphithéâtre ; elle aime plus sa virginité qu'elle ne redoute les tigres et les lions.

Thècle, l'admirable Thècle, mes petits enfants, est la première vierge martyre. La sacrée virginité apprivoise et dompte les bêtes sauvages, dit saint Grégoire de Nazianze, elle domptera aussi les éléments les plus implacables.

La sublime enfant, qui avait votre âge, est livrée aux flammes dévorantes. Mais quoi ! le divin Rémunérateur de la virginité veut glorifier encore sa pudique épouse. Les flammes s'éteignent, disent

Saint Augustin, Saint Chrysostôme, Saint Grégoire de Nazianze, n'osant porter atteinte à ce sacré vase de la virginité.

Voilà comme Jésus glorifie les vierges sous le soleil, où tout est épreuve ; comment les glorifiera-t-il au-dessus du soleil de cet exil, par delà le ciel des cieux, dans la cité éternelle ?

Croyez-moi, mes enfants, il n'y a point de paroles pour raconter l'ivresse, les transports, les fêtes et les gloires qui attendent les âmes pudiques et virginales dans le royaume éternel de Dieu.

Petites vierges de Jésus-Christ, tenez d'une main invincible votre couronne d'innocence et de pudicité immaculée. Point de mollesse ! De la grandeur et de la magnanimité ! Qu'il fera bon pour vous, douces et blanches enfants, dans le joyeux quartier des vierges, en la céleste Jérusalem, près de Marie l'incomparable en virginité. Vous serez de toutes les fêtes du Paradis, vous suivrez l'Agneau partout où il ira, et les satellites des Cieux ont reçu la consigne de vous laisser passer, soit que l'Agneau descende ou monte.

En attendant, suivez l'Agneau sur la terre, partout où il vous mènera, aux cimes douloureuses du Calvaire, ou aux cimes glorieuses du Thabor. Courage oh ! courage, mes enfants ! Les grandes joies font les grands courages ! »

— Ainsi tous les enseignements que nous avons fait passer sous les yeux de nos lecteurs, après les avoir choisis dans des lettres de famille, dans les écrits d'un père spirituel à ses enfants, élèvent vers Dieu, vers les grandes et les saintes choses dont le Seigneur est le principe, le mobile et la fin. — En haut les cœurs ! *Sursum corda !*

CHAPITRE VIII

M. LECOMTE ET LES JEUNES GENS. — VOCATIONS
ECCLÉSIASTIQUES.

Les œuvres fondées par M. Lecomte, en faveur de
l'éducation chrétienne des jeunes filles, prospéraient
comme une vigne féconde abritée par un palmier
bienfaisant. Il déploya le même zèle vis-à-vis de
jeunes gens qu'il put atteindre.

Si, conformément à la proposition de Monseigneur
de Freyssinous, grand maître de l'Instruction publique, il eût consenti à régir le collège de Chartres
au lieu de continuer son professorat du Séminaire,
sa présence dans l'Université y eût laissé de fortes
traces. Resté en dehors de cette administration, il
ne laissa pas que de se préoccuper souvent de l'enseignement donné au nom de l'Etat. Se trouvait-il
en rapport avec des élèves sur lesquels il pût exercer
quelque influence, il s'attachait à maintenir leur
esprit dans les notions du vrai, en ce qui concerne
l'Eglise.

Un jour, il rencontra dans un faubourg un aspirant
au baccalauréat qui semblait dévorer des yeux son
manuel avec toute l'ardeur que donne la perspective
d'un diplôme. M. le Curé s'approche, prend le livre
à la page où en était le lecteur, et y remarque aussitôt une appréciation fausse du caractère de Grégoire
VII. Immédiatement il emmène le futur bachelier à la

cure ; chemin faisant il développe une belle leçon d'histoire qu'il continue, une fois arrivé devant sa bibliothèque, en faisant lire à l'élève une lettre écrite par le saint pape Grégoire VII lui-même, lettre qui suffisait pour réfuter les calomnieuses insinuations du manuel.

Lorsque les jeunes gens honorés de son affection s'en allaient à la capitale ou en d'autres lieux éloignés où les appelaient les hautes études ou quelque fonction à remplir, des lettres partaient de temps à autre du presbytère chartrain à leur adresse, pour répondre à leurs besoins spirituels et aux désirs de leurs cœurs. Citons-en quelques-unes :

M. Lecomte écrivait à l'un d'eux, le 30 décembre 1833 :

« Il m'eût été bien agréable, cher ami, de vous revoir, de vous embrasser avec la cordialité percheronne, et de renouer ces douces et utiles causeries depuis si longtemps suspendues. Croyez que je m'intéresse vivement à votre position nouvelle, et que je fais pour vous de tendres vœux à cette occasion. Je prie notre bonne Mère de Chartres de vous remplir de l'esprit de sagesse, et de présider à vos honorables travaux..... »

M. L., un chartrain, recevait aussi, à Paris, cette lettre datée du 1er juin 1835.

Mon cher ami,

» Je vous remercie affectueusement de votre gracieux souvenir. C'est une grande bonté à vous de ne pas oublier de pauvres gens. Au reste, vous jugez bien mes dispositions à votre égard, quand vous pensez que je vous suis tendrement attaché. J'aurais grand

plaisir à vous donner le plaisir de me voir à Paris.
Il est sûr, cher ami, qu'un des plus doux attraits qui
me porteraient de ce côté-là, c'est l'espérance de vous
y trouver, d'y passer quelques jours dans le charme
de votre entretien, et de profiter de votre complai-
sance pour parcourir, sans danger de me perdre, ce
labyrinthe de Paris.

Il me souvient toujours, et cette souvenance m'est
fort douce, qu'à mon dernier voyage à la capitale,
vous eûtes l'obligeance de me servir de guide et de
me montrer les curiosités de Paris avec ce bon et
charmant M. O. Vous me donnâtes le fil d'Ariane,
pour ne pas m'égarer dans ces mille et un détours,
dont notre ignorance provinciale s'effraye ; ou, pour
parler plus juste, de toute façon vous fûtes mon
Raphaël. Vous me fîtes faire la connaissance des plus
aimables et des plus excellentes gens. Je ne puis
avoir oublié de si douces choses, et j'aimerais certes
beaucoup à renouveler ce bonheur. Mais vraiment
quand je projette des voyages à Paris, j'exprime un
désir plutôt qu'une résolution. Car dans la vérité il
ne m'est pas trop facile de multiplier les absences.

Dites à ce bon et cher X., que je serai au moins de
cœur avec lui au jour de son ordination. J'aurais une
particulière consolation à le voir dans cette circonstance si solennelle et si touchante. Ma messe ne peut
manquer d'être pour lui ce jour-là en l'honneur de la
bonne Vierge.

Veuillez donc offrir mon affectueuse gratitude à cet
excellent M. Poilou, pour la grande charité dont il
honore un pauvre inconnu. C'est moi qui lui offre
mes respects bien tendres et l'assurance du plus
humble et du plus cordial dévouement. Je lui souhaite

mille saintes consolations dont il est si digne. Et vous, cher enfant, vous passez donc aussi par le désert. Vous n'y rencontrez point d'eaux ou, s'il s'en présente à vous, elles sont amères. Que je connais bien cela ! *Quià acceptus eras Deo*, vous dirai-je, Raphaël à mon tour, *necesse fuit ut tentatio probaret te*. Je voudrais pouvoir, mon cher ami, éclairer ces ombres et amortir ces aiguilles ; mais il est sûr que de telles épreuves sont le partage des plus chers amis de Dieu. Après la tempête, Dieu ramènera le calme ; après les inquiétudes de la nuit, la sécurité du jour ; après les larmes, la consolation. Je vous conseille bien fort, cher ami, de ne rien rabattre de vos communions au milieu de tout cela. Le sentiment est chose qui va et vient, à laquelle il ne faut pas attacher grande importance, et d'après laquelle ni Dieu ne juge notre état, ni nous ne devons le juger nous-mêmes.

Les tentations contre la foi sont, je pense, les plus pénibles, car elles vous placent un homme en l'air. Quoi de plus affreux pour l'esprit et pour le cœur humain qui ont tant besoin de s'appuyer sur quelque chose, de ne trouver d'appui nulle part ! Il est constant toutefois que tous les amis de Dieu, que les favoris, ont passé par là ; et que leur foi, au lieu de souffrir quelque déchet dans cette épreuve, s'y est épurée et fortifiée ; mais cela n'est sensible qu'aux derniers résultats, il peut même arriver que ce bien s'opère jusqu'à la fin à l'insu de l'âme qui en profite. Vous savez, cher ami, que l'aimable et fort savant François de Sales conseille d'échapper aux tentations contre la foi, non par la porte de l'entendement, mais par celle de la volonté. Faites cela persévéramment.

La paix, cher ami, la paix et la confiance quand même ! Le bon Henri écrivait à Biron : Je t'aime à tort et à travers. Il est bien des circonstances où il faut espérer en Dieu et l'aimer à tort et à travers aussi.

Adieu, cher et bien doux ami ! Je vous embrasse fort tendrement. »

A. Lecomte.

M. le curé de la cathédrale avait dans son voisinage un pensionnat de jeunes gens fort bien gouverné. Le Directeur, un des hommes respectables qui aimaient à aller causer science aux soirées du presbytère, était toujours heureux de voir le digne archiprêtre dans son pensionnat. M. Lecomte profitait largement de si louables intentions. Il visitait fréquemment la chère jeunesse ; que d'espiègles détenus lui ont été redevables d'une amnistie ! Il paraissait même aux examens et là il traitait les auteurs classiques comme de vieilles connaissances, à la grande satisfaction d'hommes experts qui admirèrent alors ses traductions faciles et ses commentaires improvisés. De ce contact avec les élèves résultait pour ces derniers un bien immense : l'amour du pasteur et l'abandon confiant à ses désirs.

D'ailleurs M. Brou, l'excellent laïque, chef de l'Institution dont nous parlons, servait généreusement sur un autre point les desseins de M. le Curé. Celui-ci présentait souvent comme élèves des enfants en qui il croyait reconnaître des aptitudes à l'état ecclésiastique ; avec ce considérant, la gratuité de l'externat leur était accordée. « Je suis touché, mon cher et tendre ami, de votre générosité à nous seconder : Dieu et moi nous vous en tiendrons éternellement compte. Il vous bénira surtout dans vos enfants. » Tel fut le remerciement gracieux que nous trouvons dans un autographe daté de 1843 à l'adresse de M. Brou père. Et nous pouvons dire que M. le Curé fut bon prophète : le fils aîné de M. Brou a été prêtre, chanoine titulaire ; et les deux enfants du second fils sont religieux dans la Compagnie de Jésus.

A combien de jeunes gens M. Lecomte n'a-t-il pas frayé la voix du sanctuaire ! Persuadé que la vocation sacerdotale est une plante céleste dont Dieu a jeté la semence en bien des âmes, mais aussi que cette semence reste souvent stérile faute de culture, il étudiait soigneusement à ce point de vue les enfants de son catéchisme ; il était prêt à tous les sacrifices pour favoriser le développement de si précieux germes, n'importe où il les rencontrait. Cette disposition de son cœur lui permit de faire parfois d'heureuses trouvailles même loin de sa paroisse.

Une fois c'était dans la chapelle de N.-.D de Pitié, à Longny, au diocèse de Séez. Voyant là tout en larmes aux pieds de Marie un enfant de physionomie intelligente, il s'approche et lui demande la cause de son émotion : « Monsieur, je viens demander la grâce d'être prêtre. Vous êtes mon cousin, emmenez-moi à Chartres, j'étudierai bien, je vous assure. » Ainsi répondit le jeune Adrien Jourdain. Aussitôt il fut exaucé ; il devint séminariste de Chartres ; en 1845 il était sous-diacre professeur ; quatre ans après il terminait, à la tête d'une forte paroisse, sa trop courte carrière embellie de toutes les vertus sacerdotales. Celui qui écrit ces lignes est heureux de rendre ici hommage à la mémoire de l'un de ses premiers maîtres de Saint-Cheron.

Une autre fois, dans un presbytère de Normandie, M. l'abbé Lecomte s'adressait à un petit garçon dont il avait remarqué depuis quelques jours le caractère et les allures, et voici à peu près leur dialogue : « Quel état prendras-tu ? — Je veux être prêtre. — Eh ! bien, voudrais-tu me suivre ? — Oh ! volontiers, avec vous j'irais au bout du monde. » Le bout du monde pour le petit garçon, ce fut bientôt la cathédrale de Chartres avec la maison curiale où il logea tout en suivant les classes de la pension Brou : il passa de là au séminaire qu'il ne quitta que pour aller remplir, à l'exemple de son bienfaiteur, le ministère pastoral.

Lorsque les protégés de notre archiprêtre étaient au Petit Séminaire de Saint-Cheron, il continuait de leur témoigner un intérêt paternel.

Cet établissement, ouvert au mois d'octobre 1825, nous l'avons déjà dit, a été, depuis cette date jusqu'en 1853, la seule maison diocésaine dirigée par des ecclésiastiques pour la préparation au Grand Séminaire [1].

Lors de sa fondation, M. Lecomte était au début de son ministère paroissial ; il fut sans doute un de ceux qui comprirent le mieux le cri d'alarme du nouvel évêque de Chartres annonçant au diocèse son dessein d'ouvrir un Petit Séminaire.

Mgr de Montals mettait ce dessein sous la protection de Notre-Dame, en datant de la fête de la

---

1 C'est en 1853 que l'OEuvre des Clercs de N.-D. de Chartres a été fondée par M. l'abbé Ychard, et le Petit Séminaire de Nogent-le-Rotrou par M. l'abbé Dancret.

Conception, 8 décembre 1824, sa lettre pastorale sur ce sujet, lettre éloquente, dont voici un extrait :

« Point d'établissement plus important que les Séminaires. Ils apportent de grands avantages à la société. Ils sont indispensables à la religion...

« Si ces retraites, où les jeunes clercs vivent à l'abri des exemples et des maximes corrompues du monde paraissaient indispensables dans un temps où la Foi conservait tout son empire, ne sont-elles pas mille fois plus nécessaires à une époque où la corruption la plus outrée a pénétré partout, et où elle attaque indistinctement toutes les situations, tous les rangs et tous les âges ?

« Oui, M. T. C. F., ouvrir le tombeau de la religion, ou négliger, surtout dans le temps où nous sommes, de former des Grands et des Petits séminaires, c'est une seule et même chose...

« Où est dans l'enceinte de ce diocèse, cette école préparatoire où les enfants seraient formés dès leurs premières années aux habitudes et aux fonctions du sacerdoce ? Où est cette pépinière dont les précautions les plus éclairées et les plus assidues défendraient l'accès au souffle empoisonné de la corruption et de l'impiété moderne ? Il n'existe point parmi nous d'abri, de retraite semblable.

« L'absence de ce secours nous pénétra de douleur dès notre arrivée au milieu de vous. Nous vîmes clairement que nous serions dans l'impuissance de soutenir la religion dans cette contrée, si nous ne formions sans délai un établissement de cette nature. »

M. l'archiprêtre manifesta toujours une vive affection pour cette maison. Il s'y rendait de temps à autre pour visiter le digne supérieur, un de ses amis de jeunesse, M. l'abbé Chouet, et les élèves placés là par ses soins. Nous avons connu plusieurs de ces jeunes gens dont l'éducation cléricale lui était tant à cœur.

Il était mis au courant de leurs aventures et Dieu sait si une vie d'écolier en est semée. Nous nous souvenons qu'en 1846 il arriva malheur à l'un d'eux ; nous avons la copie des paroles consolatrices que lui envoya alors le bon curé :

« J'apprends que tu viens d'avoir le bras cassé. Je serais déjà à ton chevet si je n'avais été retenu par des occupations impérieuses... Dieu, mon cher petit M., brise souvent des instruments avant de s'en servir. (Ici une allusion touchante à l'accident qui avait un moment fait trembler pour l'avenir d'un jeune prince)... Dans une sphère plus modeste, il en sera ainsi de toi. Dieu guérira ton pauvre membre endolori. Et toi, te souvenant du mal comme du médecin, au cours de ta vie entière, tu n'emploieras plus ce bras qui t'aura été rendu, qu'à des œuvres salutaires et dignes. Tu en feras un de ces mille instruments par lesquels la divine Providence agit sans cesse, doucement et puissamment dans les choses de ce monde... »

Un des séminaristes auxquels s'intéressait le plus M. l'archiprêtre, il y a une cinquantaine d'années, nous a dit comment la charité du vénéré pasteur l'avait gardé dans le chemin de sa vocation et par suite assuré son avenir. Des circonstances inattendues allaient imposer à ce jeune homme le choix d'une autre carrière. Il se rend auprès de M. Lecomte et lui dit son chagrin et son embarras.

Le pasteur, qui connaissait de longue date les aptitudes du lévite, le console en lui promettant des démarches immédiates en sa faveur et en lui donnant sur l'heure même une certaine somme d'argent, premier appoint de ce qu'il fournira plus tard. Peu de jours après, le jeune abbé entrait, présenté par son bienfaiteur, au grand séminaire d'un diocèse voisin ; il y reçut les saints ordres et devint un excellent prêtre, curé méritant, chanoine. Un de ses plus doux souvenirs a toujours été sa première messe chantée dans la cathédrale de Notre-Dame de Chartres, avec une suave et brillante allocution de M. le Curé.

Parmi les personnes que M. Lecomte eut le bonheur de faire revenir aux pratiques pieuses, on nous a cité deux jeunes gens, parents de sa belle-sœur, qui entrèrent bientôt au séminaire de Saint-Sulpice et devinrent des prêtres distingués dans le clergé de Paris. C'est de l'un d'eux que M. Gabriel Lecomte, l'excellent chrétien, écrivait, le 8 septembre 1829, à son frère : « Nous sommes dans la joie. Je n'ai point pleuré comme toutes ces bonnes personnes ; j'ai admiré, j'ai élevé les yeux plus haut afin de louer cette admirable Providence qui dispose toutes choses pour le salut de ses enfants... Joseph est plein de reconnaissance envers la très-sainte Vierge, notre bonne Mère... Je lui conseille de s'en rapporter à tes avis ; qu'il est heureux ! »

Or, deux mois auparavant, ce Monsieur Joseph M., ancien principal clerc dans un étude de notaire, avait reçu de l'archiprêtre bien-aimé la lettre qui suit :

Chartres, le 13 juillet 1829.

« Combien votre lettre m'a causé de joie! Je vous assure, tendre ami, que vous me rendez justice en

6

me jugeant digne de vos plus intimes confidences. Dieu a mis au fond de mon cœur une force d'amitié pour vous, que rien ne saurait altérer. J'ai toujours ressenti, mon cher Joseph, à votre égard, je ne sais quoi qui venait de Dieu, sans nul doute. Je sens que c'est un fonds qui ne saurait s'épuiser.

Je pense tout-à-fait comme vous, que le notariat n'est pas du tout la carrière que vous êtes appelé à suivre. Ce que vous me dites là-dessus est exactement ce que je me suis dit bien des fois à moi-même. Le Seigneur, qui vous aime, indiquera lui-même à votre cœur ses aimables desseins sur vous. Consultez-le, tendre ami, dans de bonnes prières que lui-même vous suggèrera. Surtout, adressez-vous amoureusement, comme un petit enfant, à la très Sainte Vierge. Je suis persuadé que c'est elle qui vous obtiendra toute grâce.

Quant à cet affaiblissement de foi, tendre ami, ne pensez pas que je m'en effraie le moins du monde. C'est le nuage qui passe devant le soleil.

Vous cherchez, je le vois, la vérité ; vous la trouverez indubitablement, et elle vous apparaîtra belle, douce et gracieuse. Je vous conseillerais, mon cher Joseph, de prendre un confident de votre conscience. La Sainte Vierge vous en procurera un bien doux, bien charitable et bien consolant ; c'est proprement l'esprit de notre ministère.

Pour l'état ecclésiastique, à vrai dire, aimable ami, je pense que c'est l'état auquel le bon Dieu vous appelle. Ce n'est pas seulement depuis que j'ai lu votre lettre, que j'ai cette idée ; elle date de votre enfance. Croyez que je ne prends pas mes désirs pour la volonté divine. Il n'y a personne de moins meneur

que moi, et qui respecte plus l'attrait de chacun. Je
dis mal même en parlant de désirs ; je n'en ai aucun
en fait de vocation ; car c'est le droit du Maître
d'appeler. J'ai pourtant dans la pensée que vous ferez
beaucoup aimer Dieu.

L'inconstance dont vous parlez me semble susceptible d'une autre interprétation, que celle que vous
lui donnez. On se déplace toujours, jusqu'à ce que
l'on soit à sa place, et ces formes qui changent
toujours procèdent d'un fonds qui ne change point, je
veux dire d'un attrait qui n'a pas encore atteint son
objet. Oh ! tendre ami, que vous trouverez de repos
en Dieu ! que vous y goûterez de douceur ! Ces huit
années ne sont pas perdues : c'est une grande science
que celle de la vanité de ce monde.

Surtout, je le répète, adressez-vous confidemment
à cette douce Mère, qui remplaça la vôtre dès votre
berceau ; car vous n'avez jamais connu celle que la
nature vous avait donnée, pauvre enfant. J'ai offert
ce matin la messe pour mon cher Joseph, à qui je
souhaite tant de biens et de consolations.

Tendre ami, mettez-moi à contribution de toutes
les façons : faites-moi cet indicible plaisir. Ma maison,
ma bourse, mon cœur, tout est à vous en Notre-
Seigneur. Je juge de sa tendresse pour vous, par
celle qu'il m'inspire à votre égard.

Ouvrez votre âme à la consolation, votre esprit aux
pensées d'espérance et de sérénité, votre cœur à la
tendre piété pour laquelle vous avez de si heureuses
dispositions.

Je crois que les cours de Cousin et de Villemain
présentent quelque danger, les premiers surtout, pour
l'esprit de foi. C'est le vague de la raison individuelle

à laquelle notre siècle donne trop, donne tout même. Après cela, je pense qu'il y a de bien belles choses, des choses même qui avanceront le triomphe de la vérité. Car elle triomphera, doux ami ; quelque chose de grand se remue, nous verrons ce triomphe, et j'ai au fond du cœur l'espoir que vous n'y serez pas étranger.

Adieu, mon cher et précieux ami. Dieu m'a fait vôtre de toutes les façons, et je l'en bénis : je vous remets aux mains et snrtout au cœur de la Très Sainte Vierge, et vous embrasse avec une tendresse que Dieu seul connaît. Consolez-moi de vos aimables lettres qui m'attendrissent et me rendent meilleur. Je prierai de mon mieux pour vous. Vos prières sont meilleures que vous ne pensez : j'en réclame le secours...   LECOMTE

Lettre au même, le 25 novembre :

« Comment va votre cœur, dont la paix m'est aussi précieuse que la mienne propre ? Je ne pense pas être longtemps sans aller vous voir. Je compte faire un petit voyage que la Très Sainte Vierge m'inspire, vers les premières semaines de l'Avent. Quelle joie de vous consoler en recevant de vous et par vous une grande consolation pour mon propre compte ! Le Dieu que nous servons est le Dieu de toute consolation : « Dieu qui console les petits nous a consolés, dit saint Paul, par l'arrivée de Tite. » J'ai porté une bien tendre compassion. mon cher et doux ami, aux peines et anxiétés de votre cœur. Oh ! il n'y a rien de si douloureux que ces épreuves intérieures. Croyez-moi, mettez votre cœur au large, et ne vous laissez pas entortiller dans la subtilité de vos pensées;

cela est de l'ennemi. L'esprit de Dieu, qui est la charité, l'amour du Père et du Fils, et, comme dit Bossuet, leur embrassement et saint baiser, porte les âmes à la joie, et par la joie aux œuvres de l'amour. Vous spécialement, cher enfant, vous êtes appelé à servir le Seigneur par amour, non par crainte. »

Le 12 mai 1830, c'est de Voré, que M. Lecomte, écrit :

« Vous espériez me voir plus tôt ; je n'ai pu faire ce petit voyage, qui n'est que différé...

J'apprends, mon cher Joseph, que vous devez recevoir prochainement la tonsure ; je m'en réjouis, doux ami, et vous conjure de faire ce premier pas vers le sanctuaire avec grande paix et confiance, sous les auspices de la bonne Vierge.

Vous ne sauriez trop tenir votre cœur au large et votre esprit dans la sérénité. Cela, mon cher ami, vous est bien nécessaire. Ce qu'il vous faut à vous, c'est la paix, la joie et l'amoureuse liberté des enfants de Dieu. Vous craindrez toujours assez. Votre grande devise, cher Joseph, doit être ce beau mot du disciple bien-aimé : *Perfecta caritas foràs mittit timorem ; qui timet non est perfectus in caritate :* Il faut, doux ami, que vous soyez de l'école du gracieux saint Jean. L'ennemi tentera fort de vous éloigner de cette simplicité et confiance enfantine, par mille et mille retours et réflexions sur vous-même ; de cette douce joie et gaîté, par des impressions de noire tristesse et d'appréhension ; de cette sainte liberté d'esprit enfin, par les scrupules, par une frayeur inquiète, qui banderait votre esprit très péniblement, vous ferait éplucher sans mesure vos moindres actions et intentions. Quand vous serez tranquille sur le présent, ce misérable vous reportera sur le passé, qu'il vous faut absolument laisser là dans le sein de la miséricorde infinie. Ah ! croyez-moi, tendre ami, tenez-vous retranché dans le cœur de Jésus et celui de sa douce Mère, qui vous protège si sensiblement. Je vous conjure encore, mon bon Joseph, de ne point négliger ni forcer votre santé. Croyez que ce conseil n'est pas aussi sans importance.

Votre chère mère vous prie bien, quand vous aurez un peu de loisir, d'écrire un petit mot de doux avertissement à ce bon Louis. Priez pour moi, cher Joseph, la bonne Vierge, en ce beau mois qui est consacré à son amour. Mon frère, votre sœur et moi, nous vous embrassons bien tendrement. Adieu, mon tendre ami, tout à vous bien affectueusement en Notre-Seigneur. »

LECOMTE

Enfin, voici les derniers avis avant l'ordination pour le sacerdoce. Ils sont datés du 11 mai 1835 :

« ... Si je ne craignais l'inconvénient de multiplier les absences, ah ! certainement je serais près de vous dans votre ordination. Mon cœur du moins sera présent, et c'est bien quelque chose que cette présence. Celle-là aussi est une présence réelle. Mais je sais toutefois, pour votre compte et pour le mien, ce qu'il reste à désirer encore.

Je suis heureux, mon très cher Joseph, de voir que vous voulez envisager votre ordination comme une belle fête. C'est bien là la couleur véritable de la chose. Soyez vous-même en cette circonstance, passez-moi le mot ; et ne soyez pas autrui : soyez gracieux et riant à Notre-Seigneur, comme il vous est riant et gracieux. Que l'amour tendre, familier et simple, confiant et caressant fasse tous les frais : précédez, accompagnez, suivez cette heureuse union. J'aime beaucoup à vous voir cette sérénité. L'esprit de Dieu porte à la joie. *Gaudium Domini est fortitudo nostra. Jucunditas cordis thesaurus sine defectione sanctitatis.* Comme vous allez appartenir à Notre-Seigneur d'une manière étroite !.. Je crois que ce bon Jésus qui aime tant tous les hommes a des sentiments bien tendres et bien particuliers pour ses prêtres. On ne parle pas assez de cela ; et l'on ne fait point assez souvent l'honneur à notre pauvre nature humaine de la traiter comme susceptible d'autres sentiments que de sentiments serviles. Il est bien vrai que trop d'honneurs ne sont d'abord saisissables que par la crainte ; toutefois des motifs plus doux, plus généreux, peuvent infiniment davantage sur le cœur humain.

Soyez joyeux, mon cher Joseph, délectez-vous dans le Seigneur, au jour de votre amoureuse consécration. Je prie la Très Sainte Vierge de vous présenter elle-même au Prêtre Eternel, pour recevoir un écoulement de son divin sacerdoce.

Que cette très bonne et très douce Mère vous sourie et vous adopte comme chose toute sienne ! Que votre sacerdoce soit fécond, que votre postérité spirituelle soit nombreuse ; *et videas filios filiorum tuorum, pacem super Israel !* Mille et mille tendres vœux et tendres embrassements en Notre-Seigneur ! »

Lecomte

Nous terminons cette série de lettres par une dernière relative au sacerdoce. Celui à qui elle s'adressait avait évidemment consulté son directeur de Chartres à l'occasion de certaines inquiétudes de conscience. Le directeur, après quelques réflexions sur une vocation ecclésiastique qu'on lui annonce, répond aux questions délicates qui lui sont soumises sur d'autres points.

Nous ne donnons de cette réponse que ce qui convient pour la publicité. Il suffit de dire que le reste dénote également l'habitude des vues surnaturelles :

« Mon bien cher ami, c'est avec une vraie satisfaction que j'ai appris les bonnes et saintes pensées de X. Je l'attends, ce cher enfant, avec un cœur bien tendre et bien dévoué. Cette vocation me paraît de Dieu, doux ami, c'est tout-à-fait mon avis. Les passages de ses lettres que vous me citez sont extrêmement édifiants, et partout le caractère de l'attrait le moins équivoque pour ce saint état.

» Vous lui recommandiez la charité, cher ami ; vraiment vous choisissez en perfection vos matières de sermon, c'est à mon avis le fond de l'esprit sacerdotal ; et j'admire bien l'Église, quand, revêtant le jeune lévite de la chasuble par les mains du Pontife dans la cérémonie de son ordination, elle lui adresse ces douces paroles : *accipe vestem sacerdotalem, per quam intelligitur caritas* [1]. Ah ! cher ami, le prêtre est l'homme de la miséricorde, et c'est d'huile que ses mains sont ointes, ses œuvres doivent être toutes de douceur. Je l'entends ainsi, et je suis heureux de vous trouver de mon avis. Ah ! que ces paroles sont divines : Apprenez de moi que je suis doux

---

[1] Recevez le vêtement sacerdotal, emblème de la charité.

et humble de cœur ! Vous me permettez bien, cher ami, n'est-ce pas ? ces petites effusions et encore la citation d'un beau mot de saint Paul : *Omnis Pontifex constituitur... qui condolere possit iis qui ignorant et errant,* le prêtre est établi pour compatir.

» J'aime beaucoup que ce cher enfant prie la sainte Vierge et son bon ange. Les superbes n'emploient point ces moyens que leur esprit de travers juge petits et mesquins, et c'est pour cela qu'ils sont stériles. Les humbles les affectionnent et le Dieu des humbles les bénit merveilleusement. Dites bien à ce cher enfant que je serai fort heureux de le voir. Hélas ! je recevrai sans doute de lui plutôt que je ne lui donnerai.

» Pour votre propre compte, très cher ami, je pense qu'il faut en général une sainte paix et sérénité d'esprit...... La méditation se fait plus avec le cœur qu'avec l'esprit, et il n'est pas nécessaire d'en varier les formes, ni de trouver tous les jours un plan bien conçu, bien lié, bien divisé.

» Eh ! mon Dieu, nous nourrissons tous les jours notre corps de pain, pourquoi pas notre âme de l'aliment d'une même vérité, tant qu'elle nous soutient, nous charme, nous rend meilleurs ? On ne peut pas prescrire des règles étroites pour ces opérations intérieures, où l'esprit de Dieu agit plus que nous. *Spiritus ipse postulat pro nobis gemitibus inenarrabilibus. Dedit spiritum filii, in quo clamamus : abba, Pater.* Amour filial, cri vers Dieu dans cet amour, cri vif et tendre, par sentiment de notre misère et de sa douce bonté qui veut y remédier ! Adieu, cher et doux ami. Le papier me manque. Je vous embrasse bien cordialement dans les tendres entrailles de

Notre-Seigneur et la douceur du saint Cœur de Marie.

A. Lecomte.

Laisserons-nous les noms des séminaristes si affectionnés par M. Lecomte glisser l'un après l'autre dans notre mémoire, sans que nous arrêtions au passage et que nous fixions sous notre humble plume le plus glorieux de tous ; le nom que la catholicité tout entière a depuis longtemps appris à vénérer ; celui que les échos de Poitiers et de Chartres surtout renvoyaient aux échos de Rome, en 1879, pour saluer de concert un nouveau cardinal. Consacrons un chapitre spécial aux relations de ce prince de l'Église, Mgr Edouard Pie, avec M. Lecomte.

CHAPITRE IX

M. LECOMTE ET MGR PIE [1]

La divine Providence, qui voulait lier l'existence du futur évêque de Poitiers à celle du vénérable archiprêtre de Notre-Dame de Chartres, ménagea la première rencontre du second avec le premier, en 1817. M. Lecomte, professeur du collège de Nogent-le-Rotrou, se rendant sans doute à Voré, chez son frère, s'arrêta au relais de Pontgouin, et la mère d'Edouard porta son petit enfant dans ses bras au devant du voyageur, déjà bien connu, pour qu'il le bénit. Six ou sept ans après, deuxième rencontre, à Landelles, où M. Lecomte, alors professeur de philosophie au Grand Séminaire, s'était rendu pour prêcher, à l'occasion de la fête de saint Médard, fête patronale.

« Son sermon me ravit, a écrit plus tard Mgr Pie. L'office du soir terminé, le prédicateur accompagné de M. le chanoine Guillard revint à pied à Pontgouin, dans la société de quelques personnes, parmi lesquelles je fis en sorte de me trouver. Mais, faible comme j'étais et incapable de les suivre, je cherchais de temps en temps à gagner les devants par des

---

1 Il eût été par trop indiscret de traiter un tel sujet dans notre première édition, qui parut en 1879, du vivant de Mgr Pie. Après sa mort, le bel ouvrage de Mgr Baunard sur l'illustre évêque de Poitiers, a réuni d'intéressants documents relatifs à ce qui va faire l'objet de ce chapitre. Nous résumons plusieurs de ses pages et reproduisons quelques citations, en y joignant nos documents personnels.

sentiers abrégés, pour me reposer un peu sur les talus, en attendant d'être rejoint par la sainte compagnie de cet homme de Dieu. Cette manœuvre n'échappa point au bon cœur de M. Lecomte. « Voilà un pauvre enfant qui est bien las, dit-il ; si nous le soulagions ! » Quelqu'un m'appela alors et me présenta à lui. Il m'embrassa et m'adressa quelques paroles aimantes ; puis il ne cessa plus de me suivre du regard, inquiet qu'il était de savoir si je pourrais achever le parcours. Enfin, quand il nous quitta, quelques mots bienveillants qu'on lui dit sur mon compte, et, m'a-t-il raconté depuis, un inexplicable sentiment d'affection, me valurent encore une bénédiction et un baiser. Ni lui ni moi n'oublièrent ensuite cette rencontre. J'ai toujours aimé à y voir, et lui aussi, un premier trait d'union que Dieu avait ménagé entre mon pauvre cœur et le sien. »

Et l'enfant se rappela toute sa vie, l'attitude du saint prêtre, vu à Landelles, humblement prosterné au fond de l'église, pendant toute la messe. « Je ne le perdis pas de vue, disait-il. Il me paraissait absorbé en Dieu, et son visage me semblait comme celui d'un ange : *Videbam faciem ejus tanquam faciem angeli.* »

Lorsque le jeune Edouard devint, à Chartres, le protégé et l'hôte de la bonne Mlle Mariette, pour faire ses études comme externe à la pension Brou, il eut souvent l'occasion de se trouver sur les pas de M. Lecomte, déjà curé de la cathédrale. « Quand il me rencontrait, raconte M. Pie, il avait pour moi un sourire encore plus aimable que pour les autres. Je renouvelai ma première communion de sa main. Je le voyais souvent prosterné aux pieds de l'image de la Sainte Vierge. Tout le monde parlait dès lors de lui comme d'un saint. Je me souviens que mes condisciples allaient le voir de temps en temps, pour le plaisir de converser avec un homme si bon. Il y avait dans sa personne un attrait invincible qui gagnait tout le monde. »

Ce ne fut pourtant qu'en 1832, qu'Edouard, petit séminariste à Saint-Cheron, commença à jouir complètement de la paternité spirituelle du saint prêtre. « Aux vacances de 1832, dit-il, je fus pressé, par un très fort attrait, de me confesser à M. le Curé, dont la suavité me rendait meilleur chaque fois que je le voyais ou que je pensais à lui. Dès la première fois il m'accueillit comme un enfant que le Seigneur lui destinait de longue main. Ses communications détrempèrent véritablement mon âme de piété. Oh ! qui me donnera de revenir à la ferveur de ces heureux jours, lorsqu'au sortir de ces entretiens j'allais, pendant des demi-journées entières, épancher mon cœur devant la statue de Notre-Dame de Chartres, et que, rentré dans ma solitude de Saint-Cheron, je demandais aux bosquets, aux fleurs et à toute la nature de m'aider à aimer Jésus et sa Mère ! »

A dater de cette époque, l'intérêt que M. le Curé prend à tout ce qui concerne Edouard, ne fait que s'accroître, de même que la confiance d'Edouard en son protecteur. Marche des études, peines et joies, accidents de santé, tout est confié à l'archiprêtre qui écrit, visite, complimente ou console.

C'est qu'il avait besoin souvent de consolations, l'étudiant. Les sentiments heureux que pouvaient faire naître en lui les succès extraordinaires dans ses classes, ne diminuaient point les souffrances physiques presque habituelles de sa jeunesse.

Au séminaire de Saint-Sulpice, comme auparavant à Saint-Cheron, pendant ses humanités et son court professorat, le meilleur remède qu'il réclamait, c'étaient les lettres du presbytère de la cathédrale de Chartres. Elles lui arrivaient à Paris « fortes comme le vin ou douces comme le miel » ; elles lui rendaient la paix et accroissaient en son âme l'amour de Notre-Seigneur.

Une de ces lettres que nous croyons inédite, nous est tombée sous la main ; c'est celle que M. Pie reçut à la veille de son ordination pour le diaconat :

« Mon cher enfant, il a fallu que je souffrisse beaucoup pour que je n'aie pas répondu poste pour poste à votre lettre si aimable et si pleine de douceur. Elle m'a réjoui le cœur, je l'ai lue et relue, comme un encouragement. Votre âme compatissante, cher ami, sait mettre le doux appareil sur l'endroit le plus douloureux. Combien n'ai-je pas été reconnaissant de toutes les prières qui ont été faites pour moi ! Je les dois premièrement à votre charité. Remerciez bien cordialement, en ce bon Seigneur Jésus, les personnes respectables qui m'ont aidé de leurs vœux et de leur crédit auprès de Dieu et de sa sainte Mère. Je tâcherai de le leur rendre devant cette bonne Notre-Dame de Chartres.

» Quand nous serons ensemble, et cela ne peut tarder beaucoup, nous mettrons nos délices à faire connaître et chérir cette aimable Mère de toutes les façons possibles, de la langue et de la plume, de l'exemple surtout. En attendant, mon Dieu, cher enfant, que notre souffrance est opiniâtre ! qu'elle est

intime ! C'est une espèce de mort physique et morale
ou, ce qui est pire, une espèce d'agonie savourée à
satiété. Vous souffrez toujours, cher enfant, de ces
palpitations cruelles qui ébranlent peut-être l'âme
plus encore que la machine matérielle ; moi, je suis
toujours saturé de maux de cœur. Cette nuit encore
et toute la journée, j'en ai beaucoup souffert. J'envoie
maintenant à la Sainte Vierge cette pauvre prière, le
jour et la nuit. « O bonne Notre-Dame de Chartres si
secourable à tant d'étrangers, n'aurez-vous pas pitié
de votre pauvre domestique ? »

» Toujours un ciel d'airain ou à peu près. Cependant
je crois avoir éprouvé quelque allégement de cette
chétive prière répétée bien des fois. Je lis et relis le
chapitre des miracles opérés du temps de la construction de cette belle église ; j'aime cette candeur, cette
naïveté de foi. J'y trouve un goût plein d'onction.

» Oh ! Dieu ! que cette foi candide et naïve de
nos pères est donc devenue rare ! Les docteurs
même en Israël la décrient. Il y a du philosophisme
dans tout cela à l'insu de ces pauvres gens. Mon
cœur et mon esprit repoussent de toute leur force et
plus énergiquement que jamais toutes ces concessions
faites à l'esprit qui glace tout depuis trois siècles. Ne
trouvez-vous pas, cher enfant, qu'autour de nous on
sent ce vent froid qui flétrirait le jardin mystérieux
de l'Epoux, s'il était donné à l'enfer de prévaloir ?

» Oh! mon bien cher enfant, soyons bien simples de
la sage simplicité des siècles de foi. Je trouve que ce
sont les intelligences médiocres qui répugnent le plus
à cette simplicité sainte, les esprits supérieurs y sont
bien plus disposés ; ou plutôt ils sont tous marqués
au coin de la naïveté et de la candeur. Saint Jean

notre bon ami, Saint Jean que Jésus a tant aimé, est naïf comme un enfant dans son évangile et sublime comme un aigle dans son essor.

» Vous allez donc être diacre, mon cher ami, à la prochaine ordination. Eh ! bien, je vous confierai que j'ai ressenti en ce degré de la hiérarchie ecclésiastique une grande douceur de consolation. Ce milieu de paix entre la lutte des premiers engagements et les appréhensions des derniers, ce milieu est plein de suavité. Vous allez porter dans vos mains le Bien-aimé, *dulce pondus gestantibus*. Ah ! que de fois je lui ai dit en ce ministère : Mon Dieu, mon Dieu, portez donc le pauvre homme qui vous porte !

» Faites votre petite retraite amoureusement, paisiblement, joyeusement, avec le bien-aimé Saint Jean si familier envers le bien-aimé Jésus. La paix, oh ! la paix, croyez-moi, cher ami, le trouble vient d'en bas, la paix d'en haut; l'un est une exhalaison de l'abîme, l'autre, une effusion du ciel.

» Mille amitiés à ce cher M. Levassor ! je tâcherai de lui écrire. Ne m'oubliez pas non plus auprès de ce bon petit M. X.., et autres enfants de N.-D. de Chartres ! Bonsoir, cher enfant, je vous embrasse bien tendrement en ces bons cœurs de nos célestes amis. »

Lecomte

Au mois de mai suivant, M. Pie qui avait quitté Paris, se préparait à l'ordination pour la prêtrise sous la direction même de M. Lecomte, et il était honoré du sacerdoce le samedi 28 mai. Le mardi suivant, il rendait compte de ses impressions dans une lettre à l'abbé de Geslin son ami : « Bien des choses douces et grandes se sont passées depuis trois jours entre le Seigneur et son prêtre. A défaut des exercices d'une retraite suivie au séminaire de Chartres, mon très cher père, M. le curé de la cathédrale m'a donné sa sainte direction. Il m'a répété si souvent le : *Simon Petrus, amas me ? Pasce oves meas*, que j'ai fini peut-être par apporter au bon Dieu quelques dispositions d'amour.

« J'ai chanté ma première messe au chœur de notre belle et admirable cathédrale. J'étais assisté de mon très cher curé, qui a fait, avant le *Credo*, une allocution trop belle et trop attendrissante, car, à force de faire plaisir, elle faisait pleurer. *Sume de prunis ignis quæ sunt in altari inter Cherubim, et effunde super civitatem :* tel fut son texte. Le développement est plus admirable encore : « Montez à l'autel pour y « prendre le feu de la *charité envers Dieu*, et embraser « tous les cœurs. Montez à l'autel pour y puiser la « *charité envers les hommes* et compatir à toutes leurs « peines avec la douceur et la tendresse d'une âme « pastorale. » Dans cette seconde partie, mon très cher père a développé des doctrines qui eussent été bien admirées de mon petit frère de Geslin. « Soyez « bon, me disait-il, soyez-le surtout dans ce tribunal « qui n'est pas appelé en vain un tribunal de réconci- « liation. Là, soyez bon jusqu'au scandale : c'est ce « scandale que Notre-Seigneur a donné aux Pharisiens « et qui lui valut des reproches qu'il vous sera hono- « rable de partager avec lui, » etc., etc.

Le nouveau prêtre fut nommé vicaire de la cathédrale, selon l'attente générale et selon l'annonce qu'il en avait reçue lui-même depuis plusieurs mois. Il allait vivre plus que jamais dans cette atmosphère de vertus qu'il avait désirée. Car, auprès de son bien-aimé pasteur, il se sentait à l'école de la saine doctrine sans doute, mais surtout à celle de l'humilité et de la charité.

L'humilité ! Voyez comme lui en parle son maître, lui montrant que l'on peut être humble sans cesser d'être grand, à condition de chercher sa grandeur en Dieu, selon Dieu et pour Dieu. « Une amoureuse connaissance des dons de Dieu en nous l'honore plus que l'attention à les dissimuler de peur de l'enflure. Nous sommes faits pour la gloire, et nonobstant nos contraintes, ce noble fond nous reste. « *Fecit mihi magna qui potens est,* » disait la plus humble, mais aussi la plus magnanime des créatures. Ah ! vraiment, cher ami, il ne faut pas que l'ennemi nous ravisse l'unique joie que nous avons en ce monde, celle de voir et de sentir tout le bien que Dieu nous fait. On parle toujours, dans les livres, de ce que nous sommes en nous-mêmes, presque jamais de ce que nous sommes en Dieu. L'un abat l'âme, l'autre l'élève, exalte le courage et transporte l'amour. »

La charité ! Le cœur de M. Lecomte en était rempli, on le sait, et, à son contact, celui du jeune prêtre brûlait de la même flamme. L'influence devait s'en faire ressentir dans le ministère des âmes. Citons quelques traits seulement relatifs aux pauvres et aux enfants.

Il est dit dans la Vie de Mgr Pie qu'on avait trouvé parmi ses papiers plusieurs billets échangés autrefois avec l'archiprêtre au sujet des malheureux.

« Bonsoir, bon père ; avez-vous quelqu'un en vue pour être présenté à l'hospice d'Orléans ? » Il propose plusieurs noms : « le pauvre père Portal, la pauvre mère Jacob presque aveugle ». Ce sont ses chers clients. Il entre dans un détail compatissant sur leur misère et leurs infirmités ; il voudrait, comme Job, être « le pied du boiteux et l'œil de l'aveugle ». C'est partout le plus pur accent de l'Évangile. Une autre fois M. Lecomte lui adresse « de pauvres petites gens » qui désirent obtenir certaine dispense fort délicate pour contracter mariage. « Moi, à votre place, je l'accorderais, écrit l'archiprêtre. Ce petit monde est bon, et fera tout ce qu'on voudra. Voyez ce que vous pouvez faire pour tirer de ce mauvais pas ce *pauperculum trementem* qui ose à peine parler. » C'est de ce ton, ajoute l'historien, que se traitaient entre ces deux grandes âmes les affaires du ministère; c'est ainsi que la sécheresse administrative se trouvait corrigée et comme imprégnée d'onction par la charité chrétienne.

Il nous serait bien difficile de faire ressortir suffisamment le profit que M. Pie retira de ses communications journalières avec l'archiprêtre, au point de vue de la science ecclésiastique, de l'attachement à la Sainte Église et au Pape, de la grandeur des vues sur toutes les hautes questions qui agitent le monde, enfin de l'art oratoire. L'évêque de Poitiers a dit et répété que la formation de son jugement pratique était surtout l'ouvrage de son bienfaiteur, M. le curé de N.-D. de Chartres. Il lui attribuait beaucoup dans les succès de toute sa carrière ; tenons-nous en à cette déclaration. Quelle part de mérite revient à chacun de ces deux hommes éminents, c'est le secret de Dieu seul. La gloire de saint Augustin servit à celle de saint Ambroise, on ne chercha jamais à préciser la mesure respective de ces deux gloires.

M. Lecomte vit sans étonnement M. l'abbé Pie arriver aux plus hautes dignités ecclésiastiques. Lorsqu'à la fin de 1844, Mgr Clausel de Montals, évêque de Chartres, nomma vicaire-général le jeune ecclésiastique, Sa Grandeur déclarait vouloir par là le rattacher davantage à la cathédrale et à la ville. « Oui, dit l'archiprêtre, pour quatre ou cinq ans ; mais vous verrez qu'ensuite on nous l'enlèvera pour en faire un évêque. » Il ne se trompait pas. En 1849, après dix ans seulement de prêtrise, M. l'abbé Pie fut promu à l'évêché de Poitiers ; et immédiatement il témoigna sa profonde vénération et un sentiment vraiment filial à M. Lecomte en lui donnant les lettres de vicaire-général honoraire.

On lira avec édification la réponse familière et paternelle de M. le Curé à la lettre du nouveau Prélat qui lui demandait ses conseils à l'approche de la préconisation et du sacre. Nous croyons devoir donner intégralement ces belles pages.

» Mon cher Seigneur et tendre ami... je vous félicite et je félicite plus encore notre Mère l'Église de voir aujourd'hui le choix si judicieux des hommes confirmé authentiquement par celui de Dieu en la personne de son Vicaire. Je serai bien attendri et bien heureux de pouvoir assister à votre sacre.

» Vous avez l'humilité, cher ami, de me demander quelques mots puisés à la source de mon pauvre cœur. Je devrais vous envoyer aux eaux de votre propre fontaine. Mais Jéthro, *prêtre* de Madian, donna quelques conseils utiles à Moïse, *pontife* suprême, consécrateur d'Aaron.

» Vous aimerez Notre-Seigneur plus tendrement que jamais. *Amas me? Diligis me?* C'est la vertu première du pasteur. C'est aussi sa première joie et sa plus douce consolation. C'est son repos après la fatigue, et sa lumière dans l'enseignement ; c'est le sommeil d'amour sur le sein du Seigneur. On y trouve délassement et lait de sapience céleste. Mais que dis-je ? vous ferez bien mieux que tout ce que je pourrais vous conseiller en cette matière.

» Tenez votre conscience joyeuse et saintement libre, pour être en état de sanctifier autrui. On ne peut guère s'occuper des autres quand on est trop préoccupé de soi.

» Je ne vous dirai rien, mon cher Seigneur, de ce que vous ferez pour répandre *partout, partout,* dans votre diocèse, la tendre piété envers la Sainte Vierge dont vous êtes l'enfant chéri et à qui vous devez tout. Faites-la beaucoup aimer de vos prêtres : ce sera la faire beaucoup aimer de vos ouailles. Allez, enseignez l'amour de Marie à tous les fidèles de votre contrée : c'est la mission dont vous investit le pauvre hère à qui toute puissance a été ôtée, mais qui met toutes ses impuissances, ses infirmités et ses douleurs au service de votre cœur si tendre et de votre intelligence si féconde.

» Chérissez beaucoup vos prêtres : c'est la recette pour en être chéri. Honorez-les tous, même les moins avenants : c'est leur apprendre à s'honorer eux-mêmes. Semez-leur une mesure de respect, vous en moissonnerez mille mesures. *Cordialisez*-les saintement et avec une dignité gracieuse.

» Soyez, à l'égard de vos jeunes séminaristes, le Jésus de Jean : ils vous seront les Jean de Jésus. C'est surtout ce petit champ, dont la terre vierge est si meuble et si riche de sucs et de principes nourri-

7.

ciers, c'est ce petit champ qu'il faudra cultiver et arroser. Ce n'est même pas un champ, c'est un jardin, *l'areola aromatum*. Vous y planterez force lis pour les délices du Bien-Aimé, et vous placerez au milieu *fontem hortorum*... Marie sera la reine et la mère de tous vos séminaristes. Il faudra aller prendre dans le diocèse de Poitiers des leçons d'amour pour Marie.

» Quant à l'administration, *dénouer* toujours tant que l'on peut; *ne briser jamais*, à moins d'une nécessité dont il faut gémir, et adoucir la rigueur par la délicatesse et la prudence dans la forme. Mais vous savez si bien tourner la difficulté sans renoncer au but, ou plutôt pour y arriver plus sûrement !... Il n'y a que les natures délicates et fortes qui sachent ces secrets et puissent les appliquer.

» *Ne veuillez pas tout à la fois, veuillez longtemps.* Comme le soleil qui, après le solstice d'hiver, nous ramenant l'été à travers les frimas, avance toujours et finit par être vainqueur dans l'ensemble, lors même qu'il semble reculer et être vaincu dans le détail, il faut souffrir de paraître vaincu pour mieux triompher... Soyez vous-même. Il faut beaucoup de force pour ne se mouvoir que de son propre mouvement et savoir résister aux entraînements des conseils empressés, ou des conseils passionnés, ce qui se rencontre plus souvent encore.

» Pour le choix des pasteurs, préférez le mérite modeste, après l'avoir constaté par vos propres yeux ; allez chercher le mérite qui se tient caché derrière les autres. Faites de ce dernier le premier. Ecartez délicatement et sans le blesser, le mérite qui se produit et cherche l'attention de ses supérieurs. Celui-ci n'est pas de bon aloi, ou, pour dire mieux, ce mérite n'est pas le mérite, c'est la suffisance et l'ambition. N'écoutez guère les recommandations enthousiastes des dames. Ne les excluez pas non plus systématiquement: elles peuvent mettre sur la voie du vrai mérite, surtout lorsqu'elles sont solidement pieuses et humbles.

» Faites revivre Notre-Seigneur ! Qu'on dise derrière vous : Oh ! c'est Jésus revenu sur la terre et conversant parmi les hommes. Souriez à tous, aux riches et aux pauvres, aux pauvres et aux riches également, ou, si vous y mettez quelque inégalité, qu'elle soit en faveur des petits qui ont plus besoin de cette aumône.

» Que vos mains soient toujours bénissantes comme celles de saint Mélèce, l'aimable évêque d'Antioche, ou de saint François de Sales. Soyez le saint François de Sales de Poitiers.

» Ne pressez pas trop votre marche. Point de lenteur, mais point de précipitation, à moins que le feu ne soit à la maison de quelque âme.

» Gardez votre style élégant, noble, délicat, limpide comme votre pensée. Expliquez surtout le texte divin à la façon des siècles antiques : c'est fécond et varié à l'infini. Ne vous bornez pas aux formes grecques et romaines : c'est une belle partie du beau, mais le beau complet n'est que dans les Livres sacrés. Soyez d'Athènes, soyez de Rome; mais surtout soyez de Jérusalem, soyez biblique.

» Prêchez les fidèles par vous-même, autant que votre santé vous le permettra. Mais prêchez aussi les prêtres ; j'aimerais à vous voir leur prêcher vous-même les retraites. Car, ô mon Dieu, que d'insipides médiocrités se chargent parfois de ce ministère ! Il faut d'ailleurs être *pasteur* soi-même et *père*, pour bien enseigner les pères et les pasteurs.

» Faites comme le soleil : montrez-vous à votre peuple sans vous prodiguer. De temps en temps, mettez quelque voile de vapeur mystérieuse, sans cesser d'être transparente, sur l'astre de votre auguste caractère.

» Je reviens à ce mot qui est le fond de la sainteté pour un évêque : imiter *la bonté* (j'adore ce mot), la bonté et la mansuétude du Fils de Dieu. Passez en faisant le bien, guérissant toute langueur et toute infirmité, évangélisant le royaume de Dieu par les bourgades et les cités, imposant les mains aux petits enfants et souriant saintement aux mères.

» Visitez les hôpitaux, sans compromettre votre frêle santé. Visitez aussi les colombes du Carmel, si vous avez le bonheur d'en posséder, ou celles d'Annecy, et les abeilles ouvrières des établissements d'éducation dirigés par des religieuses. Ouvrez ainsi des rigoles de grâces pour l'irrigation de toutes vos terres.

» Soyez le pasteur modèle, aimé de Dieu, de Marie et des hommes, comme vous l'avez toujours été et le serez de plus en plus de moi jusqu'à la fin, cher Seigneur et fils ».

— Avant de quitter Chartres, l'évêque de Poitiers, prononçant un discours d'adieux dans la chaire de la cathédrale, s'exprimait ainsi :

« Merci à vous mes devanciers, mes modèles dans le sacerdoce, mes collègues dans les saintes fonctions ; vous, avec qui j'ai travaillé en un parfait concert dans la maison de Dieu.

Merci au pasteur bien-aimé de cette paroisse, au

père et à l'ami de ma jeunesse, au guide de mes premiers pas dans le ministère, au conseiller de mes travaux et de mes études, à l'homme dont l'esprit n'est pas moins éminent que le cœur et dont la paternelle affection m'a toujours été si précieuse et si profitable ! »

La lettre pastorale aux poitevins, à l'occasion de la prise de possession, contenait ces lignes à l'adresse de l'église de N.-D. de Chartres :

« Vous enfin, pieuse paroisse, qui fûtes témoin des premiers essais de notre ministère sous la paternelle direction d'un pasteur dont la mémoire nous restera, comme celle de Josias, semblable à une composition de parfums et douce comme un rayon de miel (Eccli, XLIX, 1, 2) ».

Ce que fut l'épiscopat de Mgr Pie dès ses débuts, l'histoire de l'Eglise de France au XIXᵉ siècle, le publiera avec l'expression d'une joie légitime. M. Lecomte voyant ainsi se réaliser ses espérances écrivait à son disciple :

« Cher Seigneur, je pense sans cesse à vous, je vous suis de cœur ; je partage vos fatigues et vos consolations. Vous avez conquis tous les cœurs par votre aménité et votre douceur gracieuse. Tout cela nous revient comme une brise chargée de parfums. J'en bénis le Seigneur dont vous êtes la souriante image, et notre très douce Mère qui vous a fait son saint Luc, son évangéliste et son secrétaire, pour révéler aux hommes les plus aimables mystères de son cœur et du cœur de son divin Fils. »

M. Lecomte ne put goûter longtemps les saintes jouissances qu'il vient de faire deviner. Un an seulement après l'arrivée de Mgr Pie à Poitiers, lui, chargé de mérites et épuisé par la souffrance, partait pour le lieu de la récompense éternelle.

Son illustre disciple le pleurait comme un enfant orphelin pleure son père, et beaucoup de ses pages écrites depuis ont redit l'expression de sa douleur !

CHAPITRE X

RELATIONS DE M. LECOMTE AVEC SES CONFRÈRES

Dans les chapitres précédents, nous avons vu M. Lecomte en présence de la jeunesse et particulièrement de la jeunesse lévitique. Dans celui-ci nous continuerons de dire ses rapports avec le clergé. Nous considérerons ensuite son attitude vis-à-vis des autres classes sociales.

La douce parole multiplie les amis, nous disent les saints Livres ; il en doit être ainsi surtout quand elle s'échappe d'un cœur d'or. Les jeunes abbés que différentes circonstances avaient mis en contact avec M. le Curé durant le cours de leurs études, entraient comme de droit dans le cercle de plus en plus élargi de ses confrères intimes. Il leur marquait sa bienveillance par des services de toutes sortes ; deux lettres tombées entre nos mains nous en ont particulièrement convaincu. L'une nous le montre faisant triompher un jeune prêtre des hésitations auxquelles le poussait sa famille devant une décision épiscopale ; l'autre nous peint ses sollicitudes au sujet d'une installation de desservant à laquelle sa présence ajouta un grand éclat.

Voici un document qui indique un caractère spécial de ses relations avec les membres du clergé. C'est une note que nous trouvons dans l'histoire du Congrès scientifique tenu à Chartres en 1869 : « J'ai dit que M. Lecomte avait fait école à Chartres : outre le disciple principal que je viens de nommer (Monsei-

gneur Pie), je pourrais citer, groupés autour de lui,
une pléiade d'ecclésiastiques dont quelques-uns ont
fourni des travaux d'une certaine importance à la
Société archéologique d'Eure-et-Loir. » Et en effet,
le correspondant à qui l'on doit ces lignes, cite plusieurs noms honorés parmi nous d'une bonne réputation littéraire ou oratoire.

C'est dire assez qu'au presbytère de Notre-Dame
on rencontrait avec les liens de l'affection, l'influence
du talent garanti par la sainteté et, à cause de cela,
toujours utile dans ses communications spontanées :
bonum sui diffusivum. Ce bien produit par la conversation rayonnait souvent bien loin par les correspondances.

Parmi les ecclésiastiques dont la remarquable intelligence se mettait ainsi en contact fréquent avec celle
de M. Lecomte, nous signalerons d'abord M. l'abbé
Carré, l'un de ses successeurs dans la chaire de philosophie au Grand-Séminaire de Chartres. Il aimait à s'é-
clairer par des entretiens intimes et des discussions
calmes auprès du docte pasteur. Il demandait son jugement avant d'embrasser une opinion et de la défendre.
Nous ne prétendons point pourtant que toutes les
thèses de M. Carré, publiées dans les *Annales de philosophie chrétienne* et ailleurs aient été uniquement
l'écho des conversations avec l'archiprêtre ; l'auteur
consultait, mais il restait personnel dans ses idées
et ses écrits. Lorsqu'il mourut, curé-doyen d'Illiers,
en 1872, un bel éloge de sa vie fut prononcé par un
prêtre originaire de son doyenné (1). En le représentant
dans l'enseignement de la philosophie et la prépa-

(1) M. l'abbé Onillon.

ration scientifique de ses élèves au sacerdoce, l'orateur a fait une peinture dont les traits rappellent bien une autre physionomie, celle de l'ancien curé de Notre-Dame :

« Le jeune prêtre, dit-il, est appelé au Grand-Séminaire. Là, de nouveaux horizons s'ouvrent pour cette noble intelligence ; brillant professeur, il saura pénétrer les mystères de la sagesse humaine ; mais toujours c'est dans la lumière surnaturelle qu'il voudra contempler les beautés de la raison ; et quand il faudra redire à ses jeunes disciples les secrets de ces hautes questions, une élocution facile, imagée, sympathique, viendra servir son heureuse conception.

» Mais M. l'abbé Carré était apôtre avant tout. Aux futurs prêtres, le prêtre enseigne, inspire la piété ; pour lui, il faut que la science élève, enflamme ! *spirans amorem* (S. Thom). »

Puis le même discours citait le testament spirituel du défunt, qui déclarait avoir pris pour base de sa conduite un profond dévouement à la sainte Église et une immense confiance en Notre-Seigneur Jésus-Christ, et pour but de ses réflexions et de ses études : *Instaurare omnia in Christo;* Restaurer tout en Jésus-Christ. Ce fut ausi, on s'en souvient, la règle que se proposa Mgr Pie. C'est que le maître commun avait lui-même adopté cette maxime pour loi de sa vie et de son ministère.

— Un autre prêtre, auquel il nous tardait de rendre hommage à l'occasion de la biographie de M. Lecomte, c'est un de ses plus distingués confrères, celui qui le 9 février 1851, installé à son tour comme curé de la cathédrale de Chartres, disait en chaire :

« Que se passe-t-il et que viens-je faire ici ? Je

viens, hélas ! poussé par la loi de l'obéissance, prendre la place du meilleur, du plus tendre, du plus ancien ami que le Ciel m'ait donné ; je viens me substituer à celui que quarante années de l'union la plus intime m'avaient rendu cher, comme David l'était à Jonathas, à celui qui connaissait toutes mes pensées, qui entrait en partage de tous mes projets, sur le sein duquel j'appuyais toute ma vie, et qui, ayant disparu de ce monde, me manque, comme ferait le chien fidèle aux pas de l'aveugle, ou le bras d'une mère chérie à la faiblesse de son enfant. Quoi ! lorsque la houlette tombe tout à coup de sa main défaillante, c'est moi qui la reçois, et il faut que malgré les torrents d'affliction qui m'inondent, je trouve le courage de la porter ! »

L'orateur qui parlait avec cette émotion et ce talent, était M. l'abbé Brière Louis-Jacques, ancien curé de Notre-Dame de Nogent-le-Rotrou, le digne neveu de M. Jacques-Louis Brière, ancien vicaire de Coltainville, qui versa son sang pour la foi en 1794. Il commençait ses fonctions curiales dans l'église de Notre-Dame de Chartres ; il allait gouverner « la paroisse de Marie, qui, honorée, dans ce temple auguste, autant que dans les sanctuaires les plus renommés de l'univers, se plaît à y répandre ses bénédictions par torrents, couvre de son égide la foi de ceux qui le fréquentent, les met à l'abri des malignes influences du siècle, et les marque de je ne sais quel cachet spécial et glorieux, auquel on les reconnaît pour ses enfants et ses serviteurs. »

M. Brière, dont nous venons de citer les paroles, avait, du côté de l'esprit et du cœur, plus d'un point de ressemblance avec son prédécesseur bien-aimé.

En outre, bien que natif de Chartres, il avait fait ses humanités, comme lui, au collège ecclésiastique de Nogent-le-Rotrou ; avec lui, il avait été élève du Grand-Séminaire de Versailles. Il était directeur des études au collège de Chartres, lorsque M. Lecomte arrivait en cette cité comme professeur de philosophie, et leurs relations en devinrent plus faciles et plus fréquentes.

Après son ordination sacerdotale, qui eut lieu le 1er juin 1822, M. Brière fut envoyé à Nogent-le-Rotrou, pour y être vicaire et plus tard curé. Pendant les vingt-huit années de son séjour en cette ville, il entretint avec son ancien condisciple des correspondances continuelles, gage d'une inaltérable affection. A ne considérer que la conformité de leurs vues et la similitude de plusieurs de leurs œuvres les plus importantes, on eût dit que la vie de l'un et celle de l'autre se dirigeaient parallèlement vers Dieu ; comme deux courants presque semblables qui vont dans le même sens à la mer, en fécondant le sol.

— Encore un Nogentais de naissance et d'éducation, qui suivit d'assez près à Versailles et ensuite à Chartres, son cher compatriote Pierre-Alexandre ! Nous voulons parler de M. l'abbé Louis Dallier, ordonné prêtre à Chartres, le 9 juillet 1825, professeur à Saint-Cheron, puis en 1839, curé de Saint-Pierre et, en 1866, curé de la Cathédrale. L'âge et la fatigue le contraignirent à quitter la charge pastorale à la fin de 1883, et il mourut chanoine archidiacre à la fin de 1888.

Humilité, générosité pour les pauvres, souriante amabilité, et par-dessus tout, esprit de prière ; telles étaient les marques principales de cette belle âme aux yeux du clergé et des fidèles.

Ainsi, durant près de douze ans, les paroissiens de Saint-Pierre et de Notre-Dame semblèrent associer dans une commune admiration, M. Dallier et M. Lecomte, comme ces deux pasteurs, qui se comprenaient si bien, avaient associé leurs cœurs dans les efforts du zèle et les encouragements réciproques d'une sainte amitié.

— Mais aux vicaires de Notre-Dame appartenaient les premiers bienfaits de l'influence de M. Lecomte, comme les effusions les plus ordinaires de son cœur affectueux.

Une admirable harmonie de sentiments et de volontés entre eux et lui, donnait à leur commun ministère une grande force collective pour le bien spirituel de la paroisse.

Aux témoignages de déférence que ne lui ménageaient point ses chers collaborateurs, M. le Curé répondait souvent par cet humble avis : Ne me considérez que comme le premier entre des égaux, *primus inter pares*. Puis il cherchait à les mettre en évidence ; il les déléguait à tour de rôle pour la présidence des processions de confrérie ou pour la célébration de la grand'messe. Un abandon aussi facile des droits de préséance ne diminuait d'ailleurs en rien le prestige de l'autorité, et de celle-ci l'archiprêtre savait faire le meilleur usage, surtout en imprimant une direction d'ensemble aux travaux de chacun.

Nommons ici les prêtres qui ont été les collaborateurs de cet archiprêtre au vicariat de la cathédrale ; sur plusieurs d'entre eux nous donnerons plus loin, dans un chapitre spécial, des notices plus développées :

M. l'abbé Gougis Pierre, qui devint, en 1830, curé de Saint-Aignan, à Chartres; il y est décédé en 1857.

M. l'abbé Masson, P. Valentin, de Mantes; il retourna en 1830 au diocèse de Versailles, où il fut curé de Saint-Brice-sous-Forêt, et en 1832, curé de Saint-Leu; il y est mort le 22 janvier 1859, à l'âge de 62 ans et 4 mois.

M. l'abbé Baret, nommé le 2 mars 1822, et décédé au même poste, le 22 octobre 1855.

M. l'abbé Féron, nommé le 9 juillet 1825, et décédé au même poste, le 28 janvier 1866.

M. l'abbé Duval, nommé le 5 juin 1830, et passé de là à Rouen le 8 novembre 1836; mort curé de Sainte-Adresse, au Havre, en 1870.

M. l'abbé Brette, nommé le 19 juin 1833, et devenu professeur à Saint-Cheron, le 1er octobre 1838; il est mort curé de Crécy, en 1845.

M. l'abbé L'Anglois, nommé le 8 novembre 1836; démissionnaire en 1865; décédé le 27 janvier 1881.

M. l'abbé Pie, nommé le 25 mai 1839, et devenu vicaire-général de son évêque, le 4 janvier 1845.

M. l'abbé Bulteau, nommé le 18 mai 1845, et passé à Cambrai, son diocèse natal, le 15 juillet 1850; il y est mort curé de Wambaix, en juin 1882.

M. l'abbé Legendre (J.-B. Benjamin) nommé le 16 juillet 1850, et décédé au même poste le 16 août 1870.

Nous pourrions ajouter à cette liste le nom du chapelain de N.-D du Pilier qui, seul à ce poste pendant près d'un demi-siècle, remplissait très fréquemment certaines fonctions du vicariat. On se souvient de M. l'abbé Lapierre, décédé le 1er février 1864.

M. Lecomte aimait à s'entretenir avec ses vicaires;

et l'on nous a assuré qu'une de ses thèses favorites au milieu d'eux c'était celle de la suprématie pontificale, bien qu'elle ne fût pas encore, comme elle l'a été plus tard, le point culminant de toutes les discussions religieuses. Dès lors, les propositions de l'archiprêtre étaient en accord parfait avec les décisions promulguées depuis au Concile du Vatican. Aussi, après la proclamation dogmatique de 1870, n'avons - nous pas été étonné d'entendre ces paroles sur les lèvres d'un laïque : « Dieu merci ! je n'ai rien à modifier dans mes croyances ; toutes ces choses m'avaient été enseignées dans mon enfance par M. Lecomte. »

L'archiprêtre connaissait la tradition de l'Eglise de Chartres, touchant l'autorité du Souverain Pontife et il y était fidèle. L'histoire locale nous a dit les professions de foi de plusieurs évêques chartrains dans les siècles passés (1); nous y constatons avec joie l'accord dans l'affirmation des prérogatives du Pasteur universel. N'en citons que trois :

Notre saint Yves, dans son Décret, vaste recueil de canons résumant les croyances et la discipline du monde chrétien, s'exprime ainsi : Au Saint-Siège il appartient de juger l'Eglise entière, mais lui ne saurait être soumis à aucun jugement..... Si quelqu'un méprise les dogmes, les prohibitions, etc., promulgués par le Pontife du Siège apostolique, qu'il soit anathème !

En 1528, Louis Guillard est l'un des Pères du Concile de Sens qui mettent en même ligne les décrets des Conciles et des Papes, et se demandent de

_____

(1) Voix N.-D. de Chartres, mai 1870.

quel front les hérétiques oseraient méconnaître ces décrets.

En 1697, Mgr Godet des Marais, à l'occasion du bref pontifical qui condamnait les erreurs de Fénelon, s'écriait dans l'Assemblée de Paris : « Pierre a parlé par la bouche d'Innocent : telle est notre foi. »

Les convictions au presbytère de Notre-Dame, s'appuyaient sur de tels documents et sur bien d'autres. Le vicaire érudit entre tous, qui, sur le siège épiscopal de Poitiers, devait soutenir avec tant de gloire la cause de l'infaillibilité, avait puisé à bonne école la doctrine enseignée maintenant dans toute la chrétienté comme article de Foi.

Un point sur lequel régnèrent quelques divergences dans les idées du clergé paroissial de Notre-Dame de Chartres, de 1840 à 1850, ce fut la question liturgique. Dès cette époque on discutait assez vivement à Chartres sur l'importance de la substitution du bréviaire romain au bréviaire chartrain. M. l'abbé Pie d'abord, et plus tard M. l'abbé Bulteau, furent d'ardents champions dans la lutte en faveur du retour à la liturgie romaine ; généralement leur cause était peu sympathique au clergé de Chartres ; mais M. Lecomte inclinait vers l'opinion défendue déjà avec tant d'ardeur par le futur évêque de Poitiers. Aussi est-ce en toute confiance que le jeune vicaire cherchait à mettre son curé en rapport avec le célèbre abbé de Solesmes, qui contribua le plus à étendre dans toute la France le mouvement liturgique dont nous parlons. M. Pie écrivait en 1841 à Dom Guéranger que son saint curé serait ravi de le voir passer quelques jours à Chartres. « Vous seriez de votre côté, lui dit-il, bien charmé de connaître cet homme de Dieu. C'est une âme de la trempe de mon saint Fulbert, de cette trempe si forte et si douce. Je ne connais point d'esprit si grand et si aimable. La bonne Vierge a choisi pour elle ce trésor. Qu'il aimerait à vous dire toute la sympathie qui l'unit à vous ! » Dom Guéranger répondit à l'invitation en faisant son pèlerinage à Notre-Dame de Chartres, le 16 mars 1841 ; il revint en 1843 pour une cérémonie chartraine.

Ce que M. le Curé répétait surtout à ses vicaires, c'étaient ses principes relatifs au développement de la piété. Il leur demandait entre autres choses de se mettre en garde contre les méthodes trop rigoristes. Le jansénisme que Monseigneur de Ségur appelle le fils aîné de l'enfer, qui a perdu la France et préparé les voies à Voltaire, à Rousseau, à la révolution antichrétienne, a été frappé à mort par les anathèmes de l'Église, on le sait ; toutefois, en plus d'un lieu et longtemps après sa condamnation, on a pu remarquer les traces de son passage dans certaines pratiques et certaines abstentions peu conformes aux tendances et aux besoins d'une religion bien éclairée. Pour garder la juste mesure dans la conduite des âmes, M. le Curé voulait qu'on s'en rapportât au Concile de Trente et aux maximes des Saints. Par là il devait obtenir les résultats que nous sommes, aujourd'hui encore, à même de constater et d'admirer.

Qui donc plus que lui propagea la communion fréquente en rendant aimable tout ce qui touche au culte de Notre-Seigneur ?

Nous avons déjà dit un mot de sa dévotion personnelle au Cœur Sacré du bon Maître. D'accord avec ses collaborateurs, il prit à tâche d'étendre de plus en plus cette dévotion autour de lui. C'était ouvrir plus largement sur les prêtres et les fidèles de la paroisse Notre-Dame les sources de l'amour divin.

Elles sont si belles et si consolantes les promesses faites par Notre-Seigneur à la bienheureuse Marguerite-Marie en faveur des âmes dévouées au culte du Sacré-Cœur !

« Progrès dans la vertu. Elan généreux vers une plus grande perfection. — Certitude d'être plus agréable au Divin Maître. — Moyen d'entrer dans ses intimes faveurs. — Succès dans les œuvres de de zèle et puissance d'action sur les âmes. — Grâces multipliées pour accomplir les devoirs d'état. — Consolation dans les peines. — Protection toute particulière sur les familles. — Enfin la grâce de bien mourir. »

Il y a longtemps que de tels avantages ont été annoncés par la sainte religieuse de Paray-le-Monial, et là, dès 1693, était instituée une confrérie du Sacré-Cœur; mais l'élan de dévotion qui devait en résulter ne se répandit pas au loin avec la rapidité qu'on pouvait attendre; puis les troubles de la fin du dix-huitième siècle l'arrêtèrent. L'association dont nous parlons ayant été rétablie en 1824, la propagande recommença avec zèle.

En 1825, la Confrérie du Sacré-Cœur, canoniquement établie dans la cathédrale de Chartres, était agrégée à l'archiconfrérie romaine du même nom. En 1843, la chapelle de la Visitation de Chartres devint aussi centre de cette archiconfrérie, et c'était grâce au zèle de M. Lecomte, supérieur des Visitandines.

C'est donc, pensons-nous, vers 1825, que l'archiprêtre introduisit la sainte pratique du mois du Sacré-Cœur à la cathédrale, dans la chapelle de ce vocable; de plus, au même lieu, il institua, autorisé par son évêque, un salut mensuel avec amende honorable.

Depuis lors, l'œuvre plus récente de l'Apostolat de la prière a pris racine à son tour en plusieurs églises de la cité; elle offre aussi ses faveurs spirituelles aux paroissiens de Notre-Dame. C'est pour la piété une impulsion de plus, unie à celle qui leur vient de leur association du Sacré-Cœur affiliée à celle de Sainte-Marie de la Paix.

Ils doivent encore au même archiprêtre un autre moyen d'honorer Notre-Seigneur et de répondre à son amour; il établit dans ce but, une association affiliée à l'Archiconfrérie réparatrice des blasphèmes et de la profanation du dimanche. L'ordonnance épiscopale qui l'a autorisée est du 21 février 1848.

Si les vicaires de M. Lecomte le secondaient avec une parfaite unité de vues et d'action dans la propagande des idées chrétiennes et des habitudes sanctifiantes, de son côté il les appuyait fortement au milieu des difficultés de leur ministère. En cas d'attaque, les adversaires du clergé pouvaient s'attendre à voir le pasteur se substituer à ses auxiliaires et parer lui-même aux coups.

Un jour, certaine feuille peu cléricale s'était avisée de lancer des reproches contre un vicaire qui n'avait pas voulu se prêter à une sépulture d'enfant non baptisé. Voilà aussitôt M. le curé l'arme à la main; et l'arme, c'était sa plume ordinairement si douce et si moëlleuse transformée en fine lame pour la défense de la vérité et des droits de l'Eglise. Nous avons découvert une copie de la vigoureuse lettre qui fut insérée dans un journal du temps. C'est un court et substantiel plaidoyer en faveur de la discipline ecclésiastique dont les mesures ne peuvent jamais être taxées d'intolérance, dans l'application hostile du mot. On lira avec intérêt cet écrit :

« L'enfant pour la sépulture duquel on réclamait notre ministère n'étant pas baptisé, Monsieur le vicaire, d'après le règlement diocésain, a dû rester en dehors de cette sépulture. Un soldat n'est jamais accusé d'intolérance pour avoir exécuté sa consigne. Le plus célèbre capitaine des temps modernes, arrêté, la nuit, par une sentinelle, au lieu de s'irriter, applaudit. La flétrissure du grand mot à la mode, n'atteint même pas le magistrat lorsqu'il applique la loi dans le cas le plus douloureux pour le cœur; il ne vient à la pensée de personne de l'appeler intolérant, lorsqu'il prononce la peine de mort.

M. le vicaire eût mérité mon improbation, si, contrairement aux prescriptions de notre commun Chef qui gouverne ce Diocèse, il eût donné la sépulture catholique à cet enfant, sans la condition requise : l'exhibition du certificat de baptême. D'autre part, Monseigneur ne fait, dans les prescriptions à cet égard, qu'appliquer un règlement disciplinaire de l'Église universelle.

Ce n'est ni moi, ni mon vicaire, qui avons été intolérants; nous sommes dans la légalité, nous ne sommes pas dans l'arbitraire. L'arbitraire nous est en horreur, et s'il nous arrivait d'y tomber, ce serait du côté de l'indulgence, jamais du côté de la rigueur. Nous en donnons tous les jours des preuves que les hommes n'enregistrent pas ; qu'importe ! pourvu qu'elles soient écrites là-haut. Mais quand nous restons dans la légalité religieuse et civile, personne n'a le droit de nous accuser d'intolérance. Voyez si ce reproche est fondé. Veuillez m'écouter :

« Cette disposition disciplinaire n'est rien que la loi d'unité ; c'est tout simplement la loi commune du « chacun chez soi », avec de bons procédés pour les voisins, bien entendu. Votre bon sens lui-même admet et votre équité reconnaît le principe de classification, puisque vous trouvez que votre enfant ne devait pas dormir à côté des suppliciés.

» Le cimetière, la nécropole, comme l'appelaient les Anciens, est la ville des morts. Or, dans les villes, il y a distribution régulière; la cité est distribuée en quartiers, les quartiers en rues, les rues en maisons, toujours sous la loi si respectable : chacun chez soi. L'ordre partout; nulle part la confusion. L'ordre fut-il jamais de l'intolérance ? La loi civile elle-même, quant à la police des cimetières, décret impérial du 23 prairial, est parfaitement en harmonie avec la loi ecclésiastique; elle prescrit les compartiments séparés par un mur, une haie ou du moins un fossé, les uns pour les catholiques, les autres pour les cultes dissidents. Nos magistrats, toujours amis de la paix, l'ont reconnu, parfaitement compris.

» Aux yeux de bien des gens, il faut le dire, l'Eglise a toujours tort. Si elle enseigne, elle est intolérante; si elle fait des lois et les applique, elle est intolérante encore. Cependant, affirmer paisiblement, c'est le droit de tous. Si l'Eglise n'a ni le droit d'affirmer, ni le droit de se régir, elle n'est pas une doctrine ni une société. Elle n'est rien du tout. Toute affirmation,

même la plus inoffensive, est intolérante de sa nature,
parce que toute proposition affirmative est indirecte-
ment négative. Quand un homme , en face du soleil,
affirme qu'il est jour; il nie qu'il soit nuit ; quand il
affirme que deux et deux font quatre, il nie qu'ils
fassent cinq. Ces deux propositions affirmatives sont
intolérantes des deux propositions négatives contra-
dictoires. Mais ce n'est pas la funeste et l'odieuse
intolérance de la partialité et de l'arbitraire. C'est
l'heureuse intolérance de l'évidence et du bon sens ,
intolérance nécessaire, conservatrice, bienfaisante :
telle est l'heureuse intolérance de l'Eglise , quand
elle affirme, quand elle croit. Quand j'établis une loi,
quand je rends une ordonnance, quand je fais un règlement dans un intérêt public ou privé, ai-je à re-
douter la grande accusation d'intolérance , dans l'application hostile de ce mot? Oui, encore aux yeux d'un
grand nombre d'hommes, si je suis autorité ecclésiastique; non, si je suis autorité civile et militaire,
autorité naturelle , quelle qu'elle soit. Intolérance !
ce mot vague, indéfini, vaporeux, n'a guère d'application que contre les prêtres. C'est une grêle de
traits de ce genre qui nous viennent d'en haut et
d'en bas.

» Mais que le ciel comble de ses bénédictions ceux
qui nous comblent de cette injure imméritée !

» Il était si facile, dans le cas présent, de donner à
cette pauvre petite créature le droit à la sépulture
parmi les catholiques; c'était de nous l'apporter vivante, ou de nous appeler à son berceau; nous nous
fussions hâtés de la baptiser; le père nourricier, à la
rigueur, pouvait l'ondoyer. Pourquoi cet enfant,
n'ayant pas été fait catholique, aurait-il droit aux pri-

vilèges d'une Église à laquelle les siens ont eu la négligence de ne pas l'incorporer, à notre grand déplaisir ?

» Ne faudra-t-il pas expier la faute d'autrui, que nous déplorons plus que ceux qui l'ont commise !

» Il est une foule de gens, opiniâtres jusqu'au bout, à ne vouloir pas être catholiques de leur vivant, ils ne commencent à l'être que du moment qu'on leur a clos les yeux; leur catholicisme est posthume; il est seulement sous les plis funèbres de leur linceul qui se lève tout à coup, armé des plus exorbitants prétextes, et criant à l'intolérance du prêtre.

» Ah ! de grâce, que le monde nous laisse donc notre antique code de lois, notre rituel catholique, brillant de toute la majesté des âges, en face de la mobilité des législations humaines !

» Qu'on laisse à la milice sacerdotale, la vieille consigne et la vieille bannière ! Quoique le feu de tant de batailles l'ait noircie et déchirée, on peut lire encore sur cette bannière cette sacrée devise : Aimer tendrement les hommes, les aimer quand même; mais ne pas les craindre. Avec un principe tel que celui-là, on ne saurait être intolérant ni lâche. »

CHAPITRE XI.

M. LECOMTE ET Mgr DE MONTALS

Nous venons de voir M. le curé de Notre-Dame, intrépide lutteur vis-à-vis du mal à poursuivre, quoique modèle de bénignité vis-à-vis des personnes. Un tel homme devait avoir une large part à l'amitié d'un évêque que nous avons appelé déjà l'athlète des bons combats.

M. Lecomte avait professé de bonne heure une grande admiration pour Mgr Clausel de Montals. Avant même d'être élevé à la prêtrise, l'habitude de l'enseignement avait pu éveiller son attention sur certains écrits du futur évêque de Chartres. A peine arrivé dans son diocèse, ce Prélat y donna de nouvelles preuves de son savoir et de son éloquence. Il publia des lettres pastorales, et l'on trouvait dans ces lettres « un parfum d'angélique bonté et d'antiquité » qui faisait penser aux Pères de l'Église. Il prêchait, et sa parole, distinguée et puissante, s'inspirait avant tout de l'avertissement que la liturgie sacrée donne à l'Evêque lors de son sacre. « *Sit sermo ejus et prædicatio non in persuasibilibus humanæ sapientiæ verbis, sed in ostensione spiritus et virtutis.* « Que ses entretiens et sa prédication s'inspirent non des habiletés persuasives de la sagesse humaine, mais de l'esprit et de la vertu d'en haut. »

Le premier pasteur du diocèse exhortait les pasteurs secondaires à évangéliser chacun leur bercail, et il donnait l'exemple en évangélisant lui-même le peuple de la ville de Chartres. Faisant personnellement cet office de prédicateur que le concile de Trente appelle « l'office de l'Evêque », il a donné dans la cathédrale des stations entières.

Ces prédications mettaient l'archiprêtre à même de concerter avec le Prélat ses moyens d'action apostolique. Il avait d'ailleurs bien d'autres occasions de l'entretenir. Monseigneur se plut souvent à conférer avec lui sur les graves questions qui agitaient les esprits et faisaient l'objet des polémiques religieuses. Qu'il s'agît de systèmes philosophiques à réfuter comme ceux de Lamennais, de Spinosa et de Cousin, ou de projets de loi menaçants pour l'Eglise à combattre, M. Lecomte, l'ancien professeur, toujours homme de doctrine, pouvait certes, avec une haute compétence, donner son sentiment.

Soit dans sa propre demeure où sa Grandeur venait surprendre de temps en temps le soir une réunion d'amis, soit au palais épiscopal où il eut souvent à discuter même en présence de personnages étrangers, il savait ne point s'écarter des égards dus au vénéré Prélat, et en même temps garder l'indépendance du langage en soutenant l'opinion qu'il croyait la vraie. *Amicus Plato, magis amica veritas.*

L'éminent publiciste, M. Louis Veuillot, fut témoin d'une de ces conversations savantes sur des matières intéressant à la fois l'Église et l'État. Il était venu, à Chartres, offrir ses hommages au Prélat dont les écrits avaient tant d'autorité en France, et sans doute demander ses avis sur la loi d'enseignement alors en projet. Il y eut, ce jour-là, des invitations à la table épiscopale; l'archiprêtre fut l'un des convives. L'entretien ne pouvait manquer d'intérêt à l'occasion des grands débats du Parlement et du journalisme. Les opinions pouvaient se produire avec toutes leurs nuances; l'archiprêtre soutint la sienne avec une érudition et une chaleur dont les commensaux se souvinrent (1). M. Veuillot qui avait jouté avec lui n'oublia point non plus ce combat. Malgré certaines divergences de points de vue, il emporta de son voyage à Chartres une haute estime de M. Lecomte, à en juger par les lignes élogieuses qu'il a consacrées à sa mémoire dans son esquisse sur Mgr Pie (2).

Nous avons dit que la liberté de discussion et par suite quelquefois le choc d'opinions contraires entre l'Evêque et le premier de ses curés n'altéraient ni le respect mutuel ni l'amitié. Les idées ne faisaient point tort aux sentiments du cœur. On a pourtant cité une circonstance où l'archiprêtre ne pouvait guère échapper à une vive peine. Mgr de Montals, le regardant sans doute comme moins bon administrateur des choses temporelles que directeur en spiritualité, profita un jour d'une reconstitution du Conseil de Fabrique pour lui en retirer la présidence. Beaucoup de personnes s'attristèrent d'un tel acte qui, à leurs yeux, était une véritable offense faite à l'archiprêtre. Monseigneur, informé de cette disposition des esprits, revint sur sa décision; ainsi, une fois de plus, se montra-t-il conséquent avec la parole souvent tombée de ses lèvres : « M. Lecomte est la personne que j'aime le mieux au monde. »

(1) MM. les chanoines Olivier-Dengihoul et Germond, secrétaires de l'Évêché, ont souvent rappelé ce fait en notre présence.

(2) Voir l'ouvrage : *Célébrités contemporaines.*

Ce témoignage, nous le retrouvons plus tard sous une forme un peu différente , dans une page précieuse :

En 1850 , un arrêté du Ministre de l'Instruction publique, constituant le Conseil académique d'Eure-et-Loir, désignait pour en faire partie , auprès du Recteur et du Préfet, l'Evêque et M. Lecomte. Ce dernier, après avoir mûrement réfléchi sur les conséquences d'une telle nomination, crut devoir accepter (1).

Il en fut autrement de l'Evêque; on pouvait s'y attendre après ses luttes célèbres contre l'État enseignant.

Voici la lettre écrite par Mᵍʳ Clausel de Montals à M. Bouchitté, recteur d'Académie. Elle est datée du 24 août 1850 :

» Attendu que je ne puis ni ne veux faire partie de l'Université nouvellement constituée par la loi du 15 mai dernier..... en un mot , que je veux rester évêque, uniquement évêque et dégagé de tout autre emploi que la charge très importante et très laborieuse que l'Église m'a confiée.

Attendu d'autre part que M. Lecomte n'a pas les mêmes vues que les miennes, et que je ne dois pas imposer mes convictions aux ecclésiastiques de mon diocèse.

Par ces raisons, j'autorise M. Lecomte, curé de la cathédrale, à remplir la seconde place assignée à un prêtre dans le Conseil académique , et je déclare

_____

(1) Depuis M. Lecomte, deux prêtres seulement ont été titulaires de cette charge : M. Brière, son successeur à la cure de N.-D. et M. le chanoine Pouclée. Le clergé n'est plus représenté au Conseil académique.

qu'il n'a pas lieu de craindre par là de perdre les sentiments d'affection que je lui ai marqués jusqu'à ce jour, ni d'être privé de mon estime et de ma confiance.

CL.-HIPPOLYTE,

Évêque de Chartres.

Voilà donc entre ces deux hommes supérieurs une différence d'attitude devant des questions très délicates. Ils obéissaient, chacun à leur point de vue, et aussi à la tendance de leur caractère. Qu'importe cette dissemblance de traits dans ces grandes physionomies éclairées par un haut talent et une haute vertu ? Quiconque avait vu habituellement, dans la même insigne église ou au palais épiscopal, le Pontife et l'archiprêtre, usant de relations constantes pour des œuvres communes, les unissait, pour toujours dans ses sympathies.

Chez Mgr Pie, ce fut plus que des sympathies, ce fut un profond attachement à l'un et à l'autre, comme il sut bien le dire, le 8 janvier 1857, dans son éloge funèbre de Mgr de Montals ! Reproduisons ses paroles :

« Pour moi, M. F., il est deux souvenirs qui resteront éternellement présents à mon âme : le souvenir du Pontife qui gouverna ce diocèse pendant trente ans, et le souvenir du prêtre qui déclina l'honneur de l'épiscopat et gouverna près de trente ans cette paroisse. Grands et aimables dans leur vie, ils ne seront point séparés dans mon cœur après leur mort. L'un qui nous retraçait le visage, le talent et la force des Athanase, des Thomas de Cantorbéry, et des Bossuet; l'autre à qui les paroles fleurissaient sur les lèvres, et qui exhalait le parfum des Ambroise, des Bernard et des François de Sales. Ces illustres d'Israël, illustres sans doute à des degrés différents, nous les pleurerons toute notre vie. Jamais le glaive puissant de Saül, dirigé contre les ennemis de la vérité, n'a été dirigé en vain, et la flèche que son fils Jonathas lançait avec tant d'adresse dans les cœurs n'est jamais revenue en arrière : *Sagitta Jonathæ nunquam rediit retrorsum et gladius non est reversus inanis.* Nous avons été l'enfant béni, puis l'humble collaborateur de l'un et de l'autre, du prêtre et du Pontife; et nous le disons avec l'assurance de n'être pas entraîné trop loin par notre affection : Si splendide et si grande que soit cette basilique, elle a, de notre temps, abrité sous ses voûtes des splendeurs intellectuelles et des grandeurs vivantes assorties à ses proportions. »

Ce passage de l'oraison funèbre n'est-il pas une belle réponse aux éloges que le vieil évêque avait fait lui-même de son jeune vicaire général. Voyez comme il en parlait aux amis.

Jadis, parmi des papiers absolument délaissés, nous avons eu le bonheur de trouver un autographe de Mgr Clausel de Montals et nous l'avons reproduit dans la *Voix* en juin 1880. C'est une lettre adressée par le Prélat vénérable à un ami de Mgr Pie; elle était dirigée vers un point du diocèse que le nouvel évêque de Poitiers venait de visiter après son sacre.

« Mon cher Monsieur,

» J'ai la tête fatiguée par la lecture que j'ai faite de l'horrible et impie métaphysique de quelque universitaire. Cependant, je ne puis m'empêcher de répondre sur-le-champ à l'aimable et touchante relation

que vous m'avez faite des derniers moments de
Mgr Pie sur une terre mouillée des pleurs que cause
son départ. C'est un prélat accompli. J'ai été à portée
de le connaître à fond , comme vous pensez. Il a
quelques imperfections, mais je n'ai jamais connu
d'homme qui en eût moins que lui. Talent supérieur
et charmant, vertu sincère et profonde, commerce
qui ne connaît point d'inégalités et qui est plein de
bienveillance et de charmes. Que peut-on ajouter à
ces qualités ? Aussi il captive tous les suffrages, il
fait la conquête de tout ce qui l'approche, il enlève
tous les cœurs. Et vous qui n'êtes pas encore bien
avancé en âge, vous ne trouverez pas mauvais que
j'ajoute que la jeunesse de Mgr Pie donne à son esprit et à ses vertus un lustre que rien ne peut remplacer.

» Le Poitou va donc s'enrichir de notre perte. Elle
est immense, par trois raisons. Premièrement, par
les sermons très beaux et très touchants que le prélat qui nous abandonne prêchait assez fréquemment,
soit dans les villes, soit dans les campagnes, où on
l'écoutait avec ravissement. Secondement, par le
plaisir infini que trouvaient toutes les familles de la
société à confier à sa direction les jeunes gens et les
jeunes personnes qui lui appartenaient. Il en faisait,
cela va sans dire, des chrétiens parfaits, de jeunes
âmes enflammées de l'amour de Dieu, en un mot des
perfections; et ce qu'il y a de plus important peut-
être, c'est l'attrait presque invincible qui détermi-
nait les parents à partager avec leurs enfants les paroles claires, pénétrantes, pleines d'onction qu'il
adressait à ces derniers. Troisièmement, personne
ne pouvait douter de ses grands talents, et par là il

honorait la religion, ce qui est capital dans ce siècle
où quantité de gens disent, par l'effet de leurs préju-
gés, que les disciples de la religion sont des imbé-
ciles. Mgr Pie fermait la bouche sur ce point, à ceux
qui n'allaient pas l'entendre mais qui ne pouvaient
ignorer l'éloge qu'on faisait de toute part autour
d'eux de l'éloquence douce, insinuante et en même
temps pleine d'érudition et de raison de ce saint et
charmant prédicateur.

» Quant à l'administration diocésaine, je le dispen-
sais de s'en occuper (1). Je lui laissais faire tranquil-
lement ses discours et voir le monde qu'il convertis-
sait ou du moins qu'il réconciliait plus ou moins avec
la religion, par ses entretiens et par les instructions
particulières qu'il faisait çà et là pour les petites filles
dont je vous ai parlé.....

(Ici, Monseigneur de Montals rappelle une anecdote qui concerne le prêtre auquel il écrit, et qui se
rapporte au temps ou celui-ci était professeur avec
M. Pie, au Petit-Séminaire; puis Sa Grandeur continue) :

» Quant au jeune abbé Pie, je le plaçai à Saint-Sulpice, savante école dont je prévoyais qu'il rapporte-
rait beaucoup de vertu et de savoir. C'est là qu'il a
cultivé son talent, qu'il a étendu ses idées, qu'il a
pris ces manières charmantes dont tout le monde
sent l'impression, enfin qu'il s'est ouvert de loin la

____

(1) Nous avons remarqué sans étonnement cette déclaration tombée
sous la plume de Monseigneur. On sait, en effet, dans le clergé,
qu'à cette époque l'administration diocésaine incombait pour la
plus grande part à M. l'abbé SUREAU, premier grand vicaire, supérieur général des Sœurs de Saint-Paul. Sa haute intelligence et son
énergique autorité ont rendu d'immenses services au diocèse. Il est
mort en 1855 à 57 ans.

carrière où il fera tant de bien, où il sera l'ornement de
l'Église et où il opposera à l'impiété du jour un adversaire illustre pourvu de tous les moyens de la ter-
rasser et de triompher de ses sophismes et de ses
noirs desseins.

† C.-H., Évêque de Chartres.

Chartres, le 7 décembre 1849. »

Mgr Pie, son discours rappelé tout à l'heure nous
le déclare, vivait dans un doux et continuel souvenir
de son ancien évêque et de son ancien curé. Et nous,
nous aimons à les associer tous trois dans notre pensée.
C'est le motif qui nous a fait copier ici et rapprocher
l'un de l'autre les deux documents ci-dessus. Que
de fois, au sanctuaire de Notre-Dame de Chartres,
ranimant dans notre esprit les images du passé, nous
nous sommes représenté le Pontife et les deux prêtres honorant ensemble Marie : Mgr Clausel, passant
en oraison sa demi-heure du samedi devant la Madone du Pilier, selon le vœu datant de son sacre ;
M. Lecomte priant et faisant brûler son cierge pour
quelque âme à guérir; M. Pie glissant dans l'ombre
du côté de la crypte pour aller s'y prosterner dans
la poussière et demander au ciel, à l'exemple de l'archiprêtre, la restauration de ces chapelles si triste-
ment abandonnées.

Les fréquents rapports avec Mgr de Montals atti-
raient de temps à autre à l'archiprêtre un surcroît de
considération qu'il était loin de rechercher. Voici une
aventure qui embarrassa singulièrement son humilité.

En revenant d'une communauté, il rencontra un
voyageur qui demandait à être dirigé vers le palais
épiscopal ; c'était un évêque. M. le Curé s'offre

comme cicérone. En chemin la conversation tombe naturellement sur des faits d'histoire locale. « Il paraît, dit l'aimable étranger, que vous avez ici pour curé de cathédrale un prêtre fort distingué, à qui l'on a offert l'épiscopat. » C'était vrai; nous avons expliqué plus haut comment M. Lecomte avait refusé successivement les évêchés du Puy, de Clermont et de Séez. Mais le respectable voyageur n'avait pu prévoir l'effet de sa parole qui jaillissait au visage du guide comme un encens peu désiré. L'archiprêtre s'en tira en homme spirituel, sans compromettre son secret, et tourna habilement l'entretien sur une autre matière. On arrive ainsi au palais, où la réception est des plus gracieuses. À peine entré en conversation, Mgr de Montals questionne le prélat visiteur sur différents cas d'administration ou de polémique. « Et M. le curé de la cathédrale, qu'en pense-t-il ? » dit tout à coup l'hôte auguste en se tournant vers M. Lecomte, qu'on avait prié de rester durant l'entrevue. Quelle ne fut pas la surprise de l'étranger ! La dénomination inattendue lui révélait à qui il avait eu à faire le long de sa route; il admira d'autant plus les réponses faciles et sages de son introducteur; puis il allait lui multiplier ses excuses et ses remerciements quand il le vit s'esquiver avec politesse et promptitude, dans la crainte sans doute d'un nouveau jet d'encens pourtant bien mérité.

M. le Curé disait plus tard aux enfants de l'un de ses ouvroirs : «On gagne de l'esprit en se frottant à Monseigneur; on gagne des infirmités à fréquenter votre pauvre père. » C'était l'édification et la force de la vertu que l'on trouvait auprès de ce père qui s'ignorait lui-même ; le trait raconté tout à l'heure prouve que l'esprit n'y manquait pas non plus, et un esprit portant le cachet du vrai mérite, c'est-à-dire accompagné de la modestie.

Il ne faudrait pas croire que cette modestie dégénérât en pusillanimité. Comblé des témoignages de la confiance épiscopale : curé-archiprêtre de Notre-Dame, vicaire-général de Chartres et plus tard de Poitiers, chanoine théologal, supérieur du monastère de la Visitation à partir de 1841, et redisons-le, pour être complet, membre du Conseil académique d'Eure-et-Loir, M. Lecomte semblait moins préoccupé de ses dignités que des devoirs par elles indiqués. Dans une lettre familière datée du 2 octobre 1848; il écrivait : « Il est vraiment bien question de nous, et de tous les microscopiques intérêts de notre amour *mal-propre !* Dieu ! Dieu ! puis le salut du prochain, à la bonne heure ! Voilà qui mérite d'occuper une âme noble, généreuse et chrétienne ! »

CHAPITRE XII

RELATIONS DE M. LECOMTE AVEC LES RICHES

Nous avons dit les titres que M. Lecomte tenait de ses fonctions et de ses aptitudes. Ces titres étaient peut-être un sauf-conduit fort utile pour pénétrer en certaines maisons, où des mondains ne mesurent à un visiteur leur concession d'estime que d'après l'éclat de ses charges honorifiques. Nous l'ignorons. Mais ce que nous savons, c'est que dans les familles de grands qu'il fréquentait le plus, les sentiments chrétiens régnaient assez pour que sa seule qualité de pasteur lui valût un cordial accueil.

La plupart d'entre elles n'ont plus de représentants à Chartres; mais leur souvenir y reste. Les de Coussay, de la Rochejaquelein, de Mauny, de Gogué, de Cacqueray, etc., (1) traitaient M. le Curé de Notre-Dame en saint prêtre et en ami vénéré. L'affection était réciproque.

Aussi, en 1849, lorsque M. le comte du Temple de Rougemont termina sa belle carrière par une fin chrétienne comme sa vie, M. Lecomte, parlant sur sa tombe devant les personnages les plus notables de notre cité, terminait son discours en des termes qui

____

(1) Citons encore d'autres noms également chers à M. Lecomte et disparus, comme ceux-ci, de la cité chartraine, où ils étaient grandement en relief pour toutes les bonnes œuvres : Paporet d'Avelon, Castillon de Saint-Victor, de Coubré-Saint-Loup, de Bruleux, de Crévecœur, de Verdun, de Boisvillette, de la Varenne, de Bernard, de la Cressonnière, de Villiers, de Beaulieu, d'Agoult, d'Arsigny.

empruntaient une force particulière à sa situation exceptionnelle : « Imitez, Messieurs, de si nobles et de si saints exemples... C'est mon cœur d'ami et de pasteur, tendrement intéressé au bonheur d'ici-bas, quoique si fugitif, plus vivement intéressé sans doute à votre bonheur pour les siècles des siècles ; oui, Messieurs, c'est mon cœur de pasteur et d'ami qui a placé sur mes lèvres ces courtes paroles. Que Dieu les bénisse !... »

Dans ses rapports avec les familles avantagées des biens de la fortune, le pasteur agissait avec une pureté d'intention que révèle ce conseil adressé par lui, à l'un de ses vicaires :

« Allons aux gens aisés avec un esprit libre et grand. Pourquoi exclure les riches et leur être farouches ? Toutes les conditions sont de Dieu. Une âme préparée par une honnête éducation présente communément plus d'éléments de bien. Dieu ne peut que bénir ces aimables condescendances. Cette chère nature humaine qu'un Dieu a aimée si merveilleusement doit attendrir notre cœur, quelque part qu'elle se trouve ; et nous devons lui montrer partout un visage engageant. Le contraire serait la perte d'un grand nombre d'amis. »

En lui certes tout était engageant : manières, langage, vertu. De là une influence efficace sur beaucoup de personnes. Sa direction ou sa douce impulsion les amena à multiplier leurs aumônes, surtout pour la maison de Dieu.

Dociles aux conseils du pasteur, plusieurs paroissiennes recueillaient et confectionnaient des objets nécessaires au culte. Elles préludaient ainsi à l'organisation de l'Œuvre actuelle des Tabernacles, si bien dirigée et si utile. La pieuse baronne de Coussay, qui s'enfermait avec d'autres dames pour *comploter*, c'était son mot, en faveur des malheureux, étendait sa sollicitude aux églises, et c'est surtout de ce travail commun que M. Lecomte pouvait transmettre le fruit aux curés solliciteurs.

Un prêtre qui a été de ce nombre nous a raconté comment, un jour, il se trouva bien d'un pareil présent. Lors de son installation (1845), il avait été fort chagrin de trouver une sacristie dépourvue d'effets autant qu'une hutte champêtre. Enhardi par la nécessité, il s'était décidé à repartir pour Chartres et à se rendre chez l'archiprêtre. Son voyage à la ville fut heureux ; il en revint presque riche. Sa joie n'eut d'égale que la stupéfaction du sacristain, à l'aspect de tant de beaux linges désormais confiés aux planches vermoulues de l'armoire antique.

Dans un ouvrage très important, publié à notre époque (1), nous lisons qu'aucun siècle, depuis la construction de la cathédrale de Chartres, n'a plus enrichi ce sanctuaire de Marie que le XIXe siècle. L'un des prodiges contemporains enfantés par la dévotion à Notre-Dame de Chartres serait, d'après ce livre, le grand nombre de dons pour l'ornementation des autels et des chapelles. Or cet élan de générosité, inspirée par la divine Providence, et assurément toujours nécessaire, se faisait déjà remarquer, il y a une soixantaine d'années.

Serait-ce entrer dans des détails puérils que de signaler quelques-uns des présents encouragés par

(1) Monographie de la cathédrale de Chartres, par M. l'abbé Bulteau et M. le chanoine Brou, 2e édition.

M. Lecomte et ses vicaires ? Nous ne le croyons pas.

Il n'y a rien de petit dans les choses qui contribuent à la gloire du Seigneur, en rehaussant la beauté du culte.

Le riche coffret qui, en 1849, remplaça celui de Mgr de Lubersac au reliquaire du Voile de Notre-Dame ; le dais majestueux tant admiré aux processions eucharistiques ; la bannière et l'exposition pour le Saint-Sacrement, sont autant d'objets précieux qui, avec des restaurations de sanctuaires, rappellent particulièrement une donatrice insigne : Mlle de Byss. — Le magnifique et immense tapis, inauguré au chœur le 15 août 1847, a été confectionné et offert par une réunion de dames que présidait Mme de La Rochejaquelein, donatrice elle-même de vases sacrés très riches et de beaux encensoirs.

La chapelle de N.-D. des Sept-Douleurs, érigée en 1837, doit aussi ses décors à quelques paroissiens : M. Dubucquoy de Dottignies, Mme Bouton et d'autres. Celle du Calvaire, établie en 1830, pour recevoir la la Croix de Mission de 1826, a été décorée par le chanoine de Meaussé.

La nécessité pour le clergé paroissial de Notre-Dame de faire appel aux offrandes, fut-elle jamais aussi pressante qu'après le terrible événement du 4 juin 1836 ? Voici quelques lignes écrites par M. Lecomte, le 26 juillet de cette année, à Mme Mélin qui résidait à Paris : « Votre chère lettre ne m'a été remise qu'un peu tard et encore au milieu des travaux de première communion, et d'une quête entreprise pour notre pauvre cathédrale. Le Bon Dieu m'a assisté dans ce grand désastre. Je n'ai été ni trop effrayé ni trop fatigué. »

9.

Quel était ce désastre ? L'incendie de la cathédrale de Chartres. Événement bien des fois raconté dans les annales de notre pays, mais dont le narrateur le plus émouvant, à notre avis, fut le vénérable vieillard qui gouvernait alors le diocèse, Mgr Clausel de Montals. On relit avec intérêt son mandement du 24 juin 1836 et celui du 5 octobre 1840, parlant de cette catastrophe. Nous citerons un passage du dernier.

« Représentez-vous, dit-il, une scène de désolation dont on a vu bien peu d'exemples : toute la partie supérieure de notre temple changée en une fournaise immense ; tous ces appuis arrangés avec un admirable artifice et dont la multitude aussi bien que la matière justifiaient le nom de *forêt* qu'on avait coutume de leur donner, s'affaissant silencieusement sur les voûtes brûlantes ; des tourbillons de feu s'élançant jusqu'aux cieux ; les métaux fondus formant des ruisseaux, je dirais presque des torrents embrasés qui se précipitaient par toutes les issues sur les flancs ou dans l'intérieur de l'édifice. Tout le monde s'écrie avec des sanglots et un effroi inexprimables, que tout est perdu, que l'un des plus beaux temples du monde va périr, qu'il ne sera dans quelques instants qu'un monceau de cendres. Vaines terreurs, N. T. C. F., la Reine des Anges est accourue. Elle prescrit aussi à ce déluge de feu une borne qu'il ne peut franchir. Elle le contient, le resserre dans ces limites et lui ôte toutes ses suites les plus funestes. Qui le croirait ? Quelques lignes presque au-dessous du foyer de l'incendie, les sculptures, les statues, les ornements les plus délicats sont respectés par les flammes ; ces verres antiques et fameux qui éclairent et embellissent tout à la fois notre église, sont épargnés ; il n'est pas donné au feu, qui les menace de si près, de les atteindre et de les dissoudre ; et même on ne voit pas un seul de ces ouvrages merveilleux de nos pères, dont les ravissantes couleurs soient altérées ou obscurcies. Tandis qu'un vent impétueux envoie au loin une pluie d'étincelles ardentes et qu'on tremble pour la ville entière, aucune maison n'est incendiée, pas même endommagée ; les dangers inséparables des secours, mille traits d'un courage intrépide ne coûtent la vie à personne, ne donnent lieu à aucun accident. »

La nouvelle de l'incendie de la cathédrale de Chartres, venant surprendre M. l'abbé Pie, au séminaire d'Issy, où il était alors élève de philosophie, le jeta dans une telle consternation, que l'on craignit pour lui une rechute de maladie. Il faut dire aussi que la rumeur publique, exagérant encore les proportions du désastre, disait au loin que notre basilique était en cendres. Le séminariste écrivit, d'après cette donnée, à M. Lecomte qui le rassura en ces termes.

« Eh bien ! vous avez donc su nos malheurs, mon cher ami ! Mais il y a eu dans tout cela une protection sensible de la très sainte Vierge. Nous pouvions, nous devions être tous embrasés. Il faut voir du haut des combles les ravages et toute la portée du mal ! Les parties essentielles et les plus précieuses sont sauvées ; le mal est réparable, grâce à Dieu : *Misericordiæ Domini quia non sumus consumpti.* »

Des détails fort curieux sont donnés par cette lettre sur la préservation merveilleuse des sauveteurs. « N'y a-t-il pas du prodige, se demandait le saint homme, quand, parmi plusieurs milliers d'hommes qui travaillaient dans un déluge de feu, sous les flots du plomb qui coulait comme une lave, personne n'a péri, personne, que je sache, n'a même été blessé ? Nous devons bien des actions de grâces à la très sainte Vierge, n'est-ce pas ? Comme nous l'a dit M. le Ministre, sur le lieu même du désastre, la Providence a fait un premier miracle ; et elle nous en prépare un second dans les moyens qu'elle dispose pour remédier au mal. M. le Préfet lui-même, qui a été admirable et *tout catholique* en cette circonstance, a mis le mot de miracle dans sa proclamation après notre délivrance. »

Lorsque l'incendie fut complètement éteint, on s'empressa de remettre tout en ordre dans l'enceinte sacrée. Les objets d'art et autres qui avaient été déposés au séminaire et à la communauté des Sœurs de Saint-Paul rentrèrent à la cathédrale. La Madone du Pilier qui avait été emportée au Séminaire par des soldats, fut installée de nouveau sur sa colonne d'où elle ne devait redescendre que dix-neuf ans plus tard, pour la solennité de son couronnement au nom du Souverain Pontife, en 1855. Mais cet arrangement des choses qui succédait au bouleversement du 4 juin n'était qu'une très petite préoccupation en comparaison de l'œuvre qui s'imposait d'urgence. Il fallait chercher des ressources pour la restauration immédiate de l'édifice. Le gouvernement se montrait prompt et large dans ses secours ; la ville et le pays chartrain étaient appelés à donner également les leurs au plus vite. L'Évêque excitait ses diocésains à la générosité en leur rappelant ce qu'avaient fait leurs ancêtres pour édifier et embellir l'admirable basilique de Notre-Dame de Chartres :

« Combien cette maison du Seigneur doit-elle être chère aux habitants de la région que dominent au loin ses tours élancées vers les cieux ! Si leurs regards ne rencontraient plus cette décoration incomparable des lieux qui les ont vus naître, ne seraient-ils pas comme transportés dans une terre d'exil ? Oui, leur patrie aurait perdu pour eux ses charmes en perdant sa principale gloire. Le pays chartrain serait toujours une contrée riche et fertile, mais cependant ce serait un autre pays, et son nom dépouillé en grande partie de son lustre, ne remplirait plus l'idée qu'il a réveillée jusqu'à nos jours. Cette perspective ne doit-elle pas remuer les sentiments les plus secrets et les plus chers des fidèles qui nous entourent ?... »

Les prêtres répétèrent avec bonheur ces accents éloquents de leur chef vénéré. M. le Curé de la cathédrale fut un des plus empressés à rendre efficace cette demande d'aumônes. L'Evêque s'engageait pour dix mille francs, et le Chapitre se dessaisissait d'une propriété pour donner vingt-cinq mille francs. Comment les fidèles n'auraient-ils pas été entraînés par un si bel exemple ? Nous avons vu plus haut que M. le Curé de Notre-Dame considérait cette affaire des collectes comme un souci de plus ajouté à ceux de son ministère.

Il eut à s'en occuper plus activement encore, ce semble, lorsque la lettre épiscopale du 19 octobre 1837 annonça que le clocher neuf allait être réparé dans un intervalle assez court et qu'il devait être pourvu de cloches nouvelles. Monseigneur invitant ses diocésains à donner pour les cloches, disait :

» Tant que cet airain sacré retentira dans les airs, leurs noms, dont il aura reçu l'empreinte, seront honorés et bénis dans l'assemblée des Fidèles ; eux et leur famille participeront aux fruits des prières que ce signal annoncera d'âge en âge, et la durée de leur mémoire aura pour garant celle d'un monument célèbre qui portera à jamais le témoignage éclatant de leur générosité et de leur zèle. »

Et cette invitation encore trouva bon accueil en mainte paroisse, et particulièrement dans celle de Notre-Dame de Chartres. Aussi vit-on en 1840 et en 1845, dans la cathédrale, de superbes cérémonies pour la bénédiction de cloches.

Le nom de M. Lecomte est gravé sur le bourdon, la cloche Marie, à côté de ceux du parrain, M. de Montmorency et de la marraine, Mme de Saint-Aignan ; puis sur la cloche Anne, à côté de ceux du parrain, M. le duc de Noailles et de la marraine, Mme de la Rochejaquelein (1).

Le souvenir de pieuses générosités se rattache encore à une œuvre importante dont Chartres jouit depuis longtemps : le relèvement de la chapelle de Notre-Dame de la Brèche.

C'est M. l'abbé Baret, premier vicaire de la cathé-

______

(1) A l'occasion de la cérémonie de bénédiction du 9 septembre 1840, M. Pie fit paraître sur l'ancienne sonnerie une monographie savante où se déroulait le souvenir des principaux faits de l'histoire locale et le tableau des plus gracieuses imaginations du génie de la foi. Depuis Mathilde d'Angleterre donnant des cloches à Yves de Chartres jusqu'à Henri IV faisant taire son canon devant la ville assiégée, un jour de fête de Marie, pour écouter le bourdon de la cathédrale, les cloches vivent, parlent et chantent dans ce petit écrit. On ne saurait réunir, dit Mgr Baunard, plus d'érudition, d'onction et de poésie que l'écrivain n'en a mises dans cette trentaine de pages.

drale, qui sut trouver pour cette restauration les fonds nécessaires, en commençant par y mettre des siens ; il acheta la propriété, activa les travaux et fut le premier chapelain du nouvel oratoire, dont M. Pie fut l'historien. M. Lecomte présidait au mouvement des esprits qui favorisaient cette œuvre. Sa parole entretenait le feu sacré ; elle fut ardente et onctueuse à la fois, quand il posa la première pierre, le 7 avril 1843 ; et au jour plus solennel encore, où il fit la bénédiction solennelle du monument achevé (1). C'était le 21 novembre 1843 ; on apportait processionnellement à la chapelle la statue antique de Notre-Dame de la Brèche ou de la Victoire.

Le 15 mars 1844, était reprise une vieille et précieuse coutume d'avant la Révolution. Une belle procession de la cathédrale à ce petit sanctuaire de la basse ville, rappelait le fait dont il est le témoignage commémoratif, savoir : la délivrance miraculeuse de la ville de Chartres assiégée par les Huguenots en 1568. La tradition populaire sur ce fait est bien connue : une statue de la Sainte Vierge surmontant la porte Drouaise, restée seule debout sur une brèche de trente pieds de long, avait, quinze heures durant, tenu en respect les assaillants, recevant les balles et les boulets dans un pan de son manteau, si bien que le siège fut levé et la ville délivrée.

Un professeur de l'Institution Notre-Dame de Chartres, M. l'abbé Foucault, devenu, en 1893,

---

(1) La cloche fut bénite à la cathédrale, par M. le Curé, le 13 octobre et portée à la chapelle le même jour. Le parrain était M. Ernest-Ambroise-Jean Lenoir et la marraine Mlle Marie-Joséphine Hervet.

l'évêque de Saint-Dié, a célébré le prodige de la
Brèche dans un joli cantique dont voici un extrait :

> Fiers ennemis, vomissez la mitraille ;
> De mille assauts fatiguez nos vieux forts :
> Marie est là, qui garde la muraille,
> Et de nos preux ranime les efforts.
>
> Le plomb mortel, dans sa course homicide,
> Sur nos guerriers éclate en mugissant ;
> Marie est là : l'obus au vol rapide
> Sur ses genoux, vient tomber impuissant.
>
> Vingt fois l'enfer, sur le rempart qui croule,
> A ramené ses dociles soldats ;
> Marie est là, dont la main les refoule :
> Fuyez, maudits, fuyez, on n'entre pas !
>
> Dans la cité, les hymnes de louanges,
> Les cris d'amour font retentir les airs ;
> Marie est là, qui, sur l'aile des anges,
> Remonte aux Cieux parmi les saints concerts.

Un autre poète avait composé, au XVIIe siècle,
une cantate sur le même événement. En s'adressant
aux chartrains, il disait :

> Le Ciel a pris votre défense,
> De vos cruels vainqueurs, il arrête le cours ;
> Admirez un si prompt secours.
> Il surpasse votre espérance.
> Peuples, célébrez en tous lieux,
> Qu'en ce jour la Reine des Cieux,
> Des méchants punit l'insolence.
> Ainsi qu'on voit des vents les bruyants tourbillons
> Faire en nos champs voler la poudre,
> De son juste courroux, l'inévitable foudre
> Dissipe en un moment leurs nombreux bataillons.

(De l'Imprimerie d'Estienne Massot, 1694).

La cérémonie de 1844 à la Brèche eut pour officiant
Mgr de Forbin-Janson, évêque de Nancy et de Toul,
un saint prélat, un apôtre. L'archiprêtre fut heureux
de procurer à ses paroissiens le bienfait de sa parole
épiscopale. Mgr de Forbin-Janson prêcha à la cathédrale, le dimanche suivant, en faveur de l'Œuvre de la
Sainte-Enfance qu'il instituait alors et qu'il propa-
geait avec un zèle extraordinaire à travers la France.

— Les dons de la charité, sur lesquels nous avons insisté jusqu'ici, sont ceux que l'on destinait à la maison de Dieu. Ce n'est point changer de sujet que d'ajouter quelques mots sur les dons pour les novices du sanctuaire.

Au premier rang des ferventes chrétiennes qui répondaient le mieux aux désirs de M. Lecomte par leurs largesses en faveur des vocations ecclésiastiques, nommons Mme André qui a été finir ses jours à Versailles, Mmes Jolly-Deshayes et de Villiers, et, avant elles, Mlle Mariette, déjà nommée dans le cours du présent ouvrage, décédée, le 2 décembre 1837, dans un âge très avancé. Elle avait donné beaucoup pour la restauration du grand et du petit séminaires. M. l'abbé Pie, séminariste pour l'éducation de qui elle avait tant fait, la pleura et composa son épitaphe. Elle y est qualifiée de « mère des pauvres et des lévites ; méritant bien de l'Église de Chartres reconnaissante. »

N'était-ce pas aussi une des coopératrices aux œuvres pies de M. le Curé, que Mme D... Elle reçut en des jours de grande peine, les lignes suivantes :

« 22 Juin 1823.

» Il y a bien longtemps que je vous dois ce petit mot de consolation. Je suis un pauvre esclave qui ne fais rien de ce que je veux.

» Votre grande douleur m'excusera. Pourtant il n'est pas juste que ce retard à payer mes dettes demeure sans réparation, sans dédommagement. Jeudi prochain, je dirai la messe pour vous, en l'honneur des saintes douleurs de la très douce et très sensible Mère de Dieu. J'ai de grandes raisons d'honorer les saintes douleurs de ce cœur maternel ; et je sais, hélas ! que vous êtes dans une position qui rappelle et inspire cette dévotion. Oh ! le Seigneur dont vous êtes l'élue n'a pas manqué de vous imprimer sa marque et dans le corps et dans l'âme et surtout au cœur. Oh ! que vous me semblez surtout par le cœur, vulnérable à la douleur, ma pauvre dame ! C'est aussi le martyre du cœur que cette divine Mère a ressenti. Que ne puis-je vous apporter quelque consolation ! et, s'il ne m'est pas donné de vous décharger de votre grande croix, que ne puis-je y mettre l'onction du moins ! Que notre bien doux Sauveur bénisse votre cher petit enfant que j'embrasse dans la sainte cordialité de ce même Sauveur ! Mille saintes consolations et bénédictions à vous-même, ma bonne et très chère dame !

» Votre très dévoué serviteur dans le Divin Cœur.

» A. LECOMTE. »

CHAPITRE XIII

M. LECOMTE ET LES PAUVRES

Le vertueux curé, si étroitement lié avec ses paroissiens de haute classe, n'en était pas moins cher à ceux des classes inférieures, parce que lui-même était animé d'une sainte dilection pour tous, appliquant dans sa propre conduite le conseil qu'il donnait un jour à un prêtre récemment ordonné : « Vous aimerez tous vos frères, mon jeune et cher ami, tous : les grands et les petits ; rejeter les uns ou les autres, c'est un fâcheux esprit de système ou une pensée diabolique. »

Trait d'union entre les riches et les pauvres, il faisait bénéficier ceux-ci des bonnes dispositions de ceux-là. Les aumônes arrivaient à ses mains sacerdotales pour subvenir à une foule de misères ; mais comme les affluents d'un réservoir qui laisserait s'échapper à mesure mille filets d'eau sur les terres voisines, elles suffisaient rarement aux infortunes ou aux œuvres qui comptaient sur ses dons. Bien entendu, dans ce trésor des pauvres aussitôt épuisé que rempli, dont il était forcément le dépositaire, il commençait par mettre son appoint personnel, et son appoint c'était tout ce qu'il avait en sa possession.

Son désintéressement n'est-il pas devenu proverbial ? M. l'abbé Brière, son digne successeur à Chartres, a dit de lui en chaire devant les paroissiens de Notre-Dame : « Si, entraîné par sa charité, il est allé parfois au delà de ses ressources, ne lui en faisons pas un crime ; c'est là un beau défaut après tout, et que trop peu de gens méritent qu'on leur reproche. Il a tant fait, je l'avoue, qu'il est mort plus pauvre que ceux qu'il secourait : mais ce sera son titre le plus assuré aux récompenses divines ainsi qu'à vos bénédictions éternelles. »

M. Lecomte aurait tant désiré ne jamais s'occuper d'argent ! Il revient plusieurs fois sur l'expression de ce désir dans ses correspondances. Elle était bien sincère l'apostrophe suivante adressée à une Visitandine qui allait prononcer ses vœux ! Nous l'extrayons du sermon prononcé par lui à la cérémonie de profession :

« Je vous estime heureuse de renoncer à un peu de boue pour conquérir les cieux. Je ne vous appellerai pas pauvre, ô vous qui possédez Jésus-Christ... Non, non, je ne saurais vous trouver indigente, ô vous qui tenez ce trésor entre vos mains. Quel échange vous allez faire ! Vous allez donner à Dieu, quoi donc ? A peine l'aperçois-je, une poussière ; et Dieu va vous donner en retour... lui-même. On appelle cela le vœu de pauvreté. Vous, mon enfant, vous l'appellerez le vœu de votre richesse... » Et après une longue tirade consacrée au développement de cette pensée, il s'écriait : « Qu'y a-t-il de digne d'envie, sinon Dieu ? Quelle chose est désirable, sinon celle qui surpasse tout ?... O surabondante vie ! Océan de vie d'où découle tout ce qui respire ! O mon Dieu, qui est semblable à vous pour mériter les recherches de notre cœur ! »

Le digne archiprêtre n'attachait donc aucun prix aux éléments ordinaires de la fortune ou du bien-être matériel, lorsqu'il ne fallait pourvoir qu'à ses besoins. Quelques traits vont montrer à nos lecteurs comment il savait pourvoir aux besoins d'autrui.

Dès le commencement de son ministère, M. Lecomte donna à penser que sa conduite réaliserait la parole du divin Sauveur : Vous avez toujours des pauvres avec vous.

Les pauvres abondaient autour de lui ; ils l'attendaient aux portiques de l'église qui ont été ainsi les témoins de ses bonnes œuvres et par là même des louanges données à sa charité ; *laudent eum in portis opera ejus.* On suivait ses pas, et sa petite provision de monnaie s'éparpillait vite entre tant de mains avides. A défaut d'argent, l'archiprêtre recourut parfois à des libéralités d'autre sorte. Un soir d'hiver, se trouvant sans la moindre obole, il gratifia un mendiant d'abord de son sourire habituel, puis... de la paire de souliers qu'il avait aux pieds. Rentré chez lui en assez triste état, il ajourna toute explication avec la domestique qui devait fournir d'autres chaussures et rester discrète ; il lui raconta le lendemain son histoire sur un ton fort gai ; mais la plaisanterie pouvait-elle avoir du succès ? Belle intendance pour la gouvernante, que celle d'un vestiaire qui perdait ainsi ses meilleures pièces au profit des étrangers ! Monsieur donnait jusqu'à des chemises, hélas !

M. Vallou de Lancé, qui tint à honneur, nous l'avons déjà dit, de loger M. l'abbé Lecomte jusqu'à ce que le presbytère fût disponible, remarqua chez son curé une manière spéciale de se créer des ressources.

Il lui avait fait présent d'une montre ; au bout de quelque temps il s'assura qu'elle avait été vendue à un prix raisonnable sans que le vendeur en devînt plus riche. M. de Lancé garda le silence sur sa découverte et renouvela délicatement le cadeau. Même résultat. Enfin, désireux de la victoire dans une lutte de générosité, il offrit au jeune pasteur une montre de valeur encore plus grande, en lui disant : « Celle-là, je ne vous la donne pas, je vous la prête. » Et le prêt fut nécessairement respecté.

Une fois installé à la cure, l'archiprêtre put faciliter l'accès de toutes personnes auprès de lui ; les indigents furent les premiers à comprendre cet avantage. Il est vrai que M. Lecomte mettait à leur disposition des bons de pain et de viande, du bois, des vêtements, et qu'il faisait très souvent les distributions lui-même en joignant au don un avis gracieux.

Sans doute la vue des mendiants à sa porte évoqua parfois devant son esprit le souvenir du saint pauvre dont les traditions locales ont dit le passage et même le séjour dans la cité chartraine, à la fin du siècle dernier. Mgr Clausel de Montals avait souvent parlé de cet étonnant Benoit Labre, maintenant honoré sur les autels, et dont la cause de béatification était déjà à l'étude il y a soixante ans. Au moment de la Révolution, c'est à un frère de Benoit Labre que notre futur évêque avait emprunté un costume laïque pour quitter Paris, et il aimait à causer de cette aventure. De plus, M. Lecomte eut mainte occasion de converser sur l'ancien pèlerin de Notre-Dame avec un de ses chers protégés, séminariste (1), qui eut pour aïeule la bonne chrétienne, cousine du saint et son hôtesse à Chartres.

(1) M. l'abbé GATEAU, maintenant chanoine honoraire de Versailles.

M. le Curé était très anxieux devant une infortune
au-dessus de ses moyens de secours ; alors il priait
intérieurement et attendait de la Providence quelque
heureuse aubaine. « Tout à l'heure, disait-il un jour
en se mettant à table, je me proposai de donner cinq
francs à une visiteuse affligée, et je n'ai pas trouvé
assez dans ma bourse. Vite je m'adresse au bon
Dieu ; puis voilà que, promenant la main sur ma
cheminée, j'agite comme par hasard un vase qui laisse
tomber une pièce de cinq francs ; elle n'y était pas ce
matin ; qui donc l'a déposée depuis ? Personne ne se
déclarant l'auteur du dépôt, quelqu'un répliqua :
« M. le Curé, vous aimez tant Dieu et le prochain,
que le Ciel a voulu vous tirer d'embarras. » Telle était
l'opinion autour de l'archiprêtre ; l'efficacité de ses
prières inspirées par la charité n'aurait pu être révo-
quée en doute. C'est ce que nous avons voulu montrer
par l'anecdote ci-dessus, sans prétendre fixer l'attention sur une apparence de merveilleux.

Une chose nous paraît admirable tout d'abord :
c'est que le vertueux prêtre ait eu l'aide du Ciel au
point de pouvoir accomplir ses desseins de bienfaisance dans de si vastes proportions. Des familles
entières vivaient de ses aumônes.

Une petite fille vient sonner à sa porte et demande
du pain. Questionnée sur la situation de ses parents,
elle révèle une grande misère. On va vérifier sur
place le récit, et l'on trouve un père depuis longtemps malade, une mère infirme et quatre enfants
en bas âge. L'archiprêtre prend aussitôt tout ce
monde sous sa protection, envoie des vivres chaque
jour jusqu'à ce que le malheureux ouvrier soit placé
à l'hôpital. Là il visite fréquemment le malade et

console ses derniers moments, en lui promettant les meilleurs soins pour la famille à laquelle la mort va l'arracher. Le père s'en alla ainsi vers Dieu plein d'une douce espérance qui ne fut point trompée. Le bon pasteur continua ses secours à la veuve et aux orphelins. Il plaça deux petites filles dans son établissement de Nazareth. L'aînée nous a elle-même dit son histoire ; elle se souvient encore de l'amabilité enjouée avec laquelleM. le Curé lui remit devant ses compagnes des vêtements qu'il avait fait préparer pour la pauvre mère.

Un parent de M. Lecomte nous a cité un fait que nous aimons à rapprocher du trait précédent. Nous rapportons ses paroles : « J'allais voir tout dernièrement un vieillard vénérable, d'une condition bien au-dessus de l'aisance. A peine me suis-je fait connaître. — Ah ! cher ami, s'écrie-t-il, c'est M. le Curé, votre bon parent, qui m'a fait ce que je suis. J'étais dans un dénûment extrême, et il m'a nourri pendant cinq mois. J'avais cinq enfants, quelle charge ! Mon inquiétude d'alors s'est changée en regret pour trois d'entre eux ; car ils m'ont été enlevés par la mort ; les deux qui restent sont dans une position encore plus brillante que la mienne. Tout cela je le dois à M. Lecomte. Après m'avoir sauvé la vie matérielle, il m'a procuré le poste que j'occupe. Voyez ici son portrait ; il n'est pas de jour que je ne pense à lui dans mes prières. »

L'archiprêtre gardait souvent l'incognito auprès des personnes qu'il secourait, voulant tenir sous la sauvegarde de l'humilité le mérite de ses aumônes. Pour cela, il envoyait ses offrandes par des intermédiaires, avec recommandation du silence le plus complet sur le nom du donateur. Nous avons connu un de ces heureux commissionnaires ; à l'époque où il remplissait un tel rôle, il était fort jeune. « Voulait-on m'initier à l'exercice de la charité ? nous a-t-il dit, voulait-on que l'aumône apportât une satisfaction de plus en passant par la main d'un enfant ? J'ai toujours cru à cette double intention de M. le Curé, qui savait suivre en tout des vues surnaturelles. Un soir, il me mit dans la main une certaine somme et m'indiqua la maison où il fallait la porter. Je devais monter un escalier assez élevé, frapper à telle porte et attendre qu'on m'ouvrît. M. le Curé me précisait les moindres détails ; puis il ajouta : « Tu verras devant toi un homme grand et souffreteux ; c'est une victime de la Russie, un Polonais. Tu lui présenteras cette somme en lui disant : « C'est de la part de Dieu, » rien que cela ; et tu reviendras. » — Je remplis ponctuellement mon mandat. Un homme qui me parut bien malheureux, en effet, s'offrit à mes regards. « Puis-je savoir de la part de qui ? me demanda-t-il en recevant mon argent. — De la part de Dieu, répondis-je ; et je me retirai précipitamment afin d'échapper à d'autres questions. »

Que de misères morales empêcha l'archiprêtre en diminuant d'abord les misères physiques, et réciproquement !

Citons ici une *lettre de M. Pie* à l'un de ses amis de Saint-Sulpice, séminariste chartrain : « Il y a quelques jours, j'ai rencontré sur la place un pauvre enfant de quinze ans, couché à terre, et qui avait au pied une plaie affreuse et dégoûtante. Il apprenait son catéchisme. Je lui ai demandé qui le lui enseignait : il m'a appris que M. Lecomte lui avait donné un rendez-vous chez lui tous les soirs. Vous savez, mon cher ami, que la santé de M. le Curé le force à ne pas faire tout par lui-même ; et vous voyez en même temps quel genre d'ouvrage il se réserve ! J'ai déjà vu mille choses de cette nature qu'il croit n'être aperçues de personne. Cependant sa grande bonté pour moi et le désir qu'il a de ma perfection lui inspirent envers moi des délicatesses que j'apprécie. Quel a été mon bonheur, le lendemain de ma petite découverte, d'entendre M. le Curé me dire : « Mon cher ami, il y a un pauvre petit homme estropié dont personne ne voudrait et que je recueille, moi, comme une relique ; car il me paraît bien innocent et bien choisi de Dieu qui ne l'a entouré d'une sorte d'atmosphère d'infection que pour empêcher le mal et les méchants d'arriver jusqu'à lui, comme il entoure le lis d'épines, *lilium inter spinas.* Mais j'ai appris de lui une chose qui m'a fait grand plaisir. Je lui ai demandé à qui il voulait se confesser, et il m'a dit qu'il avait jeté les yeux sur vous. Je suis ravi que vous ayez *mérité* le choix de ce pauvre petit. Ainsi nous partagerons la besogne à nous deux, pour le préparer à sa première Communion. Moi, je continuerai à l'instruire, et je me charge de l'habiller, parce que je tiens beaucoup à conserver au moins ma part dans ces sortes d'œuvres ; et vous, vous le confesserez. »

Un jour on vit M. le Curé régulariser la situation d'un ménage où n'étaient intervenues ni la bénédiction sacramentelle ni la loi, et, après avoir payé de sa bourse tous les frais, il procura encore quelque argent aux nouveaux mariés qui tâchèrent ensuite de se montrer dignes de leur bienfaiteur.

Une autre fois, il obtenait d'un père trop peu chrétien qu'il se dessaisît de sa petite fille et la laissât entrer comme pensionnaire gratuite dans un ouvroir ; c'était le seul moyen d'arracher l'enfant à une mauvaise éducation. Mais pour arriver à ce résultat, le vénéré pasteur n'hésita point à donner quelques écus et des vêtements au père qui voulait vendre son consentement et en fixer lui-même le prix.

Ce n'était pas seulement sur son chemin ou dans son voisinage que M. Lecomte avait à se montrer généreux. On lui écrivait de fort loin pour lever un tribut sur sa charité. Quelqu'un nous a dit s'être trouvé au presbytère, quand arriva une lettre datée de Lyon et non affranchie ; il fallait la refuser ou payer trois francs de port. M. le Curé prit ce dernier parti, dans la persuasion qu'il s'agissait d'une demande d'aumône. Il ne s'était pas trompé ; et la lettre était signée par un soldat qui avait été autrefois de passage à Chartres. La demande ne fut point infructueuse ; peu après, le militaire lyonnais recevait le secours désiré en même temps qu'une charmante épître. Qu'on nous permette une réflexion à ce sujet :

Parmi les nombreuses missives qui chargent les courriers quotidiens et se croisent dans toutes les directions, combien chaque jour s'arrêtent ainsi aux maisons de prêtres, déjà assiégées plus que les autres par les mendiants qui se présentent en personne ! Beaucoup d'entre elles annoncent une peine à soulager, une misère à adoucir, une fondation pieuse à aider. Les prêtres suivent la même voie pour transmettre la consolation et aussi l'offrande, fruit des épargnes faites presque toujours sur leur pauvreté. Ne peut-on pas dire que tant de messages au service du bien, se promenant de bureaux en bureaux dans une forêt de papiers trop souvent nuisibles, forment un heureux contraste et peuvent opérer un résultat sanitaire ? Il y a là, à côté d'exhalaisons sataniques qui portent la mort, des parfums de christianisme qui portent la vie. Certaines productions de la presse, colportées chaque matin autour de nous, ne contiennent-elles pas plus de poison qu'il n'en faut pour asphyxier moralement tout un peuple ? Puissent les correspondances de bonnes œuvres diminuer le mal sur leur passage par des émanations purifiantes !

M. Lecomte aurait voulu ne faire que des heureux ; il fut à même de remarquer qu'il faisait aussi des ingrats. Parfois des propos malveillants, des reproches impossibles à justifier lui arrivèrent en échange de ses dons ; on alla jusqu'aux mauvais traitements. Le Seigneur permet de ces anomalies, afin d'épurer davantage les intentions de ses serviteurs qui doivent rapporter tous leurs actes à sa gloire.

Le charitable curé avait cru faire une vraie largesse à un indigent, quand celui-ci lui adressa, en pleine rue, des paroles insolentes, comme s'il eût eu droit à tout un trésor ; l'aménité persistante du prêtre finit par calmer l'insulteur.

Une autre fois M. Lecomte, sortant d'une maison de la rue Chantault, rencontre deux hommes de mauvaise mine qui demandent de l'argent avec une désinvolture assez peu rassurante. Il déclare n'être pas en mesure de les satisfaire pour l'heure. Aussitôt les individus s'avancent, et le plus proche, un misérable qui avait déjà plus d'une fois profité de la bourse de Monsieur le Curé, pousse l'audace jusqu'à lui donner

un soufflet. « Merci ! mon bon ami, reprend doucement le pasteur ; mais ce n'est pas assez, voici l'autre
joue jalouse ; frappez-la à son tour. » Confondu par
une telle attitude, le coupable tombe à genoux et implore son pardon.

La charité, qu'elle s'exerce vis-à-vis des indigents
ou des infirmes, mais surtout si elle se dévoue aux
pauvres dans la souffrance, c'est la monnaie du ciel,
la marque des prédestinés. Une telle considération
est bien capable de stimuler le zèle d'un ministre de
Dieu. Un autre motif le presse ; c'est qu'il voit Jésus-
Christ dans la personne de ceux qui souffrent. Auprès
d'eux, à cause de cela, le cœur sacerdotal se dilate
ordinairement en raison de sa foi. Il n'est donc pas
étonnant que, naturellement tendre, le cœur de
M. Lecomte soit devenu comme débordant d'affection
pour les gens déshérités de la fortune et victimes de
la maladie. Il leur prodiguait les soins matériels et
l'assistance pieuse.

Nous l'avons vu, dans une anecdote racontée plus
haut, fournir des vivres à un ouvrier cloué sur un lit
de douleur ; c'était ordinairement la meilleure part
des aliments destinés à sa propre table. Il était assez
coutumier de tels actes. En plus d'une circonstance
il fit encore mieux ; il porta lui-même ces aliments. A
son arrivée au domicile des malades, un mot plaisant,
comme il savait en trouver, mettait tout le monde en
bonne humeur, et il fallait que la gaieté dominât
l'attendrissement causé par la reconnaissance. « Oh !
disait-il un jour, en déposant chez une personne
infirme des bouteilles de vin qu'il avait tenues cachées
sous sa soutane, me voilà enfin libre de toute crainte !
Les murs et les bornes côtoyés de trop près, un

étourdissement qui jette à terre, que de choses auraient pu me trahir ! »

On nous a parlé d'une forte querelle qui survint au
presbytère de Notre-Dame ; elle était dirigée par la
servante contre le plus fidèle gardien de la maison,
un très placide animal qui, lui, n'en voulait à personne. Il était accusé d'avoir retiré de la broche un
poulet bien dodu qu'il voulait malhonnêtement s'ap-
proprier. Or, c'était une calomnie. Le pauvre chien
ressemblait à celui dont parle La Fontaine :

> Il était tempérant plus qu'il n'eût voulu l'être,
> Quand il voyait un mets exquis ;
> Mais enfin il l'était.......

Ah ! s'il eût pu se disculper devant son maître !
Mais le maître était absent. Que faisait M. le
Curé à cette heure ? Il était à une petite distance de
sa maison, dans une chambre de convalescents, et là
il avait fait sa première révérence en retirant de
dessous sa houppelande un objet mystérieux enveloppé de forts papiers. « Prenez-moi cela, avait-il dit ;
il n'y manque que la sauce. » L'assaisonnement du
poulet inattendu en pareil lieu, ce fut l'aimable
entretien du bienfaiteur qui rentra ensuite chez lui
à jeun, mais le cœur rempli de joie.

Lorsqu'il avait encore le bonheur de posséder sa
mère, M. Lecomte avait risqué de temps à autre des
tours de ce genre. Les libéralités ne lui coûtaient pas
plus alors que dans la suite. La bonne dame n'ap-
prouvait pas tout et se permettait des avis plutôt que
des reproches. « Allons, allons, ma chère mère, point
de ces inquiétudes ! Je vous laisse à votre ministère ;
vous ne pouvez comprendre toutes les obligations du

mien. » Telle était la réponse du curé ; réponse qui rappelle les paroles du Sauveur : « Ne faut-il pas que je m'occupe des choses de la maison de mon Père ? » La vertueuse femme n'insistait pas. D'ailleurs, si elle croyait à un excès dans la pratique de la charité, elle pouvait s'attribuer à elle-même une partie de la faute. Une vertu développée à ce degré dans l'âge mûr devait se ressentir des essais de l'enfance ; c'est que les exemples des parents avaient singulièrement aidé le fils dans l'apprentissage de l'aumône.

Partagez votre pain avec celui qui a faim, dit le Seigneur dans la Sainte Écriture ; alors vous m'invoquerez et je vous exaucerai ; vous crierez vers moi, et je vous dirai : Me voici, (Is. 58, 7, 9). M. Lecomte accordait ses actes avec l'intelligence de cet avertissement divin ; les récits que nous avons donnés le prouvent. Il montrait par des exemples continus sa foi à la puissance de l'aumône sur le cœur de Dieu et sur le cœur des hommes. Bien entendu, quiconque voulait suivre, comme lui, cette voie royale du ciel, qu'on appelle la bienfaisance chrétienne, avait toutes ses sympathies.

A ce titre, les disciples de Saint Vincent de Paul étaient de ses meilleurs amis. Au dévouement des Filles de la Charité, ses paroissiennes, il n'avait jamais ménagé les témoignages de sa respectueuse admiration. Lorsqu'il vit, sous le patronage de leur glorieux et bien-aimé fondateur, une nouvelle institution de charité prendre racine dans la cité chartraine, il en ressentit une grande joie.

Nous voulons parler des Conférences de Saint Vincent de Paul, fondées à Paris, en 1835, par sept

ou huit étudiants, et sur lesquelles s'exprimait ainsi,
jadis, un éminent orateur catholique :

« Il y avait à cette époque un grand journal qui
reprochait aux catholiques d'être impuissants à
résoudre les questions modernes. Vous n'êtes plus
de notre époque, disait ce journal, et vos doctrines
ressemblent à ces momies antiques, bonnes seulement
à mettre dans un musée d'archéologie. » Quelques
jeunes gens résolurent de mettre en pratique la charité enseignée par l'Évangile. « Comme tous les étudiants, ils avaient l'escarcelle peu garnie, ils étaient
sans grande ressource. Battre monnaie pour les
pauvres n'était pas chose facile ; quelques-uns se
firent journalistes catholiques, métier peu lucratif ;
ils portaient le produit de leur article à la vénérée
sœur Rosalie Rendu qui les transformait en bons, et
ces quelques étudiants, fiers et heureux, portaient aux
pauvres ces bons de pain..... Messieurs, nous
croyons trop à la puissance du nombre. C'est une
erreur contemporaine. Croyons un peu à la puissance
du petit nombre. C'est un grand mot du temps passé
et le Seigneur a dit : « Ne craignez pas, petit troupeau... »

« Le nombre des confrères s'étant accru rapidement, une question fut posée : Doit-on fonder une
seconde conférence ? Après 48 heures d'une vive discussion, il fut décidé qu'une deuxième conférence
serait fondée. Elle fut suivie de près par une troisième, puis une quatrième ; enfin cette noble institution se répandit dans toute la France et ne tarda pas
à franchir les Alpes. »

L'un des jeunes gens, associés avec le célèbre
Ozanam pour l'heureuse fondation que nous venons

de rappeler, était un chartrain, qui devint séminariste de Saint-Sulpice, puis rentra, en 1840, à
Chartres où il devait exercer le ministère sacerdotal.
Nommé vicaire de Saint-Pierre, il n'avait qu'à marcher sur les traces de son pieux pasteur, pour rester
dans les habitudes de charité qui lui étaient si chères
à la capitale. En 1842, le curé, M. l'abbé Dallier, et
le vicaire, M. l'abbé Levassor, se concertèrent pour
organiser une Conférence de Saint Vincent de Paul.
Etablie à la date du premier août, elle fonctionna aussitôt avec zèle et succès ; le rapport présenté à l'assemblée générale du 12 décembre de la même année,
par le secrétaire, M. Vivier, en témoigne (1).

Le siège de la Société ne fut pas longtemps au
presbytère de Saint-Pierre ; on jugeait les rendez-
vous pour les séances plus commodes dans la haute
ville, près de la cathédrale. C'est alors que nous
voyons M. Lecomte se mettre en rapports plus fréquents avec les membres de la Conférence. L'un d'eux
qui s'adressait à lui pour la direction de sa conscience,
est un de ceux qui nous ont donné autrefois sur lui
de précieux renseignements.

M. l'archiprêtre de Notre-Dame, qui, le 20 septembre
1840, avait assisté M. Levassor, à sa première messe
chantée dans la cathédrale, et qui avait prêché, dans

____

(1) Voici les noms des associés inscrits sur les registres de la
Conférence comme ouvriers de la première heure.
Le 1er août 1842, se trouvaient, avec M. l'abbé Dallier et M. l'abbé
Levassor, MM. Hervet, juge ; Mornac, médecin ; Brou, maître de
pension ; Hébert, professeur d'anglais ; Guillet, propriétaire ; de
Rollée, ancien officier espagnol ; Vivier, receveur de rentes. — Le 8
août, pour la seconde séance, se joignaient aux précédents : MM.
de Baillou, propriétaire ; Bournisien, clerc de notaire ; Vassard,
ancien notaire. — Le 9 septembre, M. Vaillant, ancien notaire. — Le
17 septembre, M. l'abbé Carré et M. Sémen, commerçant. — Le 2
novembre, MM. Havart, commerçant et Labalte, propriétaire.

cette occasion, sur la miséricorde et la charité, était comme M. le curé de Saint-Pierre, heureux d'encourager, dans sa paroisse, l'œuvre de miséricorde et de charité que le jeune prêtre avait fait connaître et aimer à Chartres.

C'était un paroissien de Notre-Dame, ami de son pasteur vénéré, qui contribuait le plus à accréditer parmi les laïcs la Conférence de Saint Vincent de Paul. Saluons de cœur ce fervent chrétien : M. Louis-Ambroise Hervet, ancien garde-du-corps du roi Louis XVIII, mort à Chartres le 6 mai 1870, juge honoraire au tribunal civil. Dès les débuts de la Conférence, il en fut nommé président, et il sut y prendre pour lui la part la plus difficile du travail. Une notice publiée sur cet honorable magistrat dans la *Voix de Notre-Dame de Chartres*, après son décès, a donné les plus édifiants détails sur son dévouement à l'indigence. M. le juge Hervet fut, jusqu'à la fin de ses jours, l'avocat, le conseiller et le soutien des pauvres. Aussi sa mémoire est-elle restée en bénédiction auprès d'eux, comme du reste auprès de tous ceux qui l'ont connu. Une de ses dernières paroles est à répéter ici, elle convient au sujet que nous traitons. « Que désirez-vous, mon père ? » lui disait l'une de ses pieuses filles, sa chère garde-malade. — « Ce que je demande, répondit-il, c'est la foi, l'espérance et la *charité*. » Et la charité, personne n'en douta, lui ouvrit la porte du Ciel, où son cher curé l'attendait depuis longtemps.

CHAPITRE XIV

M. LECOMTE ET LA MALADIE

M. Lecomte recommandait en ces termes à une Sœur infirmière le dévouement aux malades : « Une attention douce à leurs besoins et paisible dans son activité, est ce qui convient le mieux. » « J'étais malade, dira le bien-aimé Sauveur, et vous avez pris soin de moi. » Cette pensée doit vous remplir de la plus sainte compassion. Les anges nous envient nos fonctions auprès des infirmes. Oh! que nos paroles avec ceux qui souffrent doivent être bénignes, empreintes de l'onction la plus exquise et la plus délicate ! »

Elles étaient en effet bénignes et onctueuses les paroles de M. Lecomte, quand il s'adressait aux victimes de la douleur. Nous en avons trouvé dans ses correspondances. Il consolait par la réflexion suivante une personne consacrée à Dieu : « Il est impossible de recevoir les célestes caresses de l'Epoux sacré, sans être déchiré par les épines de sa couronne. Il faut l'aider à boire son calice d'amertume, en buvant à sa place quelques gouttes de sa coupe douloureuse. Le plaisir souille, la douleur purifie. » A une autre habituellement malade, il écrivait : « Que vous êtes bien un petit linge appartenant au Crucifié, puisque sa main imprime si profondément sur vous la marque de cette sacrée appartenance ! »

Une de ses pénitentes, qui souffrait beaucoup et

qu'il voulait rendre plus digne de la divine miséricorde, en la détachant davantage d'elle-même,
recevait cet avis : « Les souffrances sont des raisons
de se réjouir. Plus, plus de *moi*; pas même une petite
racine de ce chiendent ; néanmoins, de ce que nous
le voyons repousser, ne nous effrayons pas. Nous le
jetterons au feu du saint amour de Dieu. »

Une institutrice convalescente que le médecin
contraignait à quelques promenades, était ainsi encou-
ragée : « Je vous adresserai ce mot du cœur adressé
par les Romains à N.-S. Père Pie IX, partant pour la
campagne : Oh ! bon voyage, amusez-vous bien et ne
pensez à rien ! La pensée, chez certains êtres délicats
et sensibles, par l'action occulte et méchante des
démons, la pensée use la santé, épuise le courage et
finirait par détruire les plus chers instruments de
Dieu. Faites une douce diversion aux idées tristes ;
on a besoin, dans la vie, de secouer beaucoup d'impressions décourageantes. Oh ! que le Dieu d'Israël
est bon à ceux qui ont le cœur droit!... »

« Je prends bien part à vos peines, disait-il dans
une autre occasion, pour consoler l'infirmité et la
tristesse, cela va au fond de mes entrailles... sanctifiez toutes ces amertumes par le plus tendre amour de
Notre-Seigneur. »

Il avait à cœur aussi de faire aimer aux personnes
dans la maladie et l'affliction, la dévotion au cœur
souffrant de Marie. Une sainte religieuse lui ayant
appris que la Mère des douleurs était contristée de
voir si peu de chrétiens compatir à ses peines, il
s'était mis à inspirer cette compassion à tous ceux
qui l'approchaient.

Quel prix les malades attachaient à un mot écrit

par leur pasteur! À plus forte raison soupirait-on après ses visites ; et il ne les ménageait pas. En ces rencontres, Dieu permit-il que des faits surprenants manifestassent le puissant crédit de son serviteur auprès de Lui? D'après certains témoignages, il y aurait lieu de le croire. On nous a parlé d'une guérison opérée sur une religieuse au seul contact d'un chapelet que l'archiprêtre venait de lui donner en l'excitant à une vive confiance. — Autre guérison : M. l'abbé Lecomte passait un soir, en compagnie de M. l'abbé Féron auprès de sa chère Maison-Bleue où il savait une jeune fille malade. Pensant qu'il était trop tard pour entrer dans la communauté, il se contenta de diriger une bénédiction à travers la muraille. La jeune fille, qui ne pouvait rien prévoir de semblable, signala pourtant à ses maîtresses étonnées le passage et la bénédiction invisibles du bon pasteur, et en même temps le mal disparut.

Nous sommes ici simple rapporteur et nullement juge. Le renseignement qu'on vient de lire sur les deux faits extraordinaires nous a été communiqué jadis par les supérieures de la Maison du Saint Cœur de Marie ; ils ont toujours été considérés comme authentiques par leur communauté. Ni la croyance personnelle des Sœurs ni la nôtre n'obligent, en pareil cas, de crier au miracle ; mais aucun de nos lecteurs, après cette relation, ne pourra réprouver ce cri : *Dives in omnes qui invocant illum ;* Dieu est riche d'amour et de bonté envers ceux qui l'invoquent, et Il prend qui bon lui semble comme coopérateur de ses desseins.

Deux circonstances principales ont mis en tout son relief le zèle de M. Lecomte pour les malades : ce sont les épidémies de 1832 et de 1849. A la première de ces dates, le choléra-morbus fit à Chartres de terribles ravages. « A partir du 15 août, lisons-nous dans un prône de Mgr Pie (1), le nombre des morts s'accrut tous les jours dans une proportion effrayante et l'octave de l'Assomption sembla n'être célébrée que par des convois funèbres. Dans cet état désespéré, on a recours aux prières. Le Saint-Sacrement est exposé, et à quelque heure qu'on entre dans l'église, on y entend le chant grave et lugubre des psaumes de la pénitence. Des saluts sont ordonnés pour chaque soir, et après la bénédiction une foule immense encombre la chapelle de Marie. »

Le même témoin a dit ailleurs : « J'exprimerais mal le zèle avec lequel M. le Curé se consacra au service spirituel des pestiférés. Mais son attitude calme et l'assurance avec laquelle, dès le commencement, il déclara que le fléau ne céderait que devant une procession générale en l'honneur de Marie, m'étonna plus que tout le reste. La chose arriva comme il l'avait prédit. Je l'ai souvent entendu raconter ce miracle. »

L'épidémie de 1832 disparut donc soudain quand le Voile de la Sainte Vierge fut porté solennellement dans les rues de la cité, le 26 août.

Le même fléau reparut dix-sept ans après, mais moins terrible, et l'on s'arma encore de prières contre lui. Le 1er septembre 1849, l'Association pour la distribution des secours ou médicaments gratuits et à prix réduits ayant tenu séance, un rapport combla d'éloges les dévouements qui avaient provoqué l'admi-

(1) OEuvres sacerdotales de Mgr Pie, Prône du 25 août 1839.

ration lors de la double invasion du choléra. Les médecins du corps furent signalés à la reconnaissance des concitoyens ; les médecins spirituels pouvaient-ils être oubliés ? Que de choses édifiantes le peuple n'a-t-il pas racontées sur ses prêtres ! Voilà les premières sentinelles du bon Dieu auprès du lit des moribonds. Or, d'après les récits sommaires qui nous sont parvenus, M. Lecomte se montra, par ses exemples de courage, le digne chef des soldats du Christ qui couraient au-devant des dangers pour sauver les âmes.

Au souvenir de l'un de ces actes généreux, acte qu'il accomplit de concert avec M. l'abbé Féron dans une maison de la rue au Lait, se rattache la composition d'une touchante poésie, assez connue sous ce titre : *La petite fille et la mère*. Cette pièce de vers dont M. Féron est l'auteur, a obtenu une médaille d'argent dans un concours.

Souvent les prêtres malades recouraient, eux aussi comme les fidèles, au cœur compatissant de l'archiprêtre. On a vu des vétérans du sacerdoce, oubliant bien volontiers la distance de leur âge au sien, recevoir avec bonheur les bienfaits de son ministère, surtout quand la maladie les avertissait du prochain départ pour l'éternité. Quelques lignes échappées à M. Lecomte dans un épanchement amical, nous laissent deviner le caractère de ses entrevues avec les confrères mourants.

A propos de l'Enfant-Jésus « le divin petit Roi, » qui attend nos hommages dans sa crèche, l'archiprêtre, en veine de *joyeusetés*, s'exprime de la sorte : « Voyez comme *Il* se laisse tourner et retourner, prendre et déposer, reprendre, au gré des mains maternelles. Comme il trouve que sa Mère fait bien toutes choses ! La Sagesse éternelle ne juge plus que par le jugement d'une jeune Vierge de seize ans. Ce qui me rappelle la candeur du bon M. Pellerin, lorsque je lui donnai l'extrême-onction dans son fauteuil ; il me souriait d'un air charmant qui valait des caresses, ayant l'air de dire : Comme cet enfant-là donne bien l'extrême-onction ! C'est plaisir de voir comme il s'y prend bien !... » Le bon M. Pellerin était chanoine titulaire, ancien curé de Saint-Pierre de Chartres ; il finit ses jours en 1841, à l'âge de 82 ans.

Ce que le pieux vieillard semblait penser en présence du pieux curé, beaucoup de gens dans le même cas l'ont senti pour leur propre compte. Les garde-malades ont loué la dévotion de l'archiprêtre dans l'administration des derniers sacrements. C'est ainsi qu'au chevet de ses paroissiens, il continuait par une édification vraiment touchante l'œuvre de leur salut souvent commencée par l'influence de ses démarches assidues et de ses soins paternels.

Un poëte célèbre a dit : L'expérience personnelle du malheur nous forme à la compassion pour les misères d'autrui : *Haud ignara mali, miseris succurrere disco.* On doit être plus facilement sensible aux souffrances du prochain, quand on est soi-même sous l'étreinte de la douleur. Telle était la situation de M. Lecomte. Sa constitution avait été ébranlée par les fatigues de l'enseignement et ensuite par les tribulations de ses premières années de cure. Il avait à peine trente-six ans que déjà l'altération progressive de sa santé donnait de vives inquiétudes.

En 1834, sa chère Œuvre du Saint Cœur de Marie échangea un domicile provisoire de la rue Muret contre celui de la rue Avedam qu'elle occupe aujourd'hui ; les Visitandines lui laissaient cette maison et s'en allaient à leur nouveau couvent de la Barre-des-Prés. La prise de possession de la Maison Bleue fut sanctifiée par une cérémonie, et M. le Curé prêcha au pied du calvaire érigé dans la cour. Il n'acheva que très difficilement son instruction ; un mal violent l'avait atteint soudain et commençait la longue série de tortures qui ne finirent qu'avec la vie. C'était bien inaugurer une fondation appelée à de si beaux résultats au point de vue du salut des âmes. La douleur, répète-t-on souvent, est la consécration solennelle des grandes missions, le signe divin du Crucifié sur les œuvres qu'Il inspire. En faisant son acte solennel de dévouement à la communauté naissante, le fondateur consentait une fois de plus à l'immolation, comme l'y invitait la présence du calvaire. Dès lors, Sœurs du Saint Cœur de Marie, votre avenir était assuré.

M. le Curé avait accepté avec courage le calice d'amertumes ; tout en s'y abreuvant chaque jour, il essayait de dissimuler son mal sous son habituel sourire. Si de temps en temps il lui échappait une plainte auprès de ses plus intimes amis, elle était accompagnée d'une parole de résignation ou d'un appel à la prière.

« Je suis d'une souffrance incroyable ; le Seigneur m'éprouve beaucoup. Oh ! qu'un petit regard de pitié de la part de ce bon Jésus et de sa sainte Mère ferait de bien à mon cœur ! Priez pour ce pauvre homme sans force.

» O Dieu, que je souffre donc extraordinairement !

C'est le *mirabiliter me crucias* de Job. Malgré les lumières de la foi, l'épreuve est si longue et si atrocement douloureuse qu'on n'est suspendu que par un fil sur l'abîme du désespoir. Oh ! qu'il faut souffrir pour aimer Notre-Seigneur, et surtout pour le faire aimer !

» Je me recommande aux très doux Cœurs de Jésus et de Marie. Je mérite sans doute qu'ils soient sourds. Rien ; pas l'ombre d'un soulagement pour ainsi dire. Avec cela, mille affaires qui me réclament ; des malades, des mourants qui ne veulent que moi ; mille lettres auxquelles il faut répondre... Il faut bien aussi faire quelques instructions. Hélas ! que je sens ma faiblesse !... Je baise la main de l'aimable Seigneur (5 mars 1837). »

Une autre fois, il lutte contre la mélancolie, résultat de la souffrance, et il s'écrie : « Allons ! mon cœur ; il faut être gracieux à tous, suave à tous, débonnaire à tous, doux et bénin à tous, et cela sans exception et à toute occurrence, pour délecter le Cœur du Bien-aimé ! » Au milieu de ses crises, les pensées surnaturelles pouvaient seules tempérer la violence du mal.

Un jour, pendant qu'il conversait avec l'un des vicaires de Notre-Dame, survient tout à coup un de ces spasmes que semblait occasionner une lésion de l'organisme intérieur ; il jette un cri à fendre l'âme ; puis il s'adresse au vicaire d'un air suppliant : « Vite, mon ami, quelques bonnes paroles ! Oh ! dites-moi quelque chose du bon Dieu ! »

Les douleurs physiques se compliquaient des douleurs morales. Nous avons parlé, à l'occasion de ses œuvres, de ce genre de tourments. L'archiprêtre attribuait souvent ses tristesses à la malignité de l'infernal ennemi. Nous trouvons l'aveu suivant dans une de ses correspondances : « Depuis que je me connais, le démon n'a cessé de me broyer. Je n'en démordrai pas pourtant. J'ai voué toute ma vie à la sainte cause de Dieu. » — Le 26 septembre 1840, il avait adressé ces lignes à une personne qu'il voulait encourager : « J'ai, toute ma vie, sans que cela paraisse, été rassasié de peines intérieures, de frayeurs, serrements de cœur et tristesses ; surtout quand j'ai reçu la tonsure. J'ai dit ma première messe avec une grande tristesse ; je n'exerce mon ministère qu'avec des serrements de cœur. Vive Jésus ! chère enfant, il faut marcher par-dessus l'aspic et le basilic, sans même y voir clair. Ne vous découragez jamais... L'amour de Jésus-Christ adoucit tout, aplanit tout, et la bonne Vierge est là pour répandre son onction sur tout. »

Il aimait à se distraire dans la compagnie de quelques amis ; de temps en temps il gagnait d'un pas pénible le grand séminaire, et s'associait à la récréation de séminaristes auxquels il s'était spécialement intéressé ; on eût dit qu'il pensait retrouver sa vigueur au contact d'une jeunesse toujours pleine d'espérances.

Mais rien ne le consolait comme la prière. Il devait répéter avec grand profit une invocation qu'il composa et fit connaître à une religieuse affligée. « Le ciel de mon âme se couvre de nuages épais ; la douce lumière cesse de briller sur elle. Ah ! lumière éternelle, apparaissez à mon cœur ! Riant soleil des cieux, Jésus, dissipez ces ténèbres !... Je suis au port, pourquoi éprouvé-je encore les agitations de la tempête ? O front serein de mon Dieu, brillez doucement sur moi !... O Jésus, aimable vie, réveillez ma langueur ! Mon intérieur est devant vous comme un désert aride, répandez du moins une goutte de votre rosée pour consoler votre petite créature... J'espère au regard de votre œil miséricordieux, comme Pierre au sourire de votre bouche paternelle ; au mouvement de votre main pour me soutenir. »

Il s'écriait encore : « Il me faut mon Dieu, mon Sauveur. La vie, la vie, quelle chimère ! Je n'en veux pas, si ce n'est pour vous aimer. Oh ! qu'il m'est doux de vivre, puisque je puis vous aimer, mais qu'il me serait dur de vivre, si je ne vous aimais pas ! O Dieu, je ne veux pas dérober à votre amour une seule seconde de ma vie ; que serait cette seconde destituée de votre amour ? O Jésus, je n'en veux pas une seule de cette nature dans toute ma vie. Et pour que le temps du sommeil soit consacré à votre amour, ô mon Jésus, je vous consacre chaque battement de mon cœur. Mon cœur, l'entends-tu bien ? tu ne palpiteras plus que pour mon bien-aimé Sauveur. O Jésus, ô Jésus, que vous êtes aimable ! Pour votre cher amour, ô mon bien-aimé, *prier, souffrir !* prier en grande simplicité, souffrir en grande douceur. O Jésus, à vous tout mon cœur, et sur la terre et dans les cieux. »

Une autre page où il s'épanche avec le même abandon, se termine par cette phrase : « Jésus, délaissé sur la croix, en proie aux puissances des ténèbres, à leurs épouvantements, j'unis mon effroi à vos frayeurs, mes angoisses à vos serrements de cœur, ma mort, s'il le faut, à votre mort. Pourvu que je vous aime. pourvu que je vous aime, la vie et la mort ne me sont rien. »

Parfois aussi moins indifférent devant cette alternative, il demandait la prolongation de l'existence mais avec la condition posée par saint Martin : *non recuso laborem*, je ne refuse pas le travail. La pensée qu'il n'avait pas rempli sa tâche de pasteur et que les agneaux avaient encore besoin de sa protection contre les loups, le poussait à dire :

> Je ne fais rien sur cette terre
> Que payer tribut aux douleurs :
> Sous le soleil, notre carrière
> Se mouille à chaque pas de pleurs.
> Mon corps languissamment se traîne,
> Machine usée et sans ressort :
> J'aime pourtant encor ma chaîne :
> Je ne veux pas mourir encor.

Lorsqu'il écrivait ces vers, il se berçait de l'espoir de sa guérison, mais ce n'était qu'un rêve ; en l'attendant, il croyait sa vie inutile, et c'était une illusion de son humilité. Non, elle n'était pas inutile, l'existence consacrée tout entière à l'adoration des décrets mystérieux de la Providence, au désir d'étendre le règne de Jésus-Christ, bien plus à un holocauste perpétuel pour les péchés d'autrui. Un malade, dans ces dispositions et ces habitudes, accomplit un précieux labeur ; malgré son infirmité, à cause de son infirmité, il exerce autour de lui la puissance d'action dont se réjouissait saint Paul : *cum infirmor tunc potens sum.*

L'action de M. Lecomte, ainsi comprise, n'avait pas un moment d'arrêt. « J'ai couché longtemps dans sa chambre, nous a écrit un membre de sa famille ; toutes ses nuits étaient à la douleur ; il vomissait

affreusement ; je m'endormais et, à mon réveil, je le
retrouvais dans le même état. C'était merveille, après
cela, de le voir reprendre son ministère de charité,
bien que fort entravé dans ses dernières années. »

Lorsque les insomnies n'étaient pas trop cruelles,
il lui arrivait d'employer ses heures à traduire poéti-
quement ses pieuses contemplations. Il se plaignait
alors que les vains bruits de la terre vinssent trop
tôt rompre l'entretien de cœur à cœur avec Dieu ; il
invitait le mouvant lampadaire des cieux à rouler
plus lentement sa moelleuse lumière.

Si, au contraire, les angoisses étaient grandes, le
patient se gardait d'en perdre le mérite. Ecoutons-
le rendant compte de ses intentions. « J'ai passé
cette nuit avec mon cher Jésus à souffrir d'une façon
extraordinaire. C'était un mal de cœur qui donne
l'idée de l'agonie de Gethsémani. Oh ! que je l'ai
offert volontiers pour obtenir votre persévérance. »
Il songeait aux chères âmes dont il était le protecteur
et qui l'entendirent répondre à leurs adieux du soir :
« Mes bonnes nuits, à moi, c'est l'assurance que vous
préféreriez mille morts à l'offense de Dieu... Soyez
chastes comme les anges, douces et patientes à l'infini ; c'est là ce qui me guérira. »

Dans ses dernières années, M. Lecomte était souvent condamné par la maladie à la plus dure des
privations : il ne pouvait dire la sainte messe. Parfois
il était assez fort pour prolonger le jeûne, mais trop
faible pour rester debout à l'autel et accomplir les
rites sacrés ; alors il se tenait près de la sainte table,
et les fidèles le voyaient avec édification les précéder
au banquet eucharistique. Quelle ferveur et quel
recueillement ! Mais aussi quel regret quand le besoin

d'un aliment quelconque l'avait empêché d'attendre la communion ! Voici une page adressée par lui à ses enfants de Nazareth dans une de ces circontances :

« Hier matin, je me rendis à l'église après avoir écrit sur mon pauvre cœur le nom sacré de Jésus et de Marie, après avoir dit à Notre-Seigneur que je ne voulais pas sortir, s'il ne sortait avec moi ; j'assistais au saint sacrifice, puisque mes souffrances, résultat de mes peines de pasteur et de père, ne me permettent pas de l'offrir. Je vous ai vues communier ensemble de la main de mon saint ami, curé de Notre-Dame de Nogent (M. l'abbé Brière). Quand vous fûtes retournées à vos places, mes prières très pressantes pour vous redoublèrent avec une extrême ferveur. J'avais laissé là mon bréviaire et je répétais en votre faveur l'oraison des Vierges…Je reprends ensuite le psaume que j'avais interrompu, et voici ce que le Seigneur, me répondit par les sacrées paroles du prophète. »

Ici l'archiprêtre traduit en joli style beaucoup de versets ; il termine en faisant ressortir l'à-propos du texte qu'il a reçu comme de la bouche du Sauveur, et en promettant un commentaire de vive voix. Puis il laisse échapper encore ces mots mélancoliques. « Oh ! mes enfants, bénites enfants, je n'ai jamais eu que des peines dans ma vie ; ne voulez-vous pas me ménager quelques consolations avant mon départ ? Ah ! soyez de vraies saintes. J'ai faim et soif de votre justice, de votre sainteté, de votre humilité….. » Il signe : « Votre vrai bon père qui invite ses chères enfants à bien réfléchir, et qui les bénirait encore, quand même elles oublieraient de consoler son pauvre cœur. Lecomte. »

Notre archiprêtre, dans les lignes qu'on vient de

lire, a révélé un pressentiment de son départ. Départ, c'est le mot chrétien qui fait penser au grand voyage de l'éternité. M. Lecomte était donc convaincu qu'il allait bientôt mourir, mourir d'épuisement ; et pourtant il se dérobait le moins possible aux fatigues de sa charge. C'était souvent de l'héroïsme. Vers 1851, un autre prêtre d'une extraordinaire vertu, le R. P. Libermann, ne disait-il pas à des religieux ? « Allez bonnement et sans peur ; un serviteur fidèle doit être entre les mains de Dieu comme un outil bien trempé, qui s'use jusqu'au manche dans les mains de l'ouvrier. » Vrai conseil de saint ; M. Lecomte qui alors venait de décéder, y eût applaudi de son vivant ; il l'avait pratiqué à la lettre.

CHAPITRE XV.

DERNIERS TRAVAUX DE M. LECOMTE. — LA

VISITATION. — DERNIERS JOURS.

Avec l'exercice du ministère pastoral que ses collaborateurs savaient d'ailleurs adoucir le plus possible
en le partageant, M. le curé de Notre-Dame eut à
cœur, jusqu'à la fin, son ministère dans les communautés et particulièrement au monastère de la Visitation, où nous l'avons déjà considéré comme prédicateur.

Un monastère ! Ce mot éveille dans les esprits des
idées bien différentes. Aux yeux de l'homme du
siècle, le couvent est une prison où la jeune fille mal
inspirée, entraînée par des illusions frivoles et un
fanatisme incompréhensible, va ensevelir son existence faite pour un bonheur qu'elle ne connaîtra
jamais. Aux yeux du chrétien c'est une maison sainte
où de pieuses femmes, prenant pour loi de leur
conduite la vie cachée, les vertus et les actes de
Marie, la Vierge de Sion, se constituent, dans toute
la force du terme, les servantes du Seigneur. Elles
se réfugient derrière de hauts remparts, comme la
colombe fidèle de l'Écriture, retirée dans le creux de
la pierre et dans les enfoncements de la muraille. Là
elles travaillent, c'est la loi générale du genre humain ;
elles prient, c'est leur mission spéciale : « Voilà ce
qui sauve la France, » disait Napoléon Ier en enten-

dant la cloche d'un couvent à l'heure de la prière commune. Elles souffrent, et volontairement, parce que Jésus attend d'elles l'expiation, tant que les pécheurs lui prodigueront l'outrage.

Ces conditions de la vie monastique se trouvent dans tous les couvents, mais avec un caractère particulier à chacun d'eux ; de là des nuances spéciales qui correspondent aux divers besoins des âmes appelées à une haute perfection. L'esprit de la Visitation est suffisamment indiqué dans ces paroles de l'évêque de Genève à Madame de Chantal : « Il (Dieu) nous destine à établir un ordre où présideront la charité et la douceur de J.-C., où seront admises les faibles et les infirmes, et qui s'emploient à soigner les malades et à visiter les pauvres. »

Bien que sur ces deux derniers points il y ait eu plus tard des modifications à cause de la clôture définitivement adoptée, la disposition de dévouement au prochain est restée intacte au premier rang des vertus exigées de la Visitandine. « Ce peuple, avait dit de ces religieuses une prédiction rappelée par la Mère de Chaugy, ce peuple tournera entièrement son cœur vers la Sainte Vierge, Mère de Dieu, sous la protection duquel il marchera, vivra et obtiendra le royaume des cieux. Ce peuple servira Dieu d'un cœur loyal et fidèle ; il pratiquera une obéissance entière, une pauvreté mystique mais parfaite, une pureté angélique, une simplicité de colombe, une douceur cordiale, une humilité très-profonde fondée sur la connaissance de sa faiblesse, une force d'esprit admirable, une très-haute charité tant envers Dieu qu'envers le prochain..... »

Dans ce programme des Filles de Sainte-Marie, le

prophète ne s'était pas trompé d'un iota. En ayant
égard à la différence des situations et des ministères
respectifs, nous aimons à appliquer les linéaments
de cette peinture au vénérable ecclésiastique dont
nous esquissons le portrait et racontons l'histoire.
Qui, comme nous, n'a pas remarqué les analogies ?
Nous ne sommes donc pas étonné si de bonne heure
Dieu sembla préparer le digne curé à la direction des
Visitandines.

Quand l'une de ses pénitentes allait associer sa vie
à leur vie, ses encouragements la suivaient au cloître.
Les religieuses faisaient souvent appel à une parole
qui savait si bien communiquer le feu sacré.

Tels furent durant seize ou dix-sept années les
rapports du couvent de la Visitation avec le pasteur
de la paroisse. Il plut à la divine Providence de
resserrer davantage encore les liens sacrés en 1841.
Le monastère chartrain était alors gouverné par la
très-honorée mère Marie de Chantal, née Delapierre.
Rendons hommage en passant à la mémoire de cette
vénérable religieuse qui a passé plus d'un demi-siècle
dans l'ordre et presque toujours dans la première
charge de l'ordre, soit à Chartres, soit à Poitiers.
C'est elle qui, au jour où le catholicisme réparait en
France les ruines faites par la Révolution, releva
dans notre cité l'établissement de la Visitation ; elle
était aidée dans son œuvre courageuse par quelques
anciennes Sœurs de la maison détruite en 93. Ayant
à procéder au choix d'un supérieur pour sa communauté, elle eut la joie de voir le Chapitre qu'elle présidait porter ses voix sur M. le curé de la cathédrale ;
c'était le 8 mai 1841. L'Évêque, agréant pleinement

l'élection, la notifia aussitôt à M. le Curé qui se rendit aux vœux des Sœurs.

« J'accepte, leur écrivit-il, la sainte et tendre paternité qui m'est offerte ; mais vous avez élu le plus mauvais estomac qui soit au monde. Si vous n'obtenez pas ma santé, je ne pourrai vous être absolument d'aucun secours. Je vous bénis, mes bonnes et chères filles, et vous souhaite toutes les plus douces bénédictions de Notre Bien-aimé et de sa très sainte Mère.

» Oh ! que je vous souhaite donc bonnes, douces et suaves à l'infini, simples et naïves comme les petits enfants, sans finesse et prudence humaines, vides de ce *moi* qui déplaît tant à Notre-Seigneur et pleines de ce tendre amour de Jésus et du cher prochain en Jésus !... Ne craignez rien, petit troupeau ; je veux vous paître en esprit de dilection et de gracieuse paternité. Je vous envoie encore une fois mes bénédictions, mes très chères filles.   » A. Lecomte. »

Le prêtre uni à Jésus-Christ entre dans les sentiments divins vis-à-vis des âmes qu'il doit conduire au nom de Jésus-Christ ; le langage interprète les sentiments. Le nouveau père spirituel ne pouvait se montrer ici plus surnaturellement affable ; s'il parle avec une aisance presque familière, c'est que les religieuses ont déjà l'habitude de ses conseils. Désormais elles le verront fréquemment à la communauté, et une connaissance plus approfondie de ses hautes qualités, favorisera son influence au milieu d'elles.

Son mérite fut justement apprécié par les très honorées Sœurs qui, sous son administration, remplirent les fonctions de supérieure. Après celle nommée plus haut, ce fut, en 1846, la mère Marie-Emmanuel Delisle que nous louerons suffisamment, en disant que notre archiprêtre l'avait en grande estime.

Ce fut ensuite, de 1849 jusqu'après la mort de M. Lecomte, la mère Marie-Désirée Jucquin, qui trépassa elle-même en 1867. Voici ce qu'on lut alors dans la *Voix de Notre-Dame de Chartres :* « Sœur Marie-Désirée Jucquin, admise, il y a trente-quatre ans, à la vie du cloître, fut de bonne heure le modèle de la perfection religieuse ; aussi, à diverses reprises, fut-elle appelée par ses pieuses compagnes aux premières dignités de la maison. Ange du monastère, elle représentait aussi par une prudence consommée et par une fermeté toujours d'accord avec sa douceur, la femme forte dont parle l'Ecriture. Enlevée à ses chères filles dans la soixante-deuxième année de son âge, cette mère vénérable en a fini avec une vie de travaux et d'épreuves pour aller se joindre au cortège virginal de l'Agneau. »

Les témoignages que rendirent au zèle affectueux et fécond de leur supérieur les premières dignitaires du couvent, n'ont pas été perdus pour nous ; quelques lignes venant du monastère nous les ont résumés.

La révérende mère Delisle, après avoir dit l'assiduité de M. Lecomte aux visites fixées par la règle, le ton paternel de ses entretiens avec chacune des Sœurs lors de ces visites, la solidité de ses avis après les indulgentes paroles qui avaient accueilli la première ouverture de conscience, ajoute ce détail :

« La dernière année de sa vie, ce saint prêtre venait plus souvent donner des instructions à notre communauté. A l'occasion de la Présentation de la Sainte Vierge, en l'année 1850, il prêcha une fois par jour les 18, 19, 20 et 21 novembre ; le jour de la

fête il fit une exhortation, à l'heure du renouvelle-
ment des vœux ; il était animé d'une ferveur telle que
nos Sœurs conserveront toujours le souvenir de ses
brûlantes paroles. »

Les religieuses auront pu les recueillir ; c'était
comme le testament spirituel de leur père ; quarante
jours seulement le séparaient de la mort.

La surexcitation qu'avait soutenue le désir de se
dépenser une fois encore au service de la Visitation,
le 21 novembre 1850, fut suivie d'un affaissement
plein de tristesse. Puis les crises redoublèrent d'in-
tensité. Sans doute afin d'embellir de nouveaux diamants la couronne qu'il lui donnerait bientôt, le bon
Dieu semblait faire une exception pour notre malade
à la promesse de la Sainte Écriture : « Heureuse
l'âme qui conçoit des pensées de miséricorde envers
son prochain et qui arrête un regard affectueux sur
le pauvre et l'indigent. Celle-là, le Seigneur la déli-
vrera au jour de l'affliction... Il l'assistera sur le lit
de sa douleur et, par une bonté particulière, Lui-
même, le Seigneur, retournera son lit afin de lui
procurer un doux repos dans ses infirmités. »
Nous lisons dans la biographie d'un prêtre dijon-
nais récemment reconnu vénérable par l'Eglise,
qu'après avoir été un modèle de paix et de confiance,
il ressentit beaucoup de frayeur à l'approche de sa
fin. Il pleurait et s'écriait en tremblant : « Ah ! que
je suis dans une grande appréhension de paraître
devant Dieu ; il est la sainteté même, et moi je suis
un grand pécheur ! » Ces sentiments durèrent peu
d'ailleurs et cédèrent aux encouragements d'une
parole sacerdotale.

M. Lecomte éprouva quelque chose de semblable ; une parole amicale et chrétienne suffisait aussi ordinairement pour apaiser ses craintes. « J'ai peur, dit-il un soir à un paroissien qui se disposait à veiller toute la nuit à ses côtés, j'ai peur ; le bon Dieu m'a comblé de tant de grâces ! Me croyez-vous dans son amitié ? — Monsieur le Curé, lui fut-il répondu, nous vous connaissons trop pour en douter ; le bon Dieu vous regarde et vous traitera en ami. — Merci, merci, que vous me faites de bien ! »

L'interlocuteur ici en scène parlait avec conviction ; il était initié aux habitudes de son pasteur ; souvent appelé à lui rendre quelques services, il l'avait étudié de près. Il l'avait assisté de temps à autre à la promenade et surtout aux bains de rivière prescrits par le médecin. Notons en passant que M. Lecomte ne consentit à ce dernier exercice hygiénique qu'après avoir doté à ses frais l'établissement public d'une installation plus convenable. En nous communiquant ces détails et d'autres analogues, le témoin signalé tout à l'heure avait des termes d'admiration qui nous faisaient penser au verset du Livre sacré : « Combien est belle la race chaste avec l'éclat de le vertu ! Sa mémoire est immortelle, et elle est en honneur devant Dieu et devant les hommes. » Sag. IV, 1.

L'aggravation du mal qui avait motivé la présence d'un gardien de nuit, n'était pourtant pas telle en apparence que l'on pût croire à une prochaine catastrophe. Le malade, lui, songeait à la mort ; longtemps auparavant il avait tracé ces mots sur un morceau de papier tombé depuis entre nos mains :

.. ...La mort m'appelle.
Pour augmenter nos maux, elle vient pas à pas
Par combien de douleurs s'achète le trépas !

Il songeait surtout à l'éternité, à cette récompense
sans fin que le juste attend dans la vision béatifique,
dans la possession de Dieu; bonheur auquel aspirait
notre curé poète :

> Dans la nuit de ce monde, en ton œuvre qui passe,
>   J'ai tant adoré la beauté !
> Ne te verrai-je pas, ô mon Dieu, face à face,
>   Au midi de l'éternité ?
> Que de fois sur la terre ai-je baisé la trace
>   Qu'imprime ton pied glorieux !
> Je te cherche toujours ; accorde-moi la grâce
>   De te rencontrer dans les cieux.

Cette grâce allait lui être accordée. La fin de ses
douleurs était proche, et ses paroissiens ne s'en
doutaient pas; elle apparut soudain.

CHAPITRE XVI

MORT DE M. LECOMTE. — OBSÈQUES.

On était au 31 décembre 1850. Les paroissiens de l'archiprêtre se préparaient à lui souhaiter une année nouvelle plus heureuse que les précédentes. Ils n'eurent pas le temps de lui exprimer leurs vœux. Avant l'heure des visites amicales, l'archiprêtre, malgré sa grande faiblesse, voulut se lever et se mettre sur son fauteuil; on remarqua aussitôt les symptômes d'une mort imminente. Un vicaire, appelé en grande hâte de la cathédrale au presbytère, donna l'extrême-onction, et immédiatement après reçut le dernier soupir.

Ainsi M. Lecomte, qui s'était vivement effrayé des jugements de Dieu, échappait à la torture des derniers combats. Une telle rapidité dans le trépas est souvent un châtiment terrible pour le pécheur; c'est souvent une grâce pour le juste. Notre pieux curé, bien disposé à paraître devant le tribunal suprême, put sans doute profiter de cette promptitude de la mort comme d'une bénédiction; et commencer, en quittant ce monde, le cantique de reconnaissance que l'évêque de Genève, son bien-aimé modèle, avait répété, à l'approche des derniers moments: « Ah! Dieu, je chanterai pour un jamais votre miséricorde! Ah! Dieu, j'ai déjà ressenti dans mon cœur et dedans tout mon corps une saillie qui me porte jusque dans votre sein, qui est une source de vie et d'immortalité ! »

Si son âme dut passer par les flammes expiatrices du Purgatoire, quel soulagement ne lui procurèrent pas les messes dites à son intention ! Elles furent nombreuses, grâce surtout à l'Association pour le repos de l'âme des prêtres défunts. Cette association venait d'être établie pour le diocèse par une ordonnance épiscopale du 10 août 1850. Le curé de Notre-Dame fut le troisième inscrit sur la liste des associés défunts; le premier, mort deux mois avant lui, était son parent, un jeune curé dont il avait secondé la vocation (1). Ils avaient l'un pour l'autre une sainte affection ; l'ancien élève avait eu hâte sans doute d'attirer par ses prières son cher maître dans le sein de Dieu où il goûtait déjà lui-même l'éternelle béatitude.

La nouvelle du décès se répandit dans la cité comme un éclair. La douleur fut générale ; générale aussi se montrait la croyance à l'heureux sort du défunt qui s'était fait précéder de tant de bonnes œuvres devant le Grand Juge. Comment ne se serait-on pas rappelé alors l'âme de St Jean l'aumônier s'envolant au ciel accompagnée d'une troupe innombrable de pauvres, d'orphelins, de malades qui portaient un rameau d'olivier et chantaient : Soyez bénie, soyez bénie, vous à qui nous devons le ciel !

Mgr Clausel de Montals prit une grande part au deuil; il avait perdu un de ses meilleurs prêtres,

______

(1) Nous avons déjà nommé plus haut cet ecclésiastique : M. Jourdain, décédé, curé de Saint-Prest, le 29 octobre 1850. Le second associé défunt était M. Rivet, curé de Villeau, mort le 3 décembre.

nous dirons plus, un aide précieux de son administration épiscopale , un ami. Les réceptions qui se multiplièrent dans son palais à l'occasion du nouvel an furent empreintes d'un vif sentiment de tristesse; les compliments poétiques des séminaristes furent supprimés comme il convenait à une visite de condoléance; et nous nous souvenons que le véritable complimenteur de la soirée fut l'évêque lui-même nous redisant d'une manière si intéressante les vertus et les qualités de son archiprêtre.

La douleur de Mgr l'évêque de Poitiers , en recevant cette annonce, ne saurait se décrire. Il était atterré; sa mère sanglotait. Il se jeta à genoux , et un flot de larmes put enfin s'échapper de ses yeux.

« Le jour même, nous dit son historien, il écrivit au frère de l'archiprêtre, M. Gabriel Lecomte. Ceux-là n'ont pas connu le cœur de Mgr Pie qui n'ont pas lu de lui des lettres comme celle-ci. « Je n'ai point de paroles, cher Monsieur et digne ami, pour vous exprimer l'excès de ma douleur : elle égale la vôtre. J'aimais comme un père, comme un frère, comme un ami unique, celui que la mort vient de frapper. Je ne puis arrêter le cours de mes larmes, et elles ne sortent point encore néanmoins avec assez d'abondance pour décharger mon cœur. »

Il le voyait dans le ciel. « Oh ! que Dieu aura reçu avec bonté, que la très Sainte Vierge aura présenté avec amour à son divin Fils ce pasteur qui fut parmi nous la plus douce image du Pasteur divin !... » Et un peu après : « Mon bien-aimé Père est avec Dieu, il est en possession de cette félicité dont il parlait si bien et qu'il a procurée à tant d'autres. Je prie, je prierai, je ferai prier pour lui; mais déjà je l'invoque

et j'attends de grandes grâces par son interces-
sion. Il m'a tant et si particulièrement aimé ici-bas !
Il me continuera sa bonté paternelle du haut des
cieux. »

Il exaltait sa belle âme : « Laissez-moi vous le
dire, je n'ai aimé en ce monde que lui d'un semblable
amour; il fut toujours pour moi un être à part. Que de
fois j'ai remercié Dieu de tant de dons accumulés dans
cette âme ! Je n'ai jamais connu ni un pareil cœur,
ni une pareille intelligence. J'ai un peu vu les
hommes qu'on appelle éminents : il les dépassait tous
par quelques endroits... » Encore, un peu plus loin :
« Une grande lumière vient donc de s'éteindre. Peu
de personnes en ont apprécié tout l'éclat. Humaine-
ment, cette vie devait avoir beaucoup **plus** de lustre
encore qu'elle en a eu. Il faut adorer la divine Providence dans ses mystères. » Enfin tout cet épanchement s'achève encore dans les pleurs : « Pardonnez à
ma faiblesse; ma mère, qui est **auprès** **de** **moi**, fond
en larmes, et mes sanglots se mêlent aux siens. »

Le lendemain matin, après la messe célébrée pour
son cher maître, Mgr Pie tomba malade. Quinze jours
après, il écrivait : « Cette mort de mon ami est un
deuil que je porterai longtemps. Les maux de tête ne
m'ont pas quitté depuis cette triste nouvelle. Elle a profondément altéré ma santé. Je ne saurais vous dire mes
impressions à cet égard, parce que je ne **veux** **pas**
mouiller le papier de nouvelles larmes...» Ecrivant à
tous ceux qui avaient connu le saint prêtre, à l'évêque de Chartres, au comte de l'Estoile, à M. l'abbé
Brière, à M. l'abbé Féron, aux Sœurs de la Maison-
Bleue, Mgr Pie ne savait plus leur parler d'autre
chose : « Mon cœur saigne et il saignera toujours

de la plaie qui lui est faite par la mort de ce saint et unique ami. »

Il demanda à Dieu de faire passer en lui l'esprit de M. Lecomte. Il reprit, autant qu'il put, sa trace de charité en s'attachant à ses pauvres, et nous avons un billet par lequel il transmet une aumône régulière à tel vieillard de l'hospice de Josaphat, à qui M. le Curé avait coutume de fournir quelques adoucissements.

Les obsèques eurent lieu à la cathédrale, le jeudi, 2 janvier, au milieu d'un immense concours de prêtres et de fidèles. Que de larmes versées autour du cercueil ! Tant de personnes voyaient se briser là leur appui et leurs espérances ! Au cimetière, un ami du défunt, M. Martel, se fit l'écho de la foule et prononça quelques paroles émues. La douleur commune eut d'autres interprètes. La chaire et le journal ne pouvaient rester muets sur ce triste événement; le discours prononcé par M. l'abbé Brière, lors de son installation comme curé de la cathédrale, contient d'admirables pages sur son prédécesseur. La lyre des poètes trouva des inspirations à la hauteur du sujet.

Mais un fait à relater comme témoignage de la reconnaissance des Chartrains, c'est surtout leur adhésion empressée à la souscription pour le monument funèbre. En tête de la liste des souscripteurs parut le nom du Maire de Chartres avec un chiffre de cent francs. A cette belle offrande s'ajoutèrent d'autres sommes présentées toutes par des cœurs généreux sinon par des mains opulentes.

Enfin, au-dessus de la dépouille mortelle du vénéré pasteur s'éleva le tombeau avec le portrait en relief,

12

dû au sculpteur Elie Dubois, et des inscriptions bien choisies. Le tout forme un imposant ensemble qui rappelle aux paroissiens de M. Lecomte ses meilleures leçons empruntées à l'Ecriture : Glorifiez Dieu de toute votre âme et rendez honneur à ses prêtres (Eccli. VII, 33.) — Seigneur, oh ! que votre esprit est bon et suave en tout. (Sag. XII, 1).

INSCRIPTIONS SUR LE TOMBEAU DE M. LECOMTE.

Face du midi, en avant :

Ici repose
le corps de
M. PIERRE-ALEXANDRE
LECOMTE
Curé-archiprêtre de Notre-Dame
Vicaire général de Chartres et de Poitiers
Chanoine théologal
Supérieur du monastère de la Visitation
Membre du Conseil académique d'Eure-et-Loir
Né à Nogent-le-Rotrou le 24 mars 1796
Et décédé à Chartres le 31 décembre 1850
Seigneur souvenez-vous de lui
Et de toute sa douceur.

Ps. CXXXI. 1.

Qu'il repose en paix.

— — — —

Fondateur de la Communauté du Saint-Cœur de Marie
(dite *Maison Bleue*)

Face du levant :

C'était un homme bon et plein de bénignité
Au regard doux et modeste
Aux mœurs simples et sans faste
Au langage noble et persuasif.

Il s'exerça dès son enfance
A la pratique des vertus.

II. Machab. XV. 12.

Ses conseils demeurent
Comme une fontaine de vie.

Eccli. 21. 16.

Face du couchant :

Il pressait sur son cœur les petits enfants
Et leur imposant les mains il les bénissait.

Marc. X. 16.

En voyant mes œuvres
Chacun me rendait ce témoignage
Que je n'ai jamais été sourd
Au cri du pauvre et de l'enfant délaissé.

Job. XXIX. 11 et 12.

Il a répandu avec profusion l'aumône
Dans le sein des pauvres.

Ps. CXI. 18.

Face du nord :

Les riches et les pauvres
Mêlant leurs dons et leurs larmes
Ont élevé ce monument
A la mémoire de leur pasteur bien-aimé
En l'an 1851.
Cette même tombe recouvre
Les ossements religieusement recueillis
De Mme LECOMTE née BADON
Décédée à Chartres en 1837.
Ainsi la mort n'aura pas séparé
Le fils et la mère
Si tendrement unis pendant la vie.

Concession à perpétuité.

CHAPITRE XVII.

HOMMAGES POÉTIQUES.

Pièce de vers composée par M. l'abbé Hénault, séminariste diacre, à la nouvelle de la mort de M. Lecomte (31 décembre 1850).

I

Pour qui ce triste glas dont la plainte sonore
Soudain, comme la foudre, a frappé tous les cœurs ?
Et qui donc, ô mon Dieu, ne verra pas l'aurore
  D'un an qui va renaître encore ?
O ma vieille cité, mouille tes yeux de pleurs,
  Voici que ton pasteur succombe !
Ses enfants à l'envi lui préparaient des fleurs ;
O mécompte ! c'était pour jeter sur sa tombe.
Au ciel ces tristes sons, pour nous concert de deuil,
  Sont des préludes d'allégresse ;
  Dans les Cieux un trône se dresse,
  Mais ici-bas s'ouvre un cercueil !

Déjà plane sur nous un lugubre silence ;
  Tout pleure avec l'airain sacré ;
  La demeure de l'opulence,
  La chaumière de l'indigence
Ont pleuré de concert ce père vénéré,
  Les chemins du temple ont pleuré !

II

  L'enfant n'aura plus son sourire,
  Ce sourire plein de bonté ;

Ni l'infortune qui soupire,
Sa tendresse et sa charité.
Nous n'aurons plus son beau génie
Et son langage harmonieux
Qui décrivait si bien des cieux
La magnificence infinie.
Qui n'a pas, aux parvis sacrés,
Entendu ce pasteur, aux élans inspirés,
Nous peindre en brûlants caractères
L'amour de notre Dieu, la beauté des mystères ?
Un instant enivré de son doux entretien,
A son insu, l'impie était chrétien ;
Oubliant sa honteuse flamme,
La volupté brisait un coupable lien ;
L'orgueil baissait son front en élevant son âme ;
Le pécheur, malgré soi, révélait ses douleurs,
La piété versait des pleurs.

Douceur !... ce fut ton caractère,
Ministre du Dieu des pardons,
Tu cachais l'œil de sa colère
Et ta voix prenait tous les tons,
Excepté celui du tonnerre.

La chaire avait pour nous des charmes bien puissants,
Lorsque sa voix vibrait dans cette nef antique ;
Les vieux échos semblaient, sous la voûte gothique,
Redire de Bernard les suaves accents.

L'Océan divin d'où s'écoulent
La gloire, le génie et l'éclat des vertus.
Comme notre Océan, a son flux et reflux :
Veut-il monter sa gloire ? alors les vagues roulent
Vers le rivage en bondissant ;
Mais quand la vague se retire,

12.

Elle s'enfuit en gémissant
Et tout le rivage soupire :
 Ainsi le génie expire,
 Ainsi la vertu s'endort
 Entre les bras de la mort.

Il fut un ami véritable.....
 Qui d'entre nous n'a pas goûté
 L'attrait de son commerce aimable,
 Sa touchante simplicité ?
 Son discours était noble et tendre ;
 C'était délice de l'entendre ;
 Je dirai même *volupté*.

Son regard pour l'impie était calme et sévère ;
Pour le pécheur c'était un reproche sans fiel ;
Pour le cœur abattu des dégoûts de la terre
Un rayon d'espérance, un doux reflet du ciel ;
Pour le doute c'était un foyer de lumière,
Et pour l'orgueil un trait qui lui donnait la mort ;
 Il était doux pour être fort.

Secourir, oh ! ce fut son plus doux ministère.
A nourrir l'orphelin et l'enfant délaissé,
Son cœur inépuisable a sa main épuisé ;
Et son amour pour eux fut un amour de mère.

Donner, donner toujours, c'était là son bonheur ;
Ce noble cœur était une source féconde ;
Cette main, un canal qui répandait son onde
Jusqu'au désert aride où gémit le malheur.

Faut-il le contempler au chevet du malade ?
On eût dit, à le voir, un ange en ambassade,
Lorsqu'au pauvre mourant il tendait une main,
Comme pour l'entraîner dans cette autre patrie

Où jamais du bonheur la source n'est tarie,
      Dont la fête est sans lendemain.

La joie et le bonheur naissaient sur son passage,
Mais chez lui la douleur avait fait son séjour :
Les fruits qu'il moissonnait mûrissaient par l'orage,
Et c'était pour son âme un pain de chaque jour.
D'une main il tenait la coupe d'où sans cesse
Il versait dans les cœurs la paix et l'allégresse ;
De l'autre, en souriant, il pressait sur son cœur
      La coupe amère des souffrances ;
Et quand il l'eut vidée, abreuvé de douleur,
Il s'en alla l'offrir au Dieu des récompenses,
      A ce dernier consolateur.

III

Mais quels lugubres sons !... Ah ! j'entends sonner l'heure.
Où l'on va nous ravir ses restes vénérés !
      Suivons-les aux parvis sacrés,
      Parmi cette foule qui pleure.
   Ouvrez-lui donc pour la dernière fois
      Les portes de la basilique.
Il n'y va plus, mon Dieu, pour annoncer tes lois,
Pour lire et contempler la légende biblique,
Ecrite en diamants sur la vitre gothique ;
Il n'y va plus bénir les enfants tour-à-tour ;
Il n'y va plus offrir la Victime d'amour,
      Brûler à genoux sur la pierre
      Le pur encens de la prière !

Mais il me semble entendre, au sortir du saint lieu,
      Se ranimer sa voix éteinte :
« Adieu, beau sanctuaire, asile de mon Dieu !
» Pour la dernière fois je sors de ton enceinte ;

» Autels sacrés, tribune sainte,
» Noire Madone, ô toi que j'aimais tant, adieu !!! »

Le convoi funèbre s'avance
Voilé de deuil, entouré de silence...
Au sein de la cité qui lui fait ses adieux,
Il prolonge aujourd'hui sa marche solennelle
Dans un cercueil !... Hier, le cœur brûlant de zèle,
Il passait au milieu de ses enfants joyeux,
Répandant sur ses pas la vie et l'allégresse,
Séchant les pleurs aux yeux de l'affligé ;
Mais aujourd'hui, ces pleurs qu'essuyait sa tendresse,
Inondent tous les yeux !... Que la scène a changé !

Mon Dieu, qui de la mort faites jaillir la vie,
Recevez sa belle âme au sein de sa patrie !
Va revoir, bon pasteur, au séjour éternel,
Nos pères, nos amis ; tu fus aussi leur père,
Un de ceux que le ciel
Ne prodigue pas à la terre,
Et dont la vie est un mystère.

Voilà ce qu'il était, cet homme qui n'est plus.
Quel trait de feu pourrait peindre sa vie ?
Gravez sur sa tombe chérie :
Il a passé comme Jésus.

En 1851. A la vue du portrait de l'archiprêtre.

Quand parut la gravure représentant M. Lecomte, un jeune ecclésiastique qui avait été son protégé, M. l'abbé Lavanne, composa la poésie suivante :

De notre doux pasteur je reconnais l'image ;
C'est lui ! tel il était ! je le sens à mon cœur !
Art béni, tu me rends les traits de son visage,
Pour charmer mes regrets par une douce erreur.

Il me semble le voir ! et ce sourire aimable
Fixé sur ce tableau par une habile main,
Sur ses lèvres brillait non moins inaltérable,
Malgré les maux amers refoulés dans son sein.

Tel était son regard, regard plein de tendresse ;
Le génie et l'amour y mêlaient leurs rayons ;
Telle sa douce main, prodigue de caresse,
Aimait à se reposer sur de candides fronts.

Il pouvait battre à l'aise en sa large poitrine,
Son cœur, son noble cœur, canal mystérieux
D'où s'épanchait à flots la charité divine ;
Des plus belles vertus ensemble harmonieux.

Du Dieu qui le créa la bonté sans limite
Fit jaillir du foyer de l'amour éternel
Un rayon qu'il versa dans cette âme d'élite,
Qui sur la terre, aimait comme l'on aime au ciel.

C'est pour cela qu'à peine au seuil de sa carrière,
Déjà son cœur, docile à ce sublime instinct,
Comme un astre qui marche en donnant sa lumière,
Gravitait par l'amour vers son centre divin.

Sans cesse il te cherchait, Seigneur, dans tes ouvrages ;
Nature, il comprenait ton langage éloquent !
Ciel, il savait le nom que tonnaient tes orages !
Mer, il le retrouvait dans ton mugissement !

Puis lorsque se mêlant aux teintes de l'aurore,
L'arc-en-ciel souriait à notre humble frayeur,
O beauté délectable ! il te voyait encore,
Il voyait ton sourire empreint dans une fleur.

Un ruisseau murmurant sous un riant ombrage,
Un doux nid gazouillant sur un rustique toit,

Au cœur intelligent de ce sublime sage,
Toute chose parlait, Seigneur, parlait de toi.

Il croyait avant tout, dans les traits de l'enfance,
Voir briller un reflet de la divinité ;
Amour des chastes cœurs, simple et douce innocence,
Penser à toi, c'était sa sainte volupté.

Par quels chants délicats il te rendait hommage ?
Comme il te célébrait en suaves accents !
Et puis comme il pleurait, lorsqu'un triste naufrage
Enlevait la vertu du cœur de ses enfants !

Mais il te consacra sa première louange ;
Etre aimé de la terre et qu'admire le Ciel !
Sous les traits d'une mère il croyait voir un ange ;
Dieu lui montrait son cœur dans un cœur maternel.

Des mères le modèle, ô divine Marie !
Ton saint nom fut l'objet de ses chères amours,
Le baume consolant qui parfumait sa vie,
Le thème inspirateur de ses plus beaux discours.

Comme son peuple aimait recueillir ses paroles !
La science divine, en ses enseignements,
Toujours se revêtait de gracieux symboles ;
Tel Jésus enseignait par emblêmes touchants.

Un peu d'ambition... et par son éloquence
Il consacrait son nom à la célébrité.
Trop grand, il dédaigna gloire, honneur et puissance ;
Rien, dit-il au Seigneur, rien que la Charité !

Tes ardeurs, charité, s'emparant de son âme,
Dans l'extase des sens la ravissaient au ciel !
Amour, elle y brûlait de la plus pure flamme,
Comme la lampe d'or qui brûle au saint autel.

Puis elle descendait des régions sublimes,
Sur la terre, exercer ses fécondes vertus ;
Et la bourse à la main, volait vers les victimes
Qui souffrent dans leurs corps comme autrefois Jésus.

Dès l'aube, voyez-vous sur cette épaisse neige
L'empreinte de ses pas ? Notre pasteur chéri
Est allé visiter les enfants qu'il protège,
Et parler du Seigneur à leur cœur attendri.

Mais quel est cet enfant ? O mon Dieu ! comme il pleure !
De tes larmes dis-moi la cause, cher enfant.
— Mon père va mourir. — Montre-moi sa demeure.
Et le bon prêtre vole au chevet du mourant.

Puis, quand l'heure du soir lui prêtera son ombre,
Il ira chez la veuve, au milieu d'orphelins
Qui grelottent de froid dans quelque réduit sombre,
Et versera l'aumône en leurs débiles mains.

« Ou du pain, ou la mort !... Je suis dans la misère !
Une arme est dans ma main... Vous et moi nous mourrons. »
— « Pauvre ami ! je n'ai rien, mais jusqu'au presbytère,
Prenez mon bras, venez, nous vous soulagerons. »

Ces actes vertueux qu'un tendre zèle inspire,
Les anges les comptaient au glorieux séjour ;
Leur nombre est infini... Jamais il ne put dire :
Je n'ai point fait d'heureux, j'ai donc perdu ce jour !

De l'humble charité la compagne fidèle,
La douceur rayonnait sur son aimable front.
Pécheurs ! ah ! vous saviez sa bonté paternelle !
Dans son tendre regard on lisait le pardon.

Lorsque rendant mon cœur au Dieu de ma jeunesse,
Je romprai des liens devenus odieux,

C'est notre doux pasteur, disait la pécheresse,
C'est lui qui recevra mes pénibles aveux.

Du pauvre être l'ami, protéger l'innocence,
Pardonner aux pécheurs, sort envié des Rois !
Mais il fallait encore un trait de ressemblance
Avec le Dieu Sauveur qui mourut sur la croix.

Douleur, je t'en conjure, épargne un si bon père !
Il a tant fait de bien !... qu'il en goûte le fruit !
Le repos ici-bas est pour l'âme vulgaire,
L'imitateur d'un Dieu doit souffrir comme lui.

Il sut donc te porter, ô croix de la souffrance !
Et longtemps te baigner de pénibles sueurs...
J'adore tes décrets, ô sainte Providence !
Ici-bas la vertu s'affermit par les pleurs.

Pourquoi ces cris plaintifs et ces vives alarmes !
Il expire, il n'est plus !... Qui donc ? Notre pasteur !
Il n'est plus !... laissez-moi, laissez couler mes larmes ;
J'ai besoin d'être seul, seul avec ma douleur.

...Il venait d'expirer ; vers le Ciel exhalée,
Sa belle âme montait au séjour des élus,
Et son corps était là, comme un froid mausolée,
Monument dont l'aspect rappelait ses vertus.

De son pudique front la blancheur sans mélange
Exprimait la candeur du lys épanoui.
Rien d'humain dans ses traits, c'étaient les traits d'un ange.
Une croix reposait sur son sein endormi.

Avant de le quitter dans cette triste vie,
Après l'avoir longtemps pressée entre mes bras,
Je baisai par trois fois sa dépouille chérie ;
A ces baisers d'un fils il ne répondait pas.

O mon père chéri ! de mon adolescence,
Tu fus le saint appui, l'amour et le bonheur !
Je ne te verrai plus ; donne-moi l'espérance
De te voir à jamais dans le sein du Seigneur.

Ah ! que je l'ai pleuré, mon admirable père !
Que sa mort m'a causé de douloureux ennuis !
Le jour ne séchait point mon humide paupière,
Je le pleurais encor dans le secret des nuits.

Je n'ai pas pleuré seul sa perte douloureuse :
Lorsqu'au champ du repos on portait son cercueil,
J'ai vu couler les pleurs de la foule pieuse !
Le cortège, c'était toute une ville en deuil !

Pauvres dont il savait soulager la misère,
Veuves, vous n'avez plus ce tendre protecteur !
Orphelins qu'il aimait, vous n'avez plus de père !
Amis, vous n'avez plus l'ami de votre cœur !

Consolez-vous ! Celui que votre amour réclame,
Répond par un bienfait à vos tristes adieux,
Ne vous laisse-t-il pas la moitié de son âme
Dans le nouveau pasteur qu'il vous montre des Cieux !

Poésie de M. l'abbé Féron, second vicaire de N.-D.

A une violette recueillie sur le bord de la tombe de M. Lecomte.

Violette égarée au versant de la tombe
Où repose un ami, l'ami des tendres cœurs,
As-tu compris le mal auquel mon cœur succombe,
    Et t'éloignes-tu de tes sœurs
Pour mêler tes parfums à mes trop justes pleurs ?

Je te vois là gisante, et triste, et solitaire.
De ton premier matin tu n'as plus les attraits !
Tes naïves beautés, couvertes de poussière,
     Ont déserté l'ombrage frais
Et délaissé des bois le verdoyant palais.

Non, tu n'entendras plus de ton ami d'enfance
Soupirer près de toi le luth harmonieux.
Il ne sourira plus à ta douce présence,
     De ce souris délicieux,
Dont seuls ont le secret des habitants des cieux.

Trop parfait pour la terre, il n'y pouvait plus vivre,
Pour lui tout s'y tournait en des dégoûts amers,
Il ne pouvait plus boire au torrent où s'enivre
     La tourbe impure des pervers,
Qui semble avoir juré de briser l'univers.

Fleur, tu dormais paisible, à l'ombre des bocages,
Lui dormait sans sommeil sur le sein du Seigneur ;
Mais contemplant de là les horribles ravages
     D'un siècle prévaricateur,
A peine goûtait-il quelque rare douceur.

Pour son cœur délicat, c'était trop longue épreuve ;
« Au milieu, disait-il, de la corruption
» Qui désole le monde, hélas ! mon âme est veuve.
     » Nul bras, ô vierges de Sion,
» Ne m'aide à vous sauver de la contagion. »

Que son rêve était saint ! Aux fragiles fauvettes,
A la frêle jeunesse il voulait un abri.
Puissant à protéger ces plantes inquiètes,
     Et ne le trouvant point ici,
Pour elles, dans les Cieux il va crier merci.

Dis-le, petite fleur, est-ce lui qui t'envoie ?
Messager, descendu des parvis bienheureux,
Ne serais-tu donc point l'ange pur de la joie,
    Venu dans l'exil douloureux,
Nous dire que le Ciel daigne accueillir ses vœux ?

Viendrais-tu de sa part bénir la tendre enfance,
Et tromper ses ennuis par tes chastes douceurs !
Viendrais-tu de sa part bénir l'adolescence,
    Et par tes pudiques odeurs,
Pour elle atténuer des parfums corrupteurs ?

Serais-tu de sa main une douce caresse,
Protégeant à la fois le lys à peine éclos,
Et ce lys rayonnant de blancheur de jeunesse,
    Que chantent déjà les échos ;
Serais-tu pour tous deux le signe du repos ?

Je ne sais ; mais pardonne à la main téméraire
Qui t'enlève d'ici, modeste et simple fleur.
Ah ! je veux conserver ton baume salutaire,
    Comme un sûr gage de pudeur,
Pour ces petits enfants qu'a tant aimés son cœur.

Je veux te conserver comme un bénin dictame,
Entre mes mains toujours, pour calmer les chagrins,
Qui s'en viennent parfois troubler d'une belle âme
    Les plus angéliques destins,
Et constamment briser ses projets les plus saints.

Je veux te conserver à l'affreuse indigence ;
Tu lui rappelleras qu'il n'a point laissé d'or,
Que donnant tout, hélas ! même avec imprudence,
    Avant de prendre son essor,
Sage prodigue, aux Cieux il remit son trésor.

Je veux te conserver à l'infirme qui souffre ;
Tu lui raconteras que lui-même a souffert,
Qu'en son sein bouillonnaient et la flamme et le soufre,
      Et que son cœur, comme un désert,
Presque toujours sur lui sentait le ciel couvert.

Oui, tu lui diras que sur l'aride terre,
Nouveau Job, il pleura sans murmurer jamais,
Que son pleur était doux, sa douleur point amère ;
      Et que, dans ses moments de paix,
Son regard vers les Cieux montait suave et frais.

A tous ceux qu'il aima, confidente chérie,
Tu rediras enfin que ses soins dans le Ciel,
C'est de leur adoucir la coupe de la vie
      Et d'en édulcorer le fiel
Par des vœux assidus auprès de l'Eternel.

Pour moi, je le promets, triste dépositaire,
Je te conserverai comme un trésor divin,
Des peines d'ici-bas tu sauras me distraire,
      Et tu brilleras dans ma main,
Lorsque poindra pour moi le jour sans lendemain.

CHAPITRE XVIII

LES VICAIRES DE M. LECOMTE

En parlant des relations de M. Lecomte avec ses confrères, nous avons donné la nomenclature des prêtres qui furent ses vicaires. Pour ne pas interrompre la marche du récit, nous avons dû reporter plus loin quelques notices sur plusieurs d'entre eux. Nous les plaçons ici, pensant qu'elles se rattachent assez naturellement avec l'objet général de l'ouvrage. Honorer les collaborateurs de M. le Curé, c'est encore l'honorer lui-même. Entre le chef et les membres d'une famille n'y a-t-il pas affinité d'intérêts, de joies, de souffrances, de gloire ?

M. L'ABBÉ BARET
Chanoine honoraire

M. l'abbé Alexandre-Narcisse Baret, né à Chartres en 1799, fut aussitôt après son élévation à la prêtrise, en 1822, nommé vicaire à la cathédrale. En 1830, il était premier vicaire; il resta à ce poste jusqu'à sa mort, survenue le lundi 22 octobre 1855. Il avait été installé chanoine honoraire le 30 mars 1836.

C'est à une violente apoplexie qu'il succomba un matin, à l'heure de son lever. Il s'était enfermé imprudemment dans sa chambre; pour cette raison les secours qu'il appelait furent trop lents à venir; tout remède resta sans efficacité, il ne tarda pas à expirer, muni toutefois du Sacrement de l'Extrême-Onction.

Cette mort inattendue fit verser bien des larmes, la consternation était générale dans la paroisse de Notre-Dame.

Il y eut à ses funérailles une affluence considérable. L'Evêque, le clergé de la ville, les séminaires, les députations des Communautés, tout le personnel de l'hospice de Saint-Brice, et celui de la Maison Bleue s'y trouvaient. M. le préfet, M. le maire et ses adjoints, des magistrats, les membres les plus notables de la bourgeoisie chartraine, y vinrent aussi témoigner de la sympathie publique pour ce prêtre, homme de désintéressement et de charité.

Dans la procession funèbre, on remarqua particulièrement la superbe bannière de N.-D. de la Brèche, dernier don fait par M. Baret à ce charmant sanctuaire qu'il avait relevé de ses ruines et qu'il se plaisait tant à orner depuis 1843.

« ....Cet honorable ecclésiastique, écrivit dans un article nécrologique son curé lui-même, M. l'abbé Brière, a rempli une carrière modeste, mais pleine de labeurs et de fruits précieux, il ne sera pas, certes, dit de lui « qu'il n'a pas été dans le travail auquel l'humanité est condamnée. » (ps. 72, v. 5) Attaché, pendant trente-trois années consécutives au même poste qui lui fut assigné dans sa ville natale, du jour où il reçut le sacerdoce, il porta constamment « le poids du jour et de la chaleur. » La confiance d'une multitude de personnes, qu'il avait pour la plupart initiées à la vue spirituelle, le retenait presque sans cesse au confessionnal, d'où il ne sortait guère que pour vaquer à d'autres soins de son ministère.

Il était ami dévoué de l'enfance et de la jeunesse,

qu'il excellait à instruire au catéchisme et à diriger dans les sentiers glissants que cet âge parcourt avec tant de périls. Aumônier de la prison, il prodiguait aux malheureux qu'elle enferme, les témoignages les plus affectueux de compassion et de tendresse. Nul des criminels qu'il accompagna maintes fois à l'échafaud, ne put résister aux efforts de son zèle : on se souvient que le dernier d'entre eux, qui s'était refusé, jusqu'à l'heure suprême, à faire l'aveu de sa culpabilité, se réconcilia avec Dieu, avant de partir pour le supplice, vaincu par les exhortations touchantes de son digne confesseur, et voulut même, au moment où la justice allait le frapper, que celui-ci rendît publique l'expression de son repentir ; commission dont l'abbé Baret s'acquitta en des termes si pleins de sensibilité, que tout le peuple présent sur la place de l'exécution tomba spontanément à genoux, et s'unit en versant des larmes à une courte prière qu'il prononça à haute voix. L'abbé Baret était d'une vie exemplaire, de mœurs douces, d'une affabilité singulière envers tout le monde, d'un dévouement sans bornes à l'égard de ses confrères et de ses amis.

Ce fut lui qui assista dans sa longue maladie et à ses derniers instants, le très-regrettable abbé Sureau, dont l'Eglise de Chartres pleure encore la perte; il contribua beaucoup à adoucir sa cruelle agonie de quinze jours entiers, en versant sans relâche le baume de la consolation dans ce cœur si péniblement éprouvé, en soutenant au milieu des défaillances de la nature, ce courage qui, grâce au ciel, se trouva jusqu'à la fin au-dessus de son adversité.

Mystérieuse, quoique toujours adorable conduite de

la Providence ! l'un de ces hommes vertueux s'éteint si lentement, qu'il ne peut, malgré toute sa patience, s'empêcher de dire « que des souffrances aussi prolongées que les siennes sont une grande tentation, » l'autre disparaît si rapidement de la scène qu'on est tenté de croire que son trépas n'est qu'un songe, et qu'on le cherche près de soi, lorsque déjà son corps est scellé dans la tombe.

M. Baret avait de la fortune; les aumônes qu'il fait en ce moment sont l'indice et le garant de celles qu'il a faites pendant sa vie. On prétend que les legs charitables contenus dans son testament ne s'élèvent pas à moins de trente mille francs. Les bénédictions des pauvres viendront donc se joindre, en son honneur, à celles des âmes pieuses, et ce concert l'accompagnera jusqu'aux pieds de l'Éternel.... »

M. l'abbé Baret fut tiré en portrait sur son lit de mort. A cette occasion, M. l'abbé Calluet, chanoine honoraire, ancien principal du collège de Chartres, composa les vers suivants :

Dans les cieux le soleil levé
Répandait sa lueur nouvelle,
Et dans la vigne qui l'appelle,
L'ouvrier vigilant n'était pas arrivé !
L'âme souffrante et timorée,
Le prisonnier dans ses cachots,
Le malade expirant, la brebis égarée,
L'attendaient vainement pour lui conter leurs maux.
Sans douleur et sans agonie,
Ce matin, dès le point du jour,
Il est parti pour l'éternel séjour,
Dieu lui tendait les bras; sa tâche était finie.

Le même poète parle de M. Baret dans son ouvrage intitulé : *Le Tour de ville*, à propos de la Porte Drouaise et de la chapelle de la Brèche.

....Là-bas avec sa croix nouvelle
J'aperçois un jeune clocher ;
La Brèche a-t-elle donc retrouvé sa chapelle ?
Nos yeux ici n'allaient plus la chercher.
Non vraiment, ce n'est pas un songe :
Qui l'aurait cru ? dans ce siècle, où l'on songe
A donner, peu ; beaucoup à retenir :
Une main dévouée, en l'honneur de Marie,
Sans bruit, de la vieille patrie
A voulu restaurer ce pieux souvenir.
Le zèle vaut de l'or ! Allons, ami, courage !
Apôtre de la charité,
Poursuis ton généreux ouvrage :
Sois bien le fils de ta cité !....

M. L'ABBÉ FÉRON

M. l'abbé Paul-Léonard-Urbain Féron, baptisé à Illiers, en 1801, fut élève de M. Lecomte, pendant son cours de philosophie. Ordonné prêtre quelques années après, il devint son vicaire à la cathédrale ; c'était en 1825. Voici comment a été résumée l'histoire de sa vie dans la *Voix de N.-D.*, quand Dieu l'eût appelé à lui pour récompenser son long et laborieux ministère, en 1866.

Tout d'abord l'abbé Féron se fit remarquer par le zèle qu'il apportait à catéchiser les enfants de la paroisse ; il fut encouragé longtemps dans cet exercice par celui qui se plaisait à l'appeler un autre lui-même, par M. Lecomte, dont la mémoire est encore

13.

vivante dans le cœur de tous ceux qui aiment et fréquentent le Sanctuaire de N.-D. de Chartres. Unis par le cœur, unis par l'intention, ils préparèrent à l'acte auguste de leur première communion une foule d'enfants, qui, hommes aujourd'hui, ne peuvent se reporter sans attendrissement aux impressions profondes et pures de leur première communion.

Comme ses très honorés collègues, M. l'abbé Féron se voua au service des pauvres, et il fut assez puissant par son autorité, assez calme par sa foi, assez conciliant par son caractère affectueux et bon, pour faire rentrer dans l'ordre certains habitants d'une commune voisine aveuglés un instant par l'erreur. Leur effervescence eût peut-être fait regretter des crimes, si quelques hommes de cœur, aidés ensuite par celui que nous pleurons, ne fussent venus s'opposer à ces désordres déplorables, parce qu'ils s'élevaient contre la vérité, contre la foi. Le temps a fait justice de tels égarements.

Quelques années après, M. l'abbé Féron se signalait par son dévouement à l'approche du choléra ; pendant quinze jours, il resta nuit et jour au service des malades qu'il consolait et auxquels il prodiguait, sans se faire valoir aucunement, le pain qui tarit les larmes et affermit les forts. Il se refusait tout repos tant qu'il savait qu'une souffrance l'appelait et que des malheureux le réclamaient. Ce ne fut qu'après la miraculeuse procession qui eut lieu dans la ville, qu'il consentit enfin à se mettre au lit. Il était temps, son corps était épuisé. Dix-sept ans plus tard, lorsque la même épidémie sévissait dans nos murs, il trouva la même ardeur pour secourir les malades et se prodiguer à tous.

Il fut encore appelé à remplir la charge le plus souvent pénible d'aumônier des prisons, et il fallut que son âme sensible et bonne préparât à paraître devant Dieu ceux que la justice humaine avait condamnés.

Chacun connaissait et estimait sa facilité dans l'art de la parole; orateur d'improvisation, il rendit au clergé de Notre-Dame de nombreux services : alors même qu'il n'avait pas été prévenu, au moment où il fallait parler, il montait en chaire, et souvent il trouva non-seulement de l'éloquence, mais des images variées, fines et gracieusement exprimées.

Dévoué pour ses pénitents, particulièrement affectueux pour les enfants, il remplit avec zèle les fonctions d'aumônier dans l'institution de M. Heurtault; aussi un dernier témoignage de reconnaissance, un dernier adieu parti du cœur a-t-il été prononcé par le directeur de cette institution.

Que son souvenir reste à jamais gravé dans les cœurs à côté de celui du vénérable abbé Lecomte, au pied duquel une volonté inspirée par les plus doux souvenirs a demandé qu'il fût déposé!

Hic jacet

Paulus-Leonardus-Urbanus Féron

Per annos 40

Ecclesiæ B.-M.-V. Carnutensis vicarius

Sub parochis Lecomte et Brière

Prœlia Domini strenuè decertavit

Altero ad regimen hujus ecclesiæ electo

Altero decedente vita cessit

Ad pedes patris filius requiescit

Ambo dùm viverent conjunctissimi

Ambo beatam spem expectantes
Et adventum gloriæ magni Dei
In morte quoque non sunt divisi.
Obiit die XXVII januarii 1866
Annos natus LXV.

Nous traduisons :

Ci-gît Paul-Léonard-Urbain Féron, vicaire de l'église de N.-D. de Chartres, pendant 40 ans, sous les curés Lecomte et Brière. Il soutint vaillamment les combats du Seigneur quand le premier fut choisi pour le gouvernement de cette église ; à la mort de l'autre, il quitta la vie. (Ici) il repose comme un fils aux pieds de son père ; tous deux si unis de leur vivant, tous deux attendant la bienheureuse espérance et l'avènement de la gloire de Dieu, la mort elle-même ne les a pas séparés.

Il est décédé le 27 janvier 1866, à l'âge de 65 ans.

Nous avons déjà donné plus haut une poésie de M. l'abbé Féron. Voici celle dont nous avons parlé, dans le courant de notre ouvrage, à l'occasion du choléra de 1849. Nous avons dit qu'elle fut récompensée par une médaille d'argent au Concours poétique de 1853.

La Petite Fille et la Mère

réunies dans une même tombe.

« Ma mère, à ton enfant pourquoi ne pas sourire ?
» Tu fus toujours esclave auprès de mon berceau,
» Libre par mon trépas, pourquoi veux-tu me suivre
    » Dans la nuit d'un même tombeau ?

» Bonne mère, à mon sort pourquoi ne pas sourire ?
» Le front ceint d'un lys pur, je vole au firmament,

» Que te sert d'y mêler la rose d'un martyre
    » Dont je fus le triste instrument.

» Ah ! que je t'ai causé de chagrins et de larmes !
» Tu souffrais de mes maux, tu pleurais de mes pleurs,
» Mère, repose-toi de tes vives alarmes ;
    » Dieu te fera des jours meilleurs. »

Mourante, ainsi parlait en son muet langage,
La flattant de ses mains, à sa mère, une enfant,
Jeune fleur moissonnée au matin de son âge,
    Que nous ne vîmes qu'en passant.

Sur son petit linceul, morte, elle était vivante,
Elle semblait encore encourager le cœur
De cette mère, hélas ! qui tombait expirante
    Sous le fardeau de la douleur.

Elle excitait encor la naïve caresse,
Et ses yeux provoquaient la bienveillante main,
Quand déjà dans les cieux elle goûtait l'ivresse
    D'un jour sans triste lendemain.

Bientôt mourut la mère. « Oh ! que je suis heureuse,
» Chère enfant, disait-elle, aux clartés de la foi,
» De sortir d'une vie où j'aurais, douloureuse,
    » Pu languir bien longtemps sans toi !

» Quel bonheur de dormir dans une même tombe !
» Devant Dieu tu seras mon ange protecteur ;
» La plus sainte vertu souvent au mal succombe ;
    » Tu me prêteras ta blancheur. »

Et l'âme de l'enfant sur son aile brillante,
Dans l'âme de sa mère emportant son trésor,
S'ébattait par l'espace, heureuse et triomphante
    De l'entraîner dans son essor.

« Oh! viens, ma bonne mère! A ma pure innocence,
» Hier un Dieu clément daignait ouvrir les cieux ;
» Les pourrait-il fermer à ta longue souffrance,
    » Au long pleur tombé de tes yeux ?

» Viens, mère, viens, ton lit fut le berceau pudique
» Dans lequel je naquis au prix de ta douleur.
» Cette commune fosse est la couche angélique
    » Qui nous enfante au vrai bonheur. »

Puis la terre couvrit et la mère et la fille,
Tandis qu'au sein de Dieu dans un chaste baiser,
Leurs âmes resserraient des liens de famille
    Que nul malheur ne peut briser.

M. L'ABBÉ L'ANGLOIS
chanoine honoraire

M. l'abbé L'anglois n'était pas né à Chartres ; mais il y demeura presque toute sa vie, au milieu de son honorable famille alliée depuis bien longtemps à l'élite de la société chartraine. Son grand-père avait été premier échevin de notre cité et président du tribunal de commerce ; son père prit du service dans l'armée en même temps que le célèbre Marceau et, comme lui, devint un brillant officier ; sous-gouverneur de la forteresse de Bitche, en Alsace, puis colonel, il mourut laissant plusieurs enfants en bas-âge, qui avaient déjà perdu leur mère ; on les conduisit aussitôt à Chartres auprès de la chère aïeule qui devait présider à leur éducation.

Louis-Simon, l'aîné de ces orphelins, se fit bientôt remarquer par des aptitudes qui annonçaient un heureux avenir. Toutefois, depuis sa naissance à Bitche

(1er février 1804) jusqu'au terme de ses études ecclésiastiques, nous n'avons à relever aucun fait digne
de remarque ; n'aurions-nous pas dit beaucoup, en
déclarant qu'il fut bon écolier et excellent lévite ?
L'amour pour les choses de l'Église avait pu se développer en lui lorsqu'il remplissait les fonctions
d'enfant de chœur au couvent de Saint-Paul ; il n'hésita jamais dans sa résolution de se consacrer entièrement à Dieu. Au Grand Séminaire, on l'investit de
plusieurs charges de confiance, preuve de l'estime
qu'il s'était acquise.

Bien plus, une fois promu au diaconat, on lui permit des sorties fréquentes, à la demande de prêtres
qui avaient sollicité sa collaboration. Ainsi fut-il autorisé à se rendre à Châteauneuf pour y prêcher le
jour de Noël 1826 ; ainsi devint-il catéchiste habituel
à l'église Saint-Aignan de Chartres pendant sa dernière année de préparation au sacerdoce.

Ordonné prêtre par Mgr Clausel de Montals, le
10 mars 1827, il débuta par le vicariat de Saint-
Aignan ; après un séjour assez court dans cette
paroisse, il revint à celle de Notre-Dame en qualité
d'aumônier de l'Hôtel-Dieu. Il se trouvait là en 1832,
lorsque le terrible fléau du choléra vint causer tant
de ravages dans notre ville ; le dévouement du jeune
aumônier fut à la hauteur des circonstances ; c'était
un bon noviciat pour le fructueux ministère que Dieu
lui réservait auprès des malades jusqu'aux jours de
sa vieillesse. A peu près vers la même époque, un
binage à Bailleau-l'Évêque n'effrayait point son
activité et l'initiait à l'administration paroissiale. A
l'âge de vingt-neuf ans il avait donc été à même de
montrer la variété de ressources dont l'avait doué la

divine Providence ; c'est ce qui explique le choix dont l'honora son évêque en le nommant curé de l'importante paroisse de Gallardon. Il y fut installé en mai 1833 ; mais trois ans plus tard, le 8 novembre 1836, il renonça volontiers à cette charge qu'il échangea contre les fonctions de vicaire à la cathédrale, sur la proposition de l'archiprêtre, M. l'abbé Lecomte.

Le digne curé de Notre-Dame n'eut pas à regretter sa démarche. Le nouveau vicaire, fort bien accueilli à Chartres à cause d'heureux antécédents et de ses liens de parenté avec de bonnes familles, sut tourner ces avantages au profit de la Sainte Église ; plein de vigueur et d'entrain, il portait allègrement sa part du fardeau dévolu aux prêtres de la première paroisse du diocèse. M. Lecomte ne pouvait mieux caractériser le zèle et les allures de ce collaborateur qu'en l'appelant : son abeille ouvrière.

L'enseignement du catéchisme à l'église et à l'intérieur des classes dans plusieurs maisons d'éducation imposait aux vicaires de Notre-Dame une tâche qui n'était pas sans difficultés. M. l'abbé L'anglois associé à ce ministère si utile, vit s'accroître singulièrement son travail lorsque lui fut confiée l'aumônerie de l'Ecole Normale. C'est le 13 mai 1841 qu'il succéda dans ce poste à M. l'abbé Pasteau ; il le garda trente-trois ans, sans jamais démentir sa réputation d'admirable exactitude et de dévouement à son œuvre. Il s'était imposé pour règle d'arriver à l'Ecole des élèves-instituteurs, hiver comme été, dès cinq heures du matin, afin d'y présider lui-même les premières prières. Pourtant que de fois, dans les premières années surtout, ne fut-il pas obligé de dérober, le soir, aux heures du repos, le temps d'étudier et d'écrire son cours ! car cette préparation était toujours soignée, ses cahiers nous l'attestent.

Le meilleur témoignage rendu à l'aumônier sur l'acomplissement de sa charge est celui que laissa tomber la plume de Mgr de Montals. Le vénérable évêque s'exprime ainsi dans une lettre du 19 septembre 1851 : « M. L'anglois, vicaire de la cathédrale, est un prêtre excellent, zélé, instruit, et propre à développer également aux jeunes gens les preuves de la Religion et à leur en faire goûter les préceptes par l'aménité de ses mœurs et la douceur de son caractère. — C. H. évêque de Chartres.

Dans une lettre en date du 29 août 1857, Mgr Regnault apprécie en termes analogues M. l'abbé L'anglois dont il a d'ailleurs, en 1855, reconnu publiquement le mérite lorsqu'il l'a nommé chanoine-honoraire.

Voilà des documents épiscopaux qui répondent à merveille aux sentiments de quiconque a bien connu notre vénéré confrère. Or, grand est le nombre de ceux qui l'ont connu ; grand aussi est le nombre des personnes qu'il a obligées. Sans parler des instituteurs dont plusieurs continuèrent à solliciter ses pieux services pour la confession : sans parler des institutrices qui, dans leur isolement à la campagne, aimèrent à mettre en pratique ses enseignements spirituels ; il nous suffira de rappeler quel facile accès il trouvait auprès des mourants, à cause des sympathies que lui avaient créées, dans la plupart des familles, « *son bon air et ses bons conseils.* » Ces derniers mots que nous soulignons, nous les avons saisis sur les lèvres d'un ouvrier, homme peu religieux du reste, qui voulait nous exprimer son estime pour M. L'anglois. Alors nous est revenu en mémoire un texte ici applicable ; c'est une parole que Dieu aime sans doute à redire, à l'éloge de ses prêtres : *In œquitate ambulavit mecum, multos avertit ab iniquitate ;* il a marché avec moi dans les sentiers de la justice, il en a détourné beaucoup de l'iniquité.

Ainsi s'écoulait la carrière laborieuse de M. l'abbé L'anglois quand, les forces trahissant son courage, il obtint sa démission du vicariat, en 1865.

C'est en 1874 seulement que M. L'anglois quitta l'École Normale ; il restait attaché à l'Université par le titre d'officier de l'Instruction publique qui lui avait été conféré le 27 août 1873 ; il était officier d'Académie depuis le 23 décembre 1863.

Un bon prêtre sait toujours employer utilement ses heures de loisirs. M. l'abbé L'anglois profita des siennes pour s'adonner dans une plus large mesure aux pieuses lectures et à la prière. A ses exercices ordinaires de vie sacerdotale s'ajoutaient ceux des saintes associations auxquelles il s'était agrégé. Tertiaire de l'Ordre de Saint-François, il tenait beaucoup aux observances de la règle séraphique ; l'esprit de pénitence et de charité fraternelle qu'elle inspire donna aux habitudes de sa vieillesse un caractère que nous avons été à même d'admirer. Son entourage a su jusqu'à quel point il poussait la délicatesse de conscience ; d'ailleurs sa franchise et sa belle simplicité ne permettaient guère que des mystères voilassent sa conduite, si ce n'est relativement à certaines austérités dont on a parlé après sa mort.

Il avait voulu être pénitent. Dieu, qui agit envers les justes d'une manière souvent incomprise des hommes, le voulut soumis à de cruelles douleurs contre lesquelles luttait en vain le dévouement du docteur et des garde-malades. Ses souffrances avaient semblé toucher à leur terme le 17 août 1879, lors d'une crise aiguë que l'on disait avant-coureur de la mort ; mais il lui fallut comme revivre, pour entrer dans une succession de langueur et d'angoisses qui prolongeaient le martyre et accroissaient le trésor de mérites. Sa consolation et sa force étaient dans la prière et la réception fréquente des sacrements. Combien il regrettait de ne plus pouvoir célébrer les saints mystères ni faire, comme autrefois, son pèlerinage quotidien à Notre-Dame et aux saints invoqués dans la Crypte !

Enfin, le 27 janvier 1881, à cinq heures du matin, se termina la dernière agonie qu'il avait attendue muni des secours de la sainte Église et plongé dans les sentiments de la plus pieuse résignation. L'ancien vicaire de Notre-Dame de Chartres avait confié son âme à Marie pour qu'elle la présentât elle-même au Seigneur ; quel gage d'espérance au seuil de l'éternité !

Les obsèques ont eu lieu avec grande solennité, le 29, dans le chœur de la cathédrale, en présence de sa famille, puis de Monseigneur, d'un nombreux clergé, d'une foule considérable où étaient représentés tous les rangs de la société. Le cortège des pauvres glorifiait l'abondance de ses aumônes ; celui des riches, la charité de ses conseils ; la présence de tant d'amis et de compatriotes, l'honneur de sa vie.

M. l'abbé PIE.

Les pages que nous avons données sur ce vicaire qui fit tant honneur à M. Lecomte, nous dispensent ici de détails biographiques. Nous les remplacerons par une note non moins intéressante. Elle décrit et explique le dessin d'un très beau vitrail, sorti des ateliers Lorin de Chartres, et inauguré solennellement, en 1883, dans l'église de Pontgouin, pays natal du cardinal Pie.

Le sujet, c'est cet illustre cardinal en prière devant la Madone du Pilier, à la cathédrale de Chartres.

Le carton, signé F. Dubois, est de forme ogivale ; il mesure une longueur de 2 mètres 74 et une largeur de 1 mètre 20. L'illustre évêque de Poitiers est à genoux, en splendide costume de chœur. Sa noble et franche physionomie, d'une parfaite ressemblance, respire le bonheur, parce qu'il se sent auprès de sa divine protectrice, de Notre-Dame de Chartres, sa mère tant aimée. Il porte au doigt le brillant anneau qu'il devait léguer au trésor de notre basilique, pour être encastré dans le plus beau diadème de la Madone, dans celui qui servit au Couronnement solennel du 31 mai 1855.

La draperie qui enveloppe le prie-Dieu, rivalise de richesse et de grâce avec le manteau cardinalice ; on y remarque les armes de Monseigneur Pie, savoir : N.-D.-du-Pilier, d'argent sur fond d'azur, avec la devise *Tuus sum ego* (Je suis vôtre), le tout supporté par deux branches qui se croisent ; le rameau de chêne, souvenir du blason de la cité chartraine pour laquelle le Prélat poitevin a toujours gardé un profond attachement; la tige de lys, fleur de Marie, souvenir du sanctuaire qui abrita sa jeunesse et les débuts de son sacerdoce. Les armes du Chapitre de Chartres, dessinées plus bas sur le prie-Dieu, indiquent le chanoine d'honneur de la cathédrale, titre dont se montrait fort honoré Monseigneur Pie.

Dans la partie supérieure du tableau un ange émerge d'un nuage; il porte sur un long phylactère la devise dont nous avons parlé tout à l'heure; ces trois mots que le Pontife, sans doute après avoir pris conseil de son ange, avait adoptés comme une inspiration d'en Haut: trois mots devenus le mémorial de tout son passé béni par Notre-Dame, et la règle de son avenir confié à la même direction maternelle.

Le messager céleste se détache harmonieusement sur les teintes obscures qui font le charme de nos édifices gothiques, ainsi que sur une verrière représentée sommairement dans le lointain. Quiconque connaît un peu notre basilique sait bien que Notre-Dame-du-Pilier a derrière elle une fenêtre garnie de vitraux, mais nous apprendrons du nouveau à plus d'un observateur, en lui disant que sur ces verrières on distingue deux personnages en habits de chœur, dont un prince de l'Eglise agenouillé devant la Vierge-Mère, puis une inscription : *Stephanus cardinalis dedit hanc vitream*, le cardinal Etienne a donné ce vitrail. Il nous plaît ce rapprochement entre l'œuvre du XIIIe siècle et celle du XIXe; en le faisant remarquer nous ne croyons nullement déprécier le mérite de celui qui a dirigé la composition moderne; il peut justifier son idée par un exemple du Moyen-Age; en pareille matière c'est une garantie de plus contre la critique.

L'artiste n'a pas oublié la lampe d'or qui se balance devant la Madone, et qui brûle perpétuellement, par suite d'une fondation de Monseigneur Pie. Signalons-la, nous aussi, dans notre description, puis fixons enfin le regard sur la Madone elle-même.

La voilà bien Notre-Dame-du-Pilier, avec sa parure des fêtes : la couronne du 31 mai, où ressort l'anneau cardinalice ; la robe bordée d'or, d'argent et de soie, dont M. Olier fit présent à la Vierge-Noire en 1650. Monseigneur Pie, ancien élève de Saint-Sulpice, aimait cet antique vêtement surtout à cause du donateur dont il affectionnait les œuvres et les disciples. A l'instar des pieux Sulpiciens, il semblait trouver là comme une relique de saint qui excitait sa dévotion pour Notre-Dame.

Ce groupe de Marie et de l'enfant Jésus nous offre un sujet particulier de réflexion ; la chute originelle et le mystère de la Rédemption y sont figurés par un symbolisme qui ne se trouve pas ordinairement ailleurs. La Vierge tient de la main gauche son divin Fils, et de la droite une pomme, le fruit fatal du paradis terrestre, pour nous rappeler que par son Fils disparaît tout le mal dont ce fruit a été l'occasion ; pensée que rend un distique latin avec un jeu de mots intraduisible en français :

Lœva gerit natum, gestat sua dextera malum,
Mali per natum tollitur omne malum.

Aussi que l'on prie avec confiance aux pieds de Notre-Dame du Pilier pour sa propre sanctification et pour le salut des pécheurs ! Nous y avons admiré souvent, dans le recueillement le plus profond et avec le sourire de la tendresse filiale, le grand évêque de Poitiers mettant sous sa tutelle un voyage de Rome ou un retour dans son diocèse ; jamais il ne se rendait à la Ville éternelle sans que des cierges brulassent, à son intention et d'après son ordre, devant notre Image séculaire du Pilier. Le sanctuaire de Notre-Dame de Chartres a été pour la dernière fois témoin des prières de Monseigneur Pie, lorsqu'il revint de sa visite à Léon XIII avec la dignité de membre du Sacré Collège. C'est pour cela que le dessinateur a placé, sur la base même du Pilier, le chapeau cardinalice, hommage nouveau du prince de l'Eglise qui déclarait tout devoir à Notre-Dame.

Faisons remarquer encore la parfaite reproduction de la colonne élancée et polie, surmontée d'un chapiteau au luxuriant feuillage. Là des milliers de pèlerins, ne pouvant atteindre le groupe qu'elle supporte, déposent les baisers affectueux que le Pape a encouragés par une précieuse indulgence.

Enfin notre description doit se compléter en rapportant l'inscription suivante qu'on lira au bas du tableau : « Donné par Madame Aubert, en souvenir de son proche parent le Cardinal Pie. Année 1883 (1). »

M. L'ABBÉ BULTEAU.

M. l'abbé Marcel-Joseph Bulteau, de Roubaix (Nord), vint jeune prêtre au diocèse de Chartres. Mgr Clausel de Montals le nommait professeur au petit séminaire. Deux ans après, en 1845, il était choisi pour remplacer au vicariat de la cathédrale M. Pie, devenu grand vicaire de son évêque.

---

(1) On vient d'élever au cardinal une magnifique statue dans la cathédrale de Poitiers. Novembre 1894.

M. Bulteau, tout en remplissant avec zèle ses fonctions et, entre autres, celles que M. Lecomte lui avait confiées à la Maison Bleue, se livrait énergiquement à diverses études dont ses publications ont été le fruit.

En 1847, son ardeur pour la diffusion des idées sérieuses et pour la défense de la Religion le poussa à fonder à Chartres un nouveau journal : *L'Abeille*. Ses premiers bailleurs de fonds furent le comte de Chambord, la baronne de Coussay, le duc de Noailles, le prince d'Hénin, la marquise de la Cressonnière, M. de Lamé, et d'autres personnages encore dont la charité avait répondu aux demandes du fondateur : le premier numéro du journal est daté du samedi 15 mai.

M. Bulteau n'en garda pas longtemps la direction ; il y eut bientôt changement de gérant, puis de rédacteur. Le vicaire de Notre-Dame, plus maître de son temps, en profita pour un travail qu'il avait projeté dès son arrivée à Chartres : une *Description de la Cathédrale*, en rapport avec les données de la science moderne. Elle parut en 1850 ; elle était dédiée à la Très Sainte Vierge et destinée aux amis de l'art national et chrétien.

Son livre eut un succès immédiat ; ce qui n'empêcha point l'auteur de quitter l'insigne église, presque aussitôt après son apparition ; il rentrait à Cambrai, dans son diocèse natal. En 1855, il publiait un petit volume intitulé : *Manuel du Pèlerin à Notre-Dame de Chartres ;* ce volume ne se trouve plus en librairie.

Donc M. Bulteau avait toujours vivants au cœur les souvenirs chartrains, et il leur consacrait une bonne partie de ses loisirs. Désireux de donner à sa *Description* tous les développements nécessaires dans un ouvrage plus étendu, il approfondissait les questions historiques et artistiques du Moyen-Age, et il écrivait.

En 1872, nous le revoyons pour la dernière fois à Chartres; il y est venu comme pèlerin et prédicateur de la fête de la Confrérie du Sacré-Cœur de Marie ou de Notre-Dame de Chartres.

C'est alors qu'il nous communique ses idées sur une *Monographie* en plusieurs volumes, pour laquelle il demande la coopération de M. le chanoine Brou, l'homme le plus capable de s'associer à ses recherches, de reviser et de compléter son travail.

L'année suivante, M. Bulteau fait imprimer son *Mois de Marie du pèlerinage chartrain*, avec l'agrément de la Maison des Clercs qui en aura la propriété; c'est le prélude du grand ouvrage annoncé mais dont la publication se fera longtemps attendre, bien que quelques feuilles aient été d'abord mises au jour par la Société Archéologique d'Eure-et-Loir.

C'est en 1885 seulement que cette Société, ayant entrepris d'éditer à ses frais la *Monographie*, d'accord avec les héritiers de M. Bulteau, en livra à la publicité les premiers fascicules, revus et souvent transformés par M. le chanoine Brou.

Quant au premier auteur, à l'ancien vicaire de Notre-Dame de Chartres, curé de Wambaix, au diocèse de Cambrai, il avait dit adieu à la terre, avant d'avoir terminé les manuscrits attendus. Le Seigneur l'avait appelé à lui en juin 1882, pour couronner ses travaux comme ses vertus.

Notre-Dame de Chartres qui avait été, pendant tant d'années, l'objet de son amour filial, de son apostolat et de ses écrits, aura été pour lui, nous l'espérons, la porte du Ciel, l'introductrice devant le Dieu des éternelles récompenses.

M. L'ABBÉ LEGENDRE

M. Jean-Baptiste-Benjamin Legendre, naquit, le 4 août 1824, à Châtenay, au diocèse de Chartres. Son père, ancien officier supérieur dans la garde royale et chevalier de Saint-Louis, avait pris sa retraite dans ce village, où il était né lui-même.

Benjamin Legendre, à peine âgé de deux ans, fut apporté par sa mère à la cathédrale de Chartres ; il était malade et on faisait le pèlerinage pour sa guérison ; il fut consacré à Notre-Dame.

Les bénédictions qu'il emporta de cet auguste sanctuaire portèrent bonheur à son éducation, aussi chrétienne que pouvaient la donner des parents pieux. En 1836, il fut admis au petit séminaire de Saint-Cheron, où il fut l'un des meilleurs élèves. En 1842, il entrait au grand séminaire de Chartres, et deux ans après à celui de Saint-Sulpice de Paris. En octobre 1846, il revenait à Saint-Cheron comme professeur. Enfin, au mois de septembre 1847, il était ordonné prêtre par Mgr l'Evêque de Versailles et allait dire sa première messe à l'autel privilégié de Notre-Dames des Victoires, à Paris.

Son ministère, commencé sous de si heureux auspices, devait être fécond. Nous aimons à rappeler, au moins sommairement, les œuvres principales qui ont marqué sa vie.

Nous avons commencé à connaître M. l'abbé Legendre, lorsqu'il sortit sous-diacre du séminaire de Saint-Sulpice pour professer la classe de sixième au petit séminaire. Tel il était alors, tel nous l'avons vu depuis : maître habile à trouver les moyens d'émulation pour ses élèves, prêtre ingénieux à provoquer, à encourager parmi les fidèles le zèle pour toutes les bonnes œuvres ; toujours homme d'initiative et de dévouement.

Aussitôt après son ordination sacerdotale, il fut nommé desservant de Santilly, en Beauce, et les trois ans de son ministère dans cette paroisse ont laissé de beaux souvenirs.

En 1850, M. Lecomte, curé de la cathédrale, le demanda et l'obtint pour vicaire ; il trouva en lui un collaborateur tel qu'il l'avait désiré ; les deux successeurs du saint curé que nous venons de nommer se sont plu également à rendre hommage aux talents, à l'activité et à l'esprit de foi de M. l'abbé Legendre, dont le travail incessant paraît avoir eu pour objets principaux : l'organisation et le développement de la Sainte-Enfance, l'établissement sur la base la plus large et la plus solide des catéchismes de persévérance, l'extension du culte de Notre-Dame de Chartres. Sur ce dernier point particulièrement nos éloges sincères, si chaleureux qu'ils puissent être, ne seront jamais qu'un faible écho de ceux qui ont été décernés au défunt par la population chartraine.

Membre de la Commission de la Crypte, il a su lui procurer, pour sa part, de précieuses ressources ; puis s'occupant spécialement de Notre-Dame du Pilier, il a contribué beaucoup à l'ornementation de son sanctuaire ; la Confrérie qu'il a fait connaître et aimer se souviendra de ses efforts et de ses succès.

Après vingt années de vicariat passées aux pieds

de Notre-Dame de Chartres, dans l'exercice des vertus sacerdotales et surtout de la charité, M. l'abbé Legendre a succombé à une maladie qui le rongeait depuis longtemps; c'était un cancer intérieur. Au matin du 16 août 1870, après avoir commencé dans son agonie le chant du *Gloria in excelsis Deo*, il le finit dans son éternité; c'était l'heure où la cloche de l'*Angelus* fait penser à la Très Sainte Vierge. Le fidèle serviteur et prêtre de Marie répondait à l'appel et allait saluer là-haut la Mère d'espérance et d'amour.

Les personnes qui assistaient aux obsèques de ce digne ecclésiastique, et l'affluence était fort considérable, ont remarqué parmi les plus honorés du cortège, les Petites-Sœurs des pauvres et leurs vieillards; sur tous ces visages pourquoi ces larmes? pourquoi une telle expression de douleur? C'est que M. l'abbé Legendre avait aimé à sanctifier ses dernières années en vivant au milieu des pauvres. Aumônier de l'asile des Petites-Sœurs, il y était regardé comme une seconde Providence; par la multiplicité de ses soins pieux et par les preuves de sa générosité, il avait bien droit à l'affection de tous. C'est dans la chapelle de l'asile des Petites-Sœurs que, selon son désir, furent exposés ses restes jusqu'à l'heure de l'office funèbre; les sanglots qui, pendant deux jours, entourèrent là sa dépouille, disent assez que le cœur sacerdotal de M. l'abbé Legendre avait été compris comme lui-même il avait compris le pauvre : *Beatus qui intelligit super egenum et pauperem.*

Monseigneur l'Évêque, ses vicaires-généraux, le clergé de la ville et des prêtres de la campagne, parmi lesquels deux des anciens élèves du défunt, assistèrent à la cérémonie des obsèques.

La présence d'une députation de la communauté des Sœurs de Saint-Paul, non loin du respectable frère et des autres parents du défunt, nous rappelait la fondation de l'établissement dit de Notre-Dame-du-Riard, encore un monument qui restera à la mémoire de M. l'abbé Legendre et de sa famille au milieu de leur belle propriété de Châtenay.

Une longue procession où paraissaient les bannières de Notre-Dame, se déroula dans les rues de la cité pour conduire au champ des morts le prêtre qui, surtout depuis le 31 mai 1855 et le 17 octobre 1860, a pu être appelé l'organisateur des processions comme des pèlerinages en l'honneur de Notre-Dame de Chartres.

M. L'ABBÉ LAPIERRE

M. l'abbé Pierre-Eugène LAPIERRE, naquit à Dreux, le 1er novembre 1789. Son acte de naissance qualifie ses parents de bourgeois ; les souvenirs de ses compatriotes ainsi que son propre témoignage leur ont donné le titre bien préférable de fervents chrétiens. Sa mère consacrait ses loisirs à l'ornementation des églises, et la cathédrale de Chartres a conservé un bel *ex-voto*, fruit de son travail et de sa générosité.

La sève heureuse de l'arbre fait ordinairement la richesse du fruit : le jeune Lapierre devait être un enfant de bénédiction. Il le fut en effet : un prêtre de sa ville natale avait discerné ses aptitudes ; quelques années après sa première communion, il l'arracha aux travaux de l'atelier et le lança sur le chemin du sacerdoce. Ce chemin, disons-le, ne fut point pour lui sans épines ; le Seigneur, voulant sans doute garantir à jamais la sérénité de son âme contre les

14.

nuages de l'ambition, ne lui avait pas mesuré aussi
abondamment qu'à d'autres les dons de l'intelligence.
Du reste, il s'en félicita lui-même : « Si le bon Dieu,
» répétait-il dans son langage simple et naïf, m'avait
» donné beaucoup d'esprit, je sens que j'aurais été un
» orgueilleux et je me serais perdu. »

Il fit ses cours à Versailles, alors que le séminaire
de cette ville devait recevoir les sujets de notre
diocèse, privé de ses maisons ecclésiastiques comme
de son siège épiscopal, Constance opiniâtre dans le
travail, soutenue par une piété hors ligne, ces deux
mots résument sa vie d'étudiant et de séminariste ;
mais en glissant sur les détails de sa jeunesse, notre
plume saisit avec empressement un fait bien digne de
remarque, vu que peut-être doit-il expliquer un
demi-siècle d'héroïsme.

M. l'abbé Lapierre était dans les ordres sacrés et
jouissait de ses dernières vacances au sein de sa famille. L'amour de la Sainte Vierge, qui était chez
lui une inspiration du cœur autant qu'un souvenir
des leçons maternelles, lui fit entreprendre un pèlerinage à pied à Notre-Dame de Chartres. Ses impressions en cette circonstance furent si fortes qu'il ne
pouvait les raconter sans une émotion nouvelle :

« Oh ! nous a-t-il dit à nous-même, le déli-
» cieux instant que celui où j'approchai de l'i-
» mage de Notre-Dame ! Les beautés de l'église
» avaient peu d'attraits pour moi ; ce qui me réjouis-
» sait, c'était de voir enfin la bonne Vierge et de
» la prier. Je restai à genoux devant elle le plus
» longtemps possible, la conjurant de me prendre
» particulièrement à son service. Je vous avouerai
» aussi que de temps à autre je jetais un coup-d'œil

» sur le prêtre desservant du pèlerinage ; jaloux de
» son bonheur, j'étais bien loin de penser que Marie
» avait accepté mon offrande et me rappellerait pro-
» chainement pour une mission objet de tous mes
» vœux. »

Dans le cours de l'année suivante, M. l'abbé Vouge,
le chapelain dont il était question tout à l'heure, vint
à mourir : il lui fallait vite un remplaçant. M. l'abbé
Verguin, vicaire général et supérieur du grand séminaire de Versailles, en informant ses élèves au milieu
d'une récréation, semblait interroger leur pensée sur
le choix du successeur. « Monsieur Lapierre, voilà
l'homme qui convient ! » Tel fut le cri unanime :
une seule voix se taisait ; l'élu du peuple et l'élu de
Dieu se cachait dans les rangs et transformait tout
bas en souhaits ardents pour lui-même chaque parole
de ses confrères. Le supérieur, heureux de voir tant
de suffages confirmer sa conviction personnelle, le
proposa à l'autorité épiscopale, et M. Lapierre, ordonné prêtre, partit pour Chartres, la prière d'action
de grâces sur les lèvres et la joie au cœur.

Le 24 mars 1817, veille de la fête de l'Annonciation
de la Sainte Vierge, il fixait sa tente au sanctuaire de
Notre-Dame du Pilier ; le 1er février 1864, veille de
la Purification de la Sainte Vierge, sa tente se ployait
et disparaissait sous un linceul. Comment se sont
passés les quarante-sept ans qui séparèrent ces deux
époques si décisives, l'une pour le genre d'occupations qui allaient sanctifier sa carrière, l'autre pour
sa récompense ? Demandez-le non-seulement aux
habitants de notre cité, mais aux innombrables pèlerins venus isolément ou par légions rendre leurs
devoirs à la glorieuse Patronne des Chartrains. Cet

homme de petite stature, au visage pâle et décharné, au maintien calme et austère ; ce prêtre presque toujours immobile devant ses livres de prières, mais dont chaque mouvement s'annonçait par un cliquetis de médailles et de chapelets, cet anachorète qui passait sa vie en faisant le bien puisqu'il ne vivait que pour bénir, plusieurs générations l'ont contemplé ; les étrangers associaient dans leur pensée la cathédrale de Chartres et le *vieux Prêtre aux évangiles ;* un évêque missionnaire (1), étonné d'avoir fait deux fois le tour du globe sans que le Stylite moderne eût rompu avec la vie stationnaire, disait joyeusement que M. Lapierre était pour lui une des merveilles du monde (2).

Pourtant ce qu'il y eut de merveilleux en ce vénéré chapelain, ce fut peut-être moins son assiduité à ses fonctions toutes spéciales, qu'une fidélité incroyable au règlement le plus sévère. Citons-en quelques traits.

Chrétien comme en vit jadis la Thébaïde, il pratiquait ordinairement l'abstinence et comptait chaque année trois carêmes : le premier durait depuis la Septuagésime jusqu'à Pâques, le second depuis la Nativité de saint Jean-Baptiste jusqu'à l'Assomption, le troisième depuis la fête de Saint-Martin jusqu'à Noël.

Plus tard, devenu tertiaire de l'ordre de Saint-François, il ne voulut aucune dispense pour les jeûnes

(1) Mgr Forcade.

(2) M. Lapierre rendait souvent service au clergé paroissial en remplissant les fonctions de diacre ou de sous-diacre. Pendant quelque temps, il fut chargé d'une surveillance sur les employés de l'église et les enfants de chœur. Après 1846, il eut aussi le titre de vicaire de Lèves et il allait y dire une messe basse le dimanche.

prescrits alors aux confrères. Il est bon d'ajouter que dans ces jours si nombreux de pénitence il prenait son unique réfection après le coucher du soleil, et que, jusqu'au temps de sa vieillesse, il s'abstint de toute nourriture du jeudi saint au samedi saint.

Présent à son poste d'honneur depuis cinq heures du matin jusqu'au soir, il aimait le soir encore à rester seul dans le saint temple ; à la faveur du mystérieux silence, il goûtait mieux l'oraison et priait particulièrement pour lui-même. Après avoir parcouru toute la série de ses exercices spirituels, il disait adieu à cette jolie chapelle qu'il fit autrefois décorer à ses frais, puis regagnait lentement son humble demeure. Combien de fois même ne regarda-t-il pas ce soin comme superflu et ne trouva-t-il pas dans la nuit une occasion de se mortifier plus qu'on ne saurait le dire ? Nous avons vu dans une des chambrettes du tour du chœur le lit que sa modestie dérobait si soigneusement à tout regard ; pour matelas, une planche fixée sur deux chaises de l'église, puis un escabeau pour oreiller, telle est la douce couchette dont il usa fort longtemps ; sur le déclin de sa carrière, persuadé que Notre-Seigneur ne prenait pas son repos à la manière des autres hommes, dit-il à un ami qui nous l'a répété depuis, il se contenta de s'asseoir, enveloppé de son manteau, dans un pauvre fauteuil.

Ce que nous venons de raconter ici n'étonnera personne de ceux qui l'ont bien connu. Le secret de cet amour de la pénitence se trouve en partie expliqué par sa foi vive au Purgatoire. Le Purgatoire était le thème le plus fréquent de ses entretiens. Que ne faisait-il pas pour le soulagement des justes qui souffrent dans le lieu d'expiation ? Avide de puiser au

trésor sacré des indulgences, l'exercice du chemin
de la croix était une de ses habitudes journalières ; et
un témoin digne de foi a affirmé qu'un jour, ayant de-
vancé à l'église les personnes les plus matinales, il
le surprit achevant cet exercice les pieds nus et une
chaîne au cou. Dans ces petits mots dits à voix basse,
accompagnement presque obligé de la bénédiction
donnée à ses visiteurs, et que le peuple appelait les
sermons du père Lapierre, il les conseillait en ramenant leur esprit à l'effrayante perspective des peines
de l'autre vie. Les enfants venaient apprendre de sa
bouche les prières des quatorze stations et ne man-
quaient guère de mettre la leçon en pratique avant
de sortir de l'église, ne fût-ce que dans l'attente d'un
livre ou d'une image ; car quelque largesse payait
toujours le zèle des jeunes élèves en dévotion.

Longtemps ce bon Prêtre fut dans notre diocèse
le seul qui eut la permission d'ériger les chemins de
croix, et, pour le dire en passant, les fidèles de la
Beauce admirèrent en de telles occasions l'éloquence
de sa foi et de son cœur. Il faisait à pied ces excur-
sions apostoliques ; et souvent la nuit, égaré dans la
campagne, il s'arrêta plusieurs heures à genoux aux
portes d'une église, attendant jusqu'à l'aurore les
renseignements d'un guide pour retrouver sa route et
aller dire sa messe à la chère église de Notre-Dame
de Chartres.

Sa dévotion aux âmes du Purgatoire lui inspira
encore le goût d'une autre œuvre bien édifiante, celle
de veiller les morts. Avant l'établissement de nos
Sœurs gardes-malades, il lui arrivait très fréquemment de passer la nuit seul auprès d'un cercueil.
Autant de jours où le sommeil ne visitait point sa

paupière ; mais Monsieur Lapierre comptait-il avec les sacrifices, et puis n'était-ce pas une de ses jouissances que d'égrener son chapelet pour l'âme d'un défunt ?

Les vertus héroïques du prêtre vénéré purent être appréciées par les Petites-Sœurs des Pauvres, témoins de ses dernières souffrances. Une quinzaine avant sa fin, il consentit à prendre son repos dans leur asile, à condition que chaque matin une chaise à porteur le ramènerait au Pilier chéri ; bientôt il dut se résigner à ne plus sortir de la maison, où des Anges de charité d'ailleurs lui offraient leurs services empressés. Là, on découvrit le mal qui dévorait sa vie depuis plusieurs années ; ses jambes étaient rongées d'ulcères, et personne n'avait été le confident de ses douleurs ; sa santé épuisée était comme la lampe qui va s'éteindre, et cependant il lui en coûtait encore de modifier ses habitudes : il refusa absolument le lit moelleux qu'on lui avait préparé et ne cessa de supplier qu'on lui épargnât tant de bons soins. « Vous autres, dit-il aux Petites-Sœurs, vous » vous sanctifiez en me soignant, mais en diminuant » mes souffrances vous m'empêchez de mériter. »

Le vendredi 29 janvier, M. Lapierre parut encore à la cathédrale, mais il ne devait plus la revoir. Le dimanche suivant, fête du Sacré-Cœur de Marie à la paroisse Notre-Dame, on le recommande, non sans quelque phrase élogieuse, aux *Ave Maria* de la Confrérie ! Aussitôt la nouvelle en est portée au malade : l'humilité d'un homme qui, nous le savons positivement, avait toujours demandé au Ciel, comme grâce suprême, d'être le rebut de tous, trouve dans le mot de louange qu'on lui a répété un sujet d'alarmes et, peu d'instants avant sa mort, une plainte sincère révélera ce sentiment à celui qui avait commis la prétendue faute. Le soir du même jour il reçoit les derniers sacrements : le lendemain, son confesseur lui donne le saint Viatique et, pour dernière consolation, lui récite l'évangile de Marie que le chapelain avait dit peut-être un million de fois aux pèlerins. Le pieux vieillard, levant ses mains défaillantes, s'appliqua lui-même sur la tête l'extrémité de l'étole et la baisa à plusieurs reprises, joyeux de terminer sa carrière par une sainte pratique qu'il avait fait aimer à tant d'autres.

Les cloches allaient annoncer du haut des tours de Notre-Dame les premières vêpres de la Purification de la Sainte Vierge ; c'était comme le premier écho des cantiques célestes adressés à Marie par ses serviteurs déjà en possession de la couronne ; celui qui s'était fait sur la terre son heureux esclave désira sans doute participer à ce concert : il mourut.

Ce n'était point un homme ordinaire qui avait quitté la vie. A défaut d'autres preuves, on l'aurait conjecturé à la vue de cet immense concours de fidèles qui se succédèrent auprès de son lit de parade, faisant toucher mille objets à sa croix et à ses vêtements ; à la vue aussi de ces personnes de tout rang qui suivirent ses précieux restes jusqu'à la tombe. Les honneurs particuliers rendus à sa mémoire dans la chapelle de la Vierge du Pilier ont vivement ému : plus d'une larme coula, lorsque le cercueil, conduit d'abord à l'autel du grand chœur, vint toucher la Sainte Colonne qui avait été comme le rendez-vous des affections de M. l'abbé Lapierre ici-bas. Combien, dans ce jour de deuil, ont dû penser à quelqu'une de ces sentences que le digne ministre du Seigneur semblait avoir adoptées comme l'aiguillon et le mobile de sa vertu : « *Que je meure de la mort des justes ! — Le plaisir de mourir sans peine vaut bien la peine de vivre sans plaisir !* »

Les prêtres de la Maison des Clercs de Notre-Dame de Chartres ont succédé à M. l'abbé Lapierre dans ses fonctions au sanctuaire du pilier. Mgr Regnault leur avait confié, dès 1855, la direction du pèlerinage dans l'église de Notre-Dame de Sous-Terre. Comme le chapelain d'autrefois, ils sont heureux de consacrer leur sacerdoce à la gloire de Marie.

CHAPITRE XIX.

PENSÉES DIVERSES ET MAXIMES DE M. LECOMTE.

Dans le cours du présent ouvrage nous avons multiplié le plus possible les citations de paroles et d'écrits de M. Lecomte ; c'était le meilleur moyen de le faire connaître. Quelques-unes de ses pensées et de ses maximes feront encore la matière de notre dernier chapitre. Beaucoup ont été empruntées à un manuscrit que l'archiprêtre préparait pour l'impression, et dont un ami put prendre quelques extraits avec la permission de l'auteur.

I

« Le Dieu des hommes devait être malheureux. Il ne fallait pas que nous pussions lui dire : Vous ne savez pas (d'une science expérimentale) ce que c'est que la douleur.

Comme il doit être le premier en tout, marcher à la tête, il a dû être le plus malheureux : c'est tout juste ce que nous enseigne la foi catholique. Que c'est sublime et partant croyable !

Notre-Seigneur n'est pas né pour vivre ; il est né pour mourir.

Est-ce que celui qui est la vie *(Ego sum vita)* venait emprunter la vie de nous autres mortels ?

Dieu n'a pas fait la mort. La nôtre ; non. Il n'a fait qu'une mort : c'est la sienne au Calvaire.

L'Être infini, pour expier l'abus que nous faisons de notre être fini, a voulu cesser d'être, autant que possible : c'est pour cela qu'il a épousé une nature périssable.

Le mystère du Golgotha est un suicide public : *Personne ne m'ôte la vie, mais je la dépose de moi-même.* Il a été offert parce qu'il l'a voulu...

Mais suicide merveilleusement saint ; les autres suicides sont des crimes : c'est déserter le poste assigné par le chef d'armée ; c'est disposer d'un bien qui appartenait au maître.

Quant au maître, il peut disposer de ce qui est *sien.*

Le général a droit de se jeter dans la mêlée et de mourir pour acheter la victoire.

Le Christ n'est né que pour mourir ; sa vie même n'a été, comme la nôtre, qu'une mort quotidienne (*quotidiè morimur*).

Comme dans les sacrés et sublimes mystères de l'autel il *renaît* pour *remourir* immédiatement, c'est encore prendre la vie pour la perdre encore.

C'est cette mort qui a vivifié le monde.

C'est un grand tour de force divine que de vivifier par le moyen même qui tue.

C'est couper la tête à Goliath avec sa propre épée.

La mort en s'attaquant au Tout-Puissant, s'est tournée en vie.

Ces mystères sont si élevés et si transcendants, que l'idée n'en fût jamais venue à la pensée humaine.

Plus l'esprit s'épure et monte, plus il accepte avec facilité et bonheur ces croyances.

C'est trop beau pour n'être pas croyable à l'excès (*credibilia nimis*).

Ce qui est si haut est du Ciel. »

Il y a des gens qui craignent, pour la foi, qu'on ne vienne à découvrir, par exemple, que les planètes sont habitées.

C'est craindre que dans la lune, dans Jupiter ou Saturne, quatre et quatre cessent de faire huit.

Un fait constaté ne peut être détruit par un autre fait.

Vos découvertes seraient la constatation de faits : si des faits constatés antérieurement perdaient leur valeur, quelle valeur auraient d'autres faits dont la connaissance serait de plus fraîche date ?

Les vérités sont sœurs, les faits sont frères ; ils ne se dévorent pas les uns les autres.

En matière de faits, il ne peut sortir de l'inconnu qui se dévoile enfin que des lumières pour, jamais des lumières contre.

La force de la vérite chrétienne, c'est d'être toute composée de faits.

Faits historiques imprimés sur le sol de l'Asie, en Palestine, en Syrie, en Arabie, etc.; sur le sol de l'Afrique, en Égypte, au vieux Caire, par exemple; sur le sol de toute l'Europe, couverte de monuments des premiers âges chrétiens : vieilles médailles d'une valeur probante que nul esprit raisonnable ne peut combattre sérieusement. — Les dogmes mêmes sont des faits. — Il est de fait que telle doctrine a été formulée par le Christ en tels termes et en tel sens.

Un sénat auguste, l'épiscopat, corporation sublime de surveillants, son chef en tête (grand fait qui brille en plein soleil), garde, depuis bientôt deux mille ans, ce dépôt de faits historiques, dogmatiques et moraux...

Le moyen que la vérité échappe avec des moyens

si puissants et si multipliés pour la garder tout entière.

Trouvez un anneau de moins dans la chaîne des témoignages depuis Jésus-Christ jusqu'à nous.

L'histoire de l'Église, depuis les premiers temps jusqu'aux temps modernes, est une démonstration radieuse des faits de la première époque.

Chaque fait de détail prouve les faits de l'ensemble.

Et chaque fait postérieur le grand fait primordial.

C'est la voie lactée, agglomération de flambeaux célestes qui rayonnent sur nos têtes durant la nuit.

N'allez pas croire qu'il y ait le vide entre mon télescope et l'astre qui m'apparaît dans le lointain des espaces.

Je ne vois cet astre, que parce que son rayon lumineux s'est allongé jusqu'à moi, sans solution de continuité.

Tout l'espace historique, entre le Christ et moi, est comblé par des myriades de faits ; seconds prouvant les premiers, troisièmes prouvant les seconds, et ainsi du reste : chaînons dont aucun ne manque, allongement du rayon lumineux de ce soleil levé sur le monde il y a bientôt vingt siècles. »

II

« Les bavards deviennent discrets lorsqu'il n'y a que du bien à dire.

L'empressement gâte tout. Pour se justifier à ses yeux, il s'appelle du beau nom de zèle.

La précipitation, ce sont des chevaux qui ont pris le mors aux dents ; ils emportent le cocher. S'il était plus fort, sa main robuste les arrêterait, le temps au moins de voir où l'on va et par où l'on va.

Beaucoup de gens croient que faire beaucoup de bruit c'est faire beaucoup de besogne : c'est l'erreur de ceux qui font le bruit et du plus grand nombre de ceux qui l'entendent. »

« Je vous vois critiquer la moisson de tous vos voisins ; je ne vous ai jamais vu ensemencer votre champ... si champ vous avez.

Il n'y a rien de si sévère, en fait de voix, qu'un bossu qui chante juste ; et rien de si moqueur, en matière d'épine dorsale, qu'une belle taille qui chante faux. »

« Il n'y a qu'une seule chose qui soit agréable au gros sel : c'est la poule au pot. Tout le reste veut être assaisonné de sel fin, assaisonné d'atticisme.

J'allais rire, n'était votre rire épais qui me ferait presque pleurer. Je rougirais de dire pourquoi vous riez. »

« La famille de papillons n'est bonne à rien qu'à laisser dans le sein des fleurs le germe immonde des chenilles. »

« Que les voies de Dieu sont belles ! Il arrive à son but par un chemin riche de parfums et de coloris (*viæ ejus, viæ pulchræ*). Quelle plus jolie manière de donner des fruits que de les donner par des fleurs !

Ah ! si nous faisions les choses avec cette grâce !

Les feuilles vertes poussent à propos et se groupent autour de la jeune fleur : jolis rideaux dont la main créatrice protège le berceau du nouveau-né. »

« Les hommes passent le temps à se moquer les uns des autres. C'est à en pleurer d'entendre les rires de cette moquerie mutuelle.

Les plus pauvres et les plus mal partagés sont les plus railleurs.

Quoi de plus ridicule qu'une bruyère qui se moquerait d'un chêne ! Chêne, chêne, ne vous rapetissez pas en vous moquant de la bruyère, par représailles indignes de la vraie grandeur. »

« Vous avez une qualité; c'est bien. Vous avez aussi un défaut. Que faire ?

Vous espérez couvrir votre défaut en déployant, en allongeant, en tirant dessus l'étoffe de votre bonne qualité, en vous prévalant d'elle, en l'exagérant par le mépris et la sévérité à l'égard de ceux à qui cette qualité manque.

Mauvais calcul. Le meilleur manteau à votre défaut, c'est l'indulgence pour les défauts d'autrui. Si vous vous présentez de profil pour faire parade de votre bel œil droit, moi, qui sais que vous êtes borgne, je passerai de l'autre côté. Je n'y aurais pas pensé si vous ne vous fussiez pas moqué de votre pauvre voisin qui est louche.

Que vos lunettes vous sont chères ! précieuses lunettes à l'aide desquelles vous faites chaque jour des découvertes dans le pays des défauts d'autrui !

Prêtez-les moi donc, que je les essaie sur vous. Oh ! mon ami, cassez-les vite ! Lunettes félonnes ! qui accusent cruellement celui qui les aime et les emploie avec tant de bonheur !

Vos découvertes chez les autres m'ont donné l'idée et le goût des découvertes chez vous-même.

Je vous croyais noble de *grand'noblesse* ; je ne sais que vous êtes roturier que depuis vos fi donc ! de l'autre jour contre la roture.

En fouillant dans vos papiers de famille, les nouveaux d'Hosior créés par votre morgue ont trouvé que votre grand-père était ébéniste, votre bisaïeul menuisier, et le père de ce dernier bûcheron. »

« Vous êtes méchant, me dira-t-on. Oui, méchant contre la méchanceté.

Quand je frappe sur un loup qui dévore un mouton, je fais acte d'humanité pour le mouton.

Dieu, en son livre, a dit qu'il serait méchant au méchant. C'est une bonté que cette méchanceté.

Faire la guerre aux loups, c'est faire la paix pour les brebis. »

« Le jour où le doute contre la foi germe dans l'esprit, c'est celui où le vice germe dans le cœur.

Comment ! dans la découverte de la vérité, ce serait le vice qui tiendrait la chandelle ! Dieu ferait cet honneur au vice et cette injure à la vérité, à lui-même (car c'est tout un) ! Impossible ! »

« La bonté paraît ineptie aux méchants cœurs.

Un mouton qui nous habille, qui nous nourrit, qui nous obéit, semble bête à l'homme mauvais. Le loup est plus de son goût ; il a l'œil spirituel : c'est une figure à caractère.

Dieu préserve MM les admirateurs de MM. les loups, des grandes neiges, qui donnent l'idée aux loups, après avoir mangé du mouton, de manger de l'homme, même leur plus enthousiaste appréciateur.

III

« La grosse plaisanterie arrête tout court la gaité des esprits délicats.

Vous riez de tout ; vous êtes petit et vous avez peu de cœur. Au petit, le Créateur a donné le sémillant pour le dédommager de ce qu'il lui a refusé la grandeur.

O trombe, trombe ! vous pouvez renverser l'édifice, vous ne pouvez pas bâtir.

Que vous pansez rudement et avec maladresse cette plaie que commençaient à recouvrir de légers tissus, merveilleux ouvrage de la bienfaisante nature ! Votre pansement est une blessure nouvelle.

On ne se grandit pas, quand on est de haute stature.

On croit devenir grand par la critique : on est plus nain que jamais, mais nain qui se hausse.

J'avais à peine remarqué que vous étiez de petite taille ; je le vois maintenant que vous vous haussez.

Celui qui croit le premier qui parle, et qui agit avec chaleur sur un premier dire, c'est une allumette chimique qu'enflamme le plus léger frottement et qui met le feu à la maison, trop souvent au village, au bourg, à la cité, quelquefois même à un empire.

Celui qui croit à la légère est aussi papillon que celui qui parle légèrement.

Ce sont deux incendiaires ; l'un qui commence, l'autre qui continue et achève l'œuvre de destruction.

Vous n'aimez pas la musique, je dis la musique

15.

noble, suave, touchante, n'en concluez rien contre la musique ; concluez contre vous... Un sens vous manque.

L'avare non plus n'aime pas la mélodie : il n'a pas de cœur. Accuserez-vous la mélodie de mollesse ou l'avarice de dureté ?

Croyez donc bien que là où vous ne sentez rien avec vos gros organes, d'autres sentent avec leurs organes plus délicats que les vôtres ; et que, ce qu'ils sentent, ce sont des réalités, chimères pour vous, êtres incomplets, réalités délicieuses pour des natures plus développées que la vôtre.

Nierez-vous le charmant parfum des roses, parce que certain quadrupède n'en a pas l'odorat affecté. Le sot dédain d'un chien pour les roses prouverait contre lui, non contre elles.

Prenons exemple du Créateur. C'est grand dommage que la délicatesse, l'élégance, la gracieuseté soient si rares.

Les fruits sont encore des fleurs, par la grâce de leurs formes, la suavité de leurs parfums, le carmin de leurs joues, jouissances des yeux et de l'odorat, auxquelles vient s'ajouter le charme de la saveur, jouissance pour un autre sens, le goût.

Vous n'avez nulle grâce ; permettez que les autres en aient pour corriger votre inélégance. Chou potager, ne faites pas une grimace jalouse aux fleurs du parterre ; et vous, fleurs du parterre, ne rendez pas cette grimace au chou du potager ; soyez généreuses, alors même qu'il est insolent.

O bœufs, pardonnez aux cerfs et aux gazelles ; et vous, légers habitants des bois et des montagnes, honorez les utiles bœufs de la plaine.

Gens lourds, pesants mulets, souffrez qu'il y ait des chevaux arabes qui de leurs pieds dévorent l'espace que vous arpentez si prosaïquement, et qui, quand vous sommeillez, disent à leur cavalier : allons ! »

IV

« Vous avez toujours certains amis si vous dites comme eux. Ces sortes d'amis sont dangereux si vous leur dites leurs vérités.

Cherchez toujours dans un ami, non la fortune mais la vertu.

Lorsqu'une personne vous a fait du mal et qu'elle vient à tomber, ne vous réjouissez point.

Il est facile de reconnaître l'homme d'esprit à sa modestie et le sot à sa jactance.

Craignez toujours un ami d'un caractère jaloux, d'un esprit vain, envieux du mérite de tous et à qui rien ne peut plaire.

Une belle vertu est d'admirer les talents qui nous effacent.

La mémoire d'un bienfait ne doit jamais vieillir.

L'éclat et le bruit font souvent perdre tout le fruit des plus sages conseils.

Parlez avec douceur, on vous écoutera.

Qui cherche trop d'amis n'est ami qu'à demi.

Fuyez ces amis dont la vertu est douteuse ; leur commerce est toujours pernicieux, car on devient semblable à celui que l'on fréquente : il faudrait le changer ou nous changer nous-mêmes.

Ne soyez pas jaloux des talents des autres, mais cherchez à doubler les vôtres.

La colère est un délire qui porte toujours aux plus grands excès ; celui qui s'y abandonne s'en repent quand il n'est plus temps.

On remarque généralement que ceux qui ont le plus besoin d'indulgence sont ceux qui en ont le moins pour les autres.

Croire tout le monde sur parole est simplicité ; avoir trop de défiance est folie, se défier de soi, conduit à la sagesse. »

V

« Il y a des manières diverses de faire le bien ; il y en a même d'opposées ; il faut laisser à chacun son allure. Voyez dans la nature quelle élasticité et de là quelle grâce en tout ! Dieu n'a pas mesuré toute chose d'une façon étroite et resserrée. Non : il a laissé du jeu pour les divers mouvements de chaque chose ; ainsi les arbres ont leurs balancements dans tous les sens ; ce qui n'empêche pas le pied d'être fortement enraciné. Mais c'est cette liberté d'allure qui fait leur grâce et leur beauté. Ainsi la loi divine n'empêche pas notre action ; elle est la règle et la dirige, laissant un libre jeu aux feuilles, aux branches, et même à la tige, pourvu que la racine reste toujours fortement plantée dans le bien.

Pour reconnaître un chêne, je n'ai pas besoin de l'explorer depuis ses racines jusqu'au faîte ; donnez-moi une feuille, une simple feuille, et je vous dirai : Mais c'est d'un chêne !

Ce que j'ai vu de plus beau à Paris ?... Eh ! mon Dieu, ce sont les étoiles.

Je veux l'âme chrétienne élevée au-dessus de tous les ébranlements, comme nos clochers dont la pointe resplendit parfois dans un ciel pur, tandis que de gros nuages grondent au dessous d'eux.

Réjouissons-nous des censures, des persécutions, des mépris, c'est le lot des privilégiés de Dieu.

Les élus sont les pierres vivantes dont se construit la Jérusalem céleste ; Dieu se sert des afflictions vulgaires comme d'un ciseau pour en dégrossir les plus communes ; mais les adversités longues et terribles, les souffrances de tous les jours, oh ! c'est la poudre de diamant dont il polit quelques pierres de choix pour l'ornement de son sanctuaire éternel !

Ce n'est pas par force qu'on se révolte, c'est par faiblesse. Dans la colère, lorsqu'on donne un grand coup, c'est qu'on est faible ; plus fort, on aurait donné..... un sourire !

Laissez la chaleur au cœur, elle y est à sa place, c'est le feu au foyer ; mais gardez qu'elle ne monte à la tête, car le feu dans les combles, c'est le désordre, c'est l'incendie !

Les premiers chrétiens entendaient le communisme

à leur manière; c'était bien le dépouillement du riche *pour* les pauvres, mais non *par* les pauvres; c'était bien les plus élevés et les plus humbles qui se donnaient la main, mais par l'abaissement volontaire des uns, non par l'escalade violente des autres.

Plus on sait, plus on découvre de choses affligeantes, et voilà pourquoi Jésus-Christ souffrait tant sur la terre; il savait tout !

Nous autres hommes, nous sommes ceci ou cela ; Dieu est !

Les pays qui sont le plus près du soleil donnent des fruits d'une exquise douceur; ainsi, plus nous approchons de ce grand soleil de la charité, plus nous devenons doux et bons à nos semblables ! »

VI

On demandait à M. Lecomte d'improviser un quatrain sur les rimes suivantes : *chapelle, vent, dentelle, savant.* Il le fit immédiatement. Le voici :

Sous les lambris moussus de l'antique *chapelle*,
Mystérieux asile où vient dormir le *vent*,
Une vieille inclinant sa coiffe de *dentelle*,
Pèse plus devant Dieu que roi, reine, *savant*.

Pourquoi ne citerions-nous pas ici un autre quatrain également improvisé? — Un soir, dans un salon de Chartres où se trouvaient ensemble M. le Curé de N.-D. et M. l'abbé Pie, celui-ci fut pris de sommeil. Alors, une dame pria M. le Curé de versifier sur cet incident et lui suggéra quatre rimes d'un accouplement assez bizarre : *Pie*, *assoupie*, *entété*, *hébété*. Le poëte donna cette réponse :

> Lorsque sommeille l'abbé *Pie*,
> C'est le repos de la Gloire *assoupie*,
> De son mérite il n'est point *entété;*
> Il plaît au plus savant ainsi qu'à l'*hébété*

Ces vers dans nos dernières pages arrivent comme des notes gaies à la fin d'une hymne grave. D'autres poésies plus longues que M. Lecomte n'a pas jugé à propos de joindre à ses *Effusions*, montrent que cet homme d'esprit se prêtait aux *joyeusetés* de bon aloi aussi bien qu'aux maximes sérieuses et aux compositions du genre le plus élevé.

VII

Poésie inédite.

(M. Lecomte l'a composée, peu de jours avant sa mort, à l'adresse des jeunes filles de sa Maison du Saint Cœur de Marie.)

> Tu me créas, Seigneur, pour être un ange,
> Ange pieux, ange pudique et doux.
> Tu me fis perle. — Et traînant dans la fange,
> Je roulerais mêlée aux vils cailloux !
> Quoi ! je ferais cet odieux échange !
> Seigneur ! vertu ! mon cœur est tout à vous.

> — Mais une vierge est la tendre fleurette
> Qui peut périr
> Sous un zéphir ;
> Parmi les loups, c'est une brebiette
> Qui, sans toi, va mourir.

Un Dieu m'appelle et sa voix adorée
Ne trouverait nul écho dans mon cœur !
Je trahirais la foi que j'ai jurée !
Quoi, Dieu vaincu, l'enfer serait vainqueur !
Jamais, jamais. — Mais sans ta main sacrée
Que puis-je, hélas ! que tomber, ô Seigneur !

 Car une vierge, etc.

Je sais, mon Dieu, que de l'âme innocente,
Epoux sacré, ton Saint Cœur est jaloux.
L'époux mortel trouve une âme constante,
Et j'oublierais, moi, l'immortel Epoux !
Plutôt la mort ! Mais que ta main puissante
Soit mon soutien, je t'en prie à genoux...

 Car une vierge, etc.

Tendre de cœur, et légère de tête,
Ah ! que souvent j'ai dû frémir d'effroi !
A te trahir je me sens toujours prête,
Lâche, infidèle, ingrate, malgré moi.
Ne livre pas la feuille à la tempête :
Un souffle peut la détacher de toi.

 Car une vierge, etc.

TABLE